Köppe • Kindt | Erzähltheorie

Reclams Studienbuch | Germanistik

Tilmann Köppe
Tom Kindt

Erzähltheorie

Eine Einführung

Reclam

2., erweiterte und aktualisierte Auflage

2022 Philipp Reclam jun. Verlag GmbH,
Siemensstraße 32, 71254 Ditzingen
Umschlaggestaltung: Philipp Reclam jun. Verlag GmbH
nach einem Konzept von zero-media.net
Umschlagabbildung: Marc-Antoine Mathieu, 3 *secondes* (Ausschnitt).

Druck und Bindung: CPI books GmbH,
Birkstraße 10, 25917 Leck
Printed in Germany 2022
RECLAM, UNIVERSAL-BIBLIOTHEK und
RECLAMS UNIVERSAL-BIBLIOTHEK sind eingetragene Marken
der Philipp Reclam jun. GmbH & Co. KG, Stuttgart
ISBN 978-3-15-011358-5

Auch als E-Book erhältlich

www.reclam.de

MIX
Papier | Fördert gute Waldnutzung
FSC® C083411

Inhalt

Einleitung

Beim vorliegenden Buch handelt es sich um eine *Einführung* in die Erzähltheorie. Es soll Antworten auf Fragen wie die folgenden geben: Was ist eine Erzählung? Aus welchen Grundbausteinen setzen sich Erzähltexte zusammen, und wie sind deren Aufbau und Präsentationsweisen zu beschreiben? Haben Erzählungen immer einen Erzähler? Was ist eine Figur? Wie lassen Schilderungen den Eindruck der Unmittelbarkeit entstehen? Und wovon hängt die Zuverlässigkeit einer erzählerischen Darstellung ab?

Die Überlegungen in den folgenden Kapiteln sollen sowohl der einführenden Orientierung als auch der weiterführenden eigenen Positionierung im Feld der Erzähltheorie dienen. Dabei werden also zwei Zielsetzungen zugleich verfolgt, die in vielen Publikationen zu diesem Feld als Alternativen verstanden werden, nämlich einerseits die, einen Überblick über bisherige Auseinandersetzungen der Erzähltheorie zu geben, und andererseits die, eigene Vorschläge zur Bestimmung ihrer Grundkonzepte und zur Klärung einiger ihrer Kernprobleme zu entwickeln.

Mit dieser doppelten Zielsetzung liefert das vorliegende Buch eine zusammenhängende Darstellung der Erzähltheorie. Seine verschiedenen Kapitel schließen an die jeweils vorangegangenen Abschnitte an und führen deren Überlegungen zumindest in einzelnen Punkten weiter – es lässt sich also sinnvoll von vorn nach hinten lesen. Zugleich sind die Kapitel des Buches und deren kleinere Unterkapitel in sich geschlossen und ohne große Mühe für sich verständlich, einschließlich der gelegentlichen vertiefenden Hinweise, die in Kästchen vom Haupttext abgesetzt sind – es lässt sich also auch als Aufsatzsammlung, Handbuch oder Nachschlagewerk nutzen.

Für die vorliegende Neuauflage von *Erzähltheorie. Eine Einführung* wurden die einzelnen Kapitel gründlich überarbeitet, hier und da wurde die Darstellung gestrafft, anderes wurde ausführlicher erläutert, neue Forschungsliteratur wurde durchgehend berücksichtigt. Die Kapitelstruktur wurde den neuen Inhalten angepasst.

Auch wenn wir die vorliegende *Einführung* verfasst haben, so wäre sie doch ohne die Unterstützung und Ermunterung durch eine Reihe von Personen nicht fertig geworden. Namentlich Matthias Aumüller, Anna Ertel, Claudia Hillebrandt, Tobias Klauk, Jonas Koch, Harry Müller und Jan Stühring möchten wir für zahlreiche Anregungen danken.

Zu danken haben wir auch Adrian Brauneis, Simone Lang, Victor Lindblom, Antonia Luiking, Evelyn Waldt und Julia Woest für Hilfe bei der Manuskripteinrichtung sowie die Durchsicht von Manuskriptfassungen; Adrian Brauneis war uns überdies bei der Erstellung des Literaturverzeichnisses und des Namenregisters sowie der Liste mit Wegbereiterinnen und Wegbereitern der Erzähltheorie behilflich. Der *Titanic* danken wir für stilistischen Rat.

»Wenn man nur an sich denkt«, so sagt Brechts Figur Herr Keuner, »kann man nicht glauben, daß man Irrtümer begeht, und kommt also nicht weiter. Darum muß man an jene denken, die nach einem weiterarbeiten. Nur so verhindert man, daß etwas fertig wird« (Brecht 1929, S. 31). Im Sinne dieser Bemerkung hoffen wir, dass die vorliegende zweite Auflage der Einführung in die Erzähltheorie nicht fertig geworden ist.

1 Erzähltheorie

1.1 Die Bedeutung des Erzählens und die Anfänge seiner Erforschung

Wer sich vergegenwärtigen will, welch große Bedeutung das Erzählen für den Menschen und das menschliche Zusammenleben besitzt, der sollte den Versuch unternehmen, sich eine Gesellschaft vorzustellen, in der nicht erzählt wird. Ein entsprechendes Vorhaben stellt unser Vorstellungsvermögen vor eine schwierige Aufgabe. Vermutlich liegt das nicht zuletzt daran, dass uns für ein solches Gedankenspiel die Vorbilder fehlen; wir wissen von keiner vergangenen Kultur, die ohne das Erzählen ausgekommen ist, und wir kennen weder eine gegenwärtige Gesellschaft noch eine erdachte Welt, in der dies der Fall ist. Wo immer Menschen zusammenleben, so lehrt die Erfahrung und bestätigen Geschichtsschreibung, Ethnologie und Soziologie, da wird auch erzählt. Es handelt sich beim Erzählen, kurz gesagt, um eine *anthropologische Universalie.*

Anthropologische Universalie

Die Schwierigkeiten, die das skizzierte Gedankenspiel bereitet, erklären sich allerdings nicht allein daraus, dass das Erzählen – mit Roland Barthes gesprochen – »international, transhistorisch, transkulturell« (Barthes 1966, S. 102) ist.[1] Entscheidend scheint noch etwas anderes zu sein: Erzählt wird nicht nur in allen Gesellschaften, sondern zudem in fast allen Bereichen jeder einzelnen Gesellschaft. Menschen erzählen sowohl in der Dichtung als auch im Alltag, unabhängig davon, ob sie allein sind oder in Gemeinschaft, schon in früher Kindheit und noch in hohem Alter, bei der Arbeit oder beim Essen, vor Gericht, in Film und Fernsehen, aber auch in Kirchenpredigten und im Wirtschaftsleben, wenn sie einen Arzt besuchen oder Sport treiben, Kaffee trinken oder Kinder ins Bett bringen, beim Spazierengehen ebenso wie in der Schule und in den Wissenschaften. Das Erzählen ist eine anthropologische Universalie, die im menschlichen Zusammenleben ein *ubiquitäres Phänomen darstellt, oder doch eines mit sehr weiter Verbreitung.*

Ubiquitäres Phänomen

Versucht man also, sich eine Gesellschaft ohne Erzählen vorzustellen, bemerkt man, was in den vergangenen Jahren zusehends in den Blick gekommen ist – dass es einen engen Zusammenhang zwischen dem Erzählen und dem Menschsein überhaupt gibt. Man wird vielleicht nicht so weit gehen wollen

1 Zitate aus nicht deutschsprachigen Texten folgen entweder – sofern vorhanden – einer vorliegenden Übertragung oder wurden – sofern nicht vorhanden – von den Autoren dieser Einführung ins Deutsche übersetzt.

und aus den umrissenen Beobachtungen folgern, dass der Mensch als ›das erzählende Tier‹ einzustufen ist, wie in den letzten Jahrzehnten immer wieder vertreten wurde, zuletzt etwa von dem Schriftsteller Henning Mankell: »Eine angemessenere Bezeichnung für unsere Spezies als *Homo sapiens* scheint *Homo narrans* zu sein, [...] wir sind Geschichten erzählende Wesen« (Mankell 2011; ähnlich schon Fisher 1984). Peter Brooks' nüchterner Erläuterung der Bedeutung, die das Erzählen für den Menschen besitzt, kann man aber rückhaltlos zustimmen: »Die Erzählung ist eine der allgemeinen Kategorien und Methoden des Verstehens, die wir in unserer Auseinandersetzung mit der Realität nutzen, insbesondere in unserer Auseinandersetzung mit dem Problem der Zeitlichkeit, mit der menschlichen Zeitgebundenheit« (Brooks 1984, S. xi). Erzählen mag nicht das zentrale Wesensmerkmal des Menschen sein – ein markantes Alleinstellungsmerkmal ist es ohne Frage (vgl. vertiefend den Infokasten »Wo wird *nicht* erzählt?«, Kap. 2.1, S. 34 f.).

Vorformen erzähltheoretischer Überlegungen in der Antike

Angesichts der großen Relevanz, die dem Erzählen im menschlichen Leben zukommt, kann es nicht überraschen, dass erste Ansätze zu seiner systematischen Reflexion und insofern Vorformen erzähltheoretischer Überlegungen bereits in der Antike entstehen. Diese Ansätze nehmen das Erzählen freilich – und das sollte lange Zeit so bleiben – nur mittelbar und ausschnitthaft in den Blick. Betrachtet wird nicht das Phänomen als solches, im Fokus stehen vielmehr einzelne seiner Ausprägungen wie insbesondere das Erzählen in angesehenen literarischen Gattungen, und auch diese Ausprägungen nur insoweit, als sie in bestimmten systematischen Zusammenhängen interessant erscheinen, vor allem in Reflexionen zu den Formen der Dichtung und in der Theoriebildung zur Redekunst oder Geschichtsschreibung.

Einflussreiche Beispiele für entsprechende Überlegungen finden sich in Platons *Der Staat* (um 380 v. Chr.) und Aristoteles' *Poetik* (um 335 v. Chr.): Beide Werke machen das Erzählen selbst nicht zum Thema; sie liefern aber, im Kontext von Betrachtungen zur Dichtkunst und ihren Spielarten, einige Ausführungen zur Gattung des Epos, die sich aus heutiger Sicht als frühe Beiträge zu einer allgemeinen Charakterisierung des Erzählbegriffs verstehen lassen. Platon unterscheidet das Epos mit Hilfe des sogenannten Redekriteriums von anderen Gattungen, d. h. unter Bezugnahme auf die Frage, wer in einem literarischen Werk spricht; für ihn ist die epische Dichtung durch eine Art der Redegestaltung charakterisiert, bei der einerseits – wie im Gedicht – der Autor selbst und andererseits – wie in der Komödie und Tragödie – die Figuren zu Wort kommen (vgl. Platon, *Der Staat* III 394a–c). Aristoteles bestimmt das Epos als diejenige der beiden Grundformen dichterischer Handlungsdarstellung, die nicht auf Figurenhandeln, sondern auf der entweder ungebrochen oder in einer Sprecherrolle vorgetragenen Rede des Autors beruht (vgl. Aristoteles, *Poetik* 1448a).

Institutionalisierung der Kulturwissenschaften im 19. Jahrhundert

Zwischen Antike und Moderne durchläuft das Verständnis des Erzählerischen eine Reihe von Wandlungen (vgl. Scheffel 2010; Contzen/Tilg 2019, Kap. 1–3); seine theoretische Thematisierung erfolgt aber durchweg in der indirekten und selektiven Form, die sich bei Platon und Aristoteles beobachten lässt. Das ändert sich erst im späten 19. Jahrhundert. Im Zuge der Institutionalisierung und Professionalisierung der Text- und Kulturwissenschaften kommt es nun zu einer Neuausrichtung der Beschäftigung mit literarischen Texten und anderen kulturellen Artefakten (vgl. Kindt/Müller 2008), die auch in der Auseinandersetzung mit Erzählungen ihren Niederschlag findet und im Wesentlichen durch zwei Merkmale gekennzeichnet ist: Zum einen wird das Erzählen jetzt als Forschungsgegenstand eigenen Rechts entdeckt, es kommt also nicht mehr nur im Kontext der Untersuchung anderer Phänomene und Probleme in den Blick. Und zum anderen entsteht eine Form von Erzählforschung, die sich an strengeren Maßstäben von Wissenschaftlichkeit auszurichten versucht und an die Stelle der normativen Betrachtung von Erzählungen deren deskriptiv-empirische Erschließung treten lässt.

Deskriptiv-empirische Erschließung von Texten

Im Zeichen dieser Neuausrichtung beginnt sich um 1900 das Forschungsfeld »Erzähltheorie« herauszubilden, das Gegenstand dieser Einführung ist. Ein Überblick über die Geschichte des Gebiets seit seiner Herausbildung und über seine Wegbereiterinnen und Wegbereiter findet sich im Anhang des vorliegenden Bandes. Die folgenden Unterkapitel (1.2.1 bis 1.2.3) betrachten Aufbau, Aufgaben und Bausteine der Erzähltheorie sowie ihr Verhältnis zu anderen Bereichen der Literatur- und Kulturwissenschaften.

Drei Hinweise zur Terminologie

Erstens: Der Ausdruck ›Narratologie‹ wird im Folgenden als gleichbedeutend mit dem Term ›Erzähltheorie‹ verwendet. Anders als es gelegentlich vorgeschlagen wird, sollen die beiden Ausdrücke also nicht zur Bezugnahme auf unterschiedliche Traditionen der systematischen Reflexion des Erzählens genutzt werden (vgl. etwa Nünning/Nünning 2002b; Meister 2009), beispielsweise zur Abgrenzung der ›deutschen Erzähltheorie‹ von der ›französischen‹ bzw. ›anglo-amerikanischen Narratologie‹ (so etwa Darby 2001). Entsprechende Verwendungen der Bezeichnungen gehen an deren Gebrauch in den Text- und Kulturwissenschaften vorbei und verdecken überdies die grundlegenden Gemeinsamkeiten und zahlreichen Verbindungslinien zwischen den jeweils unterschiedenen Forschungstraditionen (vgl. auch Fludernik 2003).

Zweitens: Von ›Erzähltheorie‹ oder ›Narratologie‹ wird hier nicht schon dann gesprochen, wenn in einem Text Erzählvorgänge oder Erzählungen thematisiert werden, sondern nur dann, wenn dies in theoretischer Weise geschieht (vgl. Kap. 1.2.1). In Abgrenzung von einigen neueren Vorschlägen (so z. B. Herman 1999) soll also zwischen der Theorie des Erzählens und der mehr oder weniger theoriegeleiteten Praxis der Erzählanalyse unterschieden werden, die hier als ›Erzählforschung‹, ›Erzähltextanalyse‹ o. Ä. bezeichnet wird (vgl. zu dieser Unterscheidung auch Cornils/Schernus 2003; Nünning 2003).

Drittens: Entgegen einer verbreiteten Einschätzung (vgl. etwa Herman 1999; Nünning 2001) sind wir der Überzeugung, dass von ›Erzähltheorie‹ und ›Narratologie‹ weiterhin auch im Singular und keineswegs nur noch im Plural die Rede sein sollte: Wer von ›Erzähl*theorien*‹ spricht, bezieht sich auf die Menge der mehr oder weniger unterschiedlichen Ausgestaltungen *der* Erzähltheorie. Die Frage nach dem Aufbau und den Aufgaben *der* Erzähltheorie wird durch die Pluralisierung des Theoriefeldes (vgl. Anhang, S. 175 f.) nicht überflüssig, sondern umso drängender.

1.2 Was ist Erzähltheorie?

Nach den kurzen Hinweisen zu den Anfängen der Erzähltheorie könnte die Vermutung naheliegen, dass die Titelfrage dieses Unterkapitels bereits beantwortet ist und auf ihre weitere Erörterung verzichtet werden kann. Erzähltheorie ist, so lassen sich die einleitenden Bemerkungen auf eine Formel bringen, die systematische Beschäftigung mit dem Phänomen des Erzählens als solchem. Oder mit den Worten des Literaturwissenschaftlers Gerald Prince, einer wichtigen Stimme in der Erzähltheorie seit einem halben Jahrhundert: Narratologie ist »eine Theorie der Erzählung *qua* Erzählung« (Prince 1995, S. 127).

Eine Theorie der Erzählung *qua* Erzählung

Eine solche Antwort auf die Frage nach der Erzähltheorie ist nicht falsch; sie erscheint aber, zumal in einer Einführung in den Theoriebereich, recht unbefriedigend, da sie stark erläuterungsbedürftig ist. Dies gilt vor allem für den Ausdruck ›Theorie‹ im Kompositum ›Erzähltheorie‹, der sich weder grundsätzlich noch im vorliegenden Zusammenhang von selbst versteht. Wer eine Vorstellung davon gewinnen und vermitteln will, was Erzähltheorie ist, der sollte sich darum in zumindest umrisshafter Form mit zwei weitergehenden Fragen beschäftigen: Es gilt zum einen zu bestimmen, was im Fall der Erzähltheorie, und in den Text- und Kulturwissenschaften im Allgemeinen, mit dem Begriff ›Theorie‹ bzw. der Rede von ›theoretischer Beschäftigung‹ mit einem Gegenstand gemeint ist. Und es ist zum anderen zu klären, als was für eine Art von Theorie die Narratologie zu verstehen ist, worin also genau ihre

Zum Theoriebegriff

Zuständigkeiten, Aufgaben und Leistungen zu sehen sind (vgl. Prince 1990; Kindt/Müller 2003a; Schönert 2004; Meister 2009). Zunächst werden wir der Struktur und den Funktionen der Erzähltheorie nachgehen. Sodann soll deren Verhältnis zu anderen Theoriefeldern in den Text- und Kulturwissenschaften geklärt werden. Und schließlich wollen wir einige Hinweise zum Problem der Begriffsbestimmung geben, denn Begriffe sind so etwas wie die Grundbausteine der Narratologie.

Um Missverständnissen vorzubeugen, sei vorausgeschickt: In unseren entsprechend gegliederten Überlegungen gehen wir davon aus, dass eine adäquate Antwort auf die Frage ›Was ist Erzähltheorie?‹ nicht allein in einer historischen Bestandsaufnahme zur Forschungsdiskussion bestehen kann, sondern einen normierenden Vorschlag zum Theorieverständnis umfassen sollte. Unsere Betrachtungen wird also kennzeichnen, was Holmer Steinfath als grundlegendes Merkmal philosophischer Antworten auf ›Was ist …?‹-Fragen charakterisiert hat – dass es sich bei ihnen nämlich »um eine Sache zugleich von Aufdeckung und Auslegung, Entdeckung und Entscheidung« (Steinfath 2001, S. 13) handelt.

1.2.1 Aufbau und Aufgaben der Erzähltheorie

Der Ausdruck ›Theorie‹ dient zur Bezugnahme auf gedankliche Gebilde, die im Einzelnen eine recht unterschiedliche Gestalt haben können. So bezeichnet er beispielsweise Modelle zur Erklärung und Voraussage von Naturprozessen (wie etwa in der Aussage *Die Elementarteilchen verhalten sich im Sinne der Quantentheorie*), Aussagensysteme ohne unmittelbaren Realitätsbezug (*Die Zahlentheorie beruht auf verschiedenen Axiomen*), Vorgaben und Regeln, die den Umgang mit bestimmten Objekten steuern sollen (*Eric hält sich in seiner Deutung an eine intentionalistische Interpretationstheorie*), komplexe Auffassungen zu allgemeinen Fragestellungen (*Studieren Sie Rawls' Theorie der Gerechtigkeit*) oder auch simple Erklärungen bestimmter Sachverhalte (*Ich habe eine andere Theorie darüber, warum sich Nicolas und Carla getrennt haben*).

In der wissenschaftsphilosophischen Auseinandersetzung über den Theoriebegriff ist die Bandbreite seiner Verwendungsvarianten erst in der jüngeren Vergangenheit ernst genommen und so allmählich überwunden worden, was nach Ludwig Wittgenstein eine »Hauptursache philosophischer Krankheiten« ist, nämlich die »einseitige Diät: man nährt sein Denken mit nur einer Art von Beispielen« (Wittgenstein 1953, § 593). Mittlerweile bezieht die betreffende Debatte nicht mehr nur die Theoriebildung in den Naturwissenschaften ein, sondern auch die in Alltagskontexten und anderen Wissenschaftstraditionen. Aus diesem Grund sind verschiedene Bestimmungen des Theoriekonzepts entwickelt worden, die einerseits so weit gefasst sind, dass sie die meisten Gebrauchsweisen des Ausdrucks einfangen können, und andererseits so gehaltvoll, dass sie als Grundlage einer Unterscheidung maßgeblicher Theorietypen zu dienen vermögen (vgl. etwa Charpa 1996; Eberhard 1999, Kap. 1). Die Begriffsbestimmung dieses Zuschnitts, die Bezugspunkt der weiteren Betrachtungen zum Status der Erzähltheorie sein wird, stammt von dem Wissenschaftsphilosophen Ulrich Charpa; er hat den folgenden allgemeinen Klärungsvorschlag gemacht: »Theorien sollen […] solche wissenschaftlichen Auffassungen heißen, die bestimmte *Funktionen* in bezug auf *Daten* erfüllen« (Charpa 1996, S. 94; Hervorhebungen im Original).

›Theorie‹: Klärungsvorschlag

Vor dem Blick auf die Erzähltheorie, der von dieser Bestimmung ausgeht, sind zwei Erklärungen zu der in ihr verwendeten Formulierung »wissenschaftliche Auffassungen« sinnvoll: Erstens sollte darauf hingewiesen werden, dass in dem Vorschlag mit Bedacht recht allgemein von »wissenschaftlichen *Auffassungen*« gesprochen wird. Im Sinne der neueren Wissenschaftstheorie versteht Charpa Theorien nicht als Mengen von Aussagen, sondern als Modelle und d. h. als grundsätzlich nicht-sprachliche Gebilde, die sich mit Hilfe von sprachlichen Einheiten wie Begriffen oder Sätzen in unterschiedlicher Weise darstellen lassen (vgl. z. B. ebd., S. 99–101; für einen Überblick Winther 2021). Im Fall der text- und kulturwissenschaftlichen Theoriebildung ist diese Differenzierung ohne größere Bedeutung, aber auch hier besteht die Möglichkeit, dass es sich bei unterschiedlich erscheinenden Positionen lediglich um sprachliche Varianten desselben Modells handelt.

Zweitens sei darauf aufmerksam gemacht, dass sich die Bestimmung, indem sie von »*wissenschaftlichen* Auffassungen« spricht, nur auf eine Teilmenge der Vorstellungen bezieht, die hier im Anschluss an den alltagssprachlichen Ausdrucksgebrauch als Theorien verstanden werden. Charpas Vorschlag setzt mit anderen Worten eine Unterscheidung voraus, die im vorliegenden Zusammenhang erst noch zu erläutern ist, nämlich die zwischen wissenschaftlichen und nicht-wissenschaftlichen Auffassungen. Unter den verschiedenen Kriterien, an denen der betreffende Unterschied gemeinhin festgemacht wird, sind die folgenden vier hervorzuheben: Von wissenschaftlichen Theorien wird verlangt, dass sie (1) *allgemein* sind, also einen Geltungsanspruch erheben, der über Einzelfälle hinausgeht, dass sie (2) *widerspruchsfrei* sind, dass sie (3) *fundiert*, d. h. empirisch geprüft oder argumentativ begründet sind und dass sie schließlich (4) *systematisch* und *explizit* sind, ihre Begriffe folglich hinreichend klar definiert sein und ihre Annahmen in einem transparenten logisch-argumentativen Zusammenhang stehen sollten (vgl. dazu grundlegend Føllesdal [u. a.] 1988, Kap. 3–4).

Damit sind die Voraussetzungen geschaffen für eine gehaltvollere Antwort auf die Frage, was Erzähltheorie ist, als sie in den einleitenden Abschnitten umrissen wurde: Grundsätzlich betrachtet handelt es sich bei der Erzähltheorie um ein *wissenschaftliches Modell des Gegenstands Erzählen bzw. Erzählung*, also eines, das den Kriterien wissenschaftlicher Theoriebildung gerecht zu werden hat. Eine weitergehende Charakterisierung der Theorie kann nun über eine Bestimmung der *Funktionen* erfolgen, die das Modell im Hinblick auf mündliche oder schriftliche Texte und d. h. auf die *Daten* erfüllt, auf die es sich bezieht. Sichtet man die Auseinandersetzungen um die Aufgaben der Erzähltheorie seit den späten 1950er Jahren, also seit ihrer Entwicklung zu einem eigenständigen Forschungsfeld (vgl. hierzu Anhang, S. 174 f.), kann man feststellen, dass ihr im Wesentlichen zwei allgemeine Funktionen zugeschrieben werden, nämlich erstens die einer deskriptiven Erfassung des Gegenstands Erzählen bzw. Erzählung und zweitens die eines heuristischen Beitrags zum Umgang mit dem Gegenstand, d. h. insbesondere zur Interpretation von Erzählungen, zu ihrem Vergleich mit anderen Texten sowie zu ihrer Einordnung in historische Kontexte. Beide Aufgaben und ihr Verhältnis zueinander sollen nun kurz näher betrachtet werden.

Ein Modell des Gegenstands Erzählung

Funktionen des Modells

Die erste Funktion bestimmt seit der einflussreichsten Zeit des Strukturalismus das Selbstverständnis der Erzähltheorie. Autoren wie etwa Gerald Prince, Gérard Genette, Tzvetan Todorov oder Seymour Chatman sehen die Narratologie im Sinne jener Funktionszuschreibung als Teilbereich der Literatur- oder Texttheorie, der die Grundelemente und Realisierungsspielräume von Erzählungen zu klären hat (vgl. Titzmann 2003). In entsprechend ausgerichteten narratologischen Modellen geht es zunächst darum, die wesentlichen Eigenschaften zu bestimmen, die ein Gegenstand erfüllen muss, um unter den Begriff der Erzählung zu fallen; darüber hinaus sollen aber auch typische Züge des Gegenstands oder verschiedene wichtige Hinsichten benannt werden, in denen sich seine konstitutiven und charakteristischen Merkmale ausgestalten lassen. In Chatmans Buch *Story and Discourse* heißt es zu diesem Vorhaben knapp: »Ziel der Erzähltheorie ist es, durch die Bestimmung der minimalen Konstituenten von Erzählungen ein Raster von Möglichkeiten zu entwickeln. Sie bezieht einzelne Texte auf dieses Raster und fragt, ob deren Einordnung eine Anpassung des Rasters erforderlich macht« (Chatman 1978, S. 19).

Deskriptionsfunktion

Auch die zweite Funktion prägt seit den 1960er Jahren das Selbstbild des Forschungsfeldes. In musterhafter Form wird sie etwa bei Erzähltheoretikern

Analysefunktion

wie wiederum Genette, Franz K. Stanzel oder der frühen Mieke Bal ausgeführt. Die Aufgabe der Narratologie besteht dieser Sichtweise zufolge darin, das Instrumentarium für eine Analyse von Erzählungen zu entwickeln, die bei deren weitergehender Untersuchung als heuristischer Bezugspunkt zu dienen vermag (vgl. Kindt/Müller 2003a). Erzähltheorie ist demnach ein begrifflicher Werkzeugkasten, durch dessen Nutzung sich zwar nicht zu einer umfassenden Erschließung von Erzählungen gelangen lässt, wohl aber zu Textbeobachtungen und Strukturbestimmungen, die zu einer solchen Erschließung in unterschiedlicher Weise beizutragen vermögen: Sie können etwa dazu dienen, Interpretationen einzelner Erzählungen anzuregen, abzusichern oder in Frage zu stellen, sie können aber auch helfen, Gemeinsamkeiten und Unterschiede zwischen Texten zu bestimmen, Muster in umfangreicheren Textkorpora und literaturgeschichtlichen Entwicklungsprozessen zu entdecken oder Wirkungen und Wirkungspotentiale von Texten bzw. Textstrukturen zu erläutern. Im Sinne dieser Sichtweise merkt beispielsweise Stanzel an, dass seine *Theorie des Erzählens* nicht zuletzt als »Dienerin der Literaturkritik und Interpretation« (Stanzel 1979, S. 300) zu sehen sei. Und er ergänzt in *Unterwegs. Eine Erzähltheorie für Leser*, er habe stets Begriffe entwickeln wollen, »die sich als ›discovery tools‹ am konkreten Werk auf die Weise bewähren, daß sie den Leser zu Einsichten führen, die ihm ohne dieses theoretische Rüstzeug […] nicht zugänglich geworden wären« (Stanzel 2002, S. 19 f.). Genette und Bal weisen der Narratologie die gleiche Funktion zu, indem sie ihre Beiträge zur Erzähltheorie als »Entdeckungshilfe« und »Werkzeug der Beschreibung« (Genette 1972, S. 190) bzw. als »Mittel zur Erläuterung und Klärung von Lektüreeindrücken« (Bal 1985, S. x) einstufen.

Begrifflicher Werkzeugkasten

Hilfe zur Entdeckung und Beschreibungswerkzeug

Zur Relevanz narratologischer Analysen

Zur Problematisierung des Verständnisses von Erzähltheorie als Erschließungsheuristik wird gelegentlich darauf hingewiesen, dass die narratologische Beschreibung eines Textes für dessen interpretative Erklärung weitgehend oder sogar vollkommen irrelevant sein kann. Dieser Beobachtung ist nicht zu widersprechen, sie stellt aber keinen Einwand gegen das umrissene Narratologieverständnis dar, sondern unterstreicht noch einmal, dass die Erzähltheorie eben *nicht* als methodischer Leitfaden, sondern *nur* als heuristischer Bezugspunkt der Textdeutung zu verstehen ist. Dass sich in einer Erzählung eine bestimmte Perspektivgestaltung oder eine bestimmte Handlungskomposition beobachten lässt, ist für ihre Bedeutung oftmals, aber nicht notwendigerweise wichtig. Kurz gesagt: Die Textstrukturen, die sich mit Hilfe des narratologischen Instrumentariums identifizieren lassen, haben im Rahmen der Textinterpretation hohes Relevanz*potential*, jedoch keine Relevanz*garantie*.

Anders als es einige Stellungnahmen in der narratologischen Auseinandersetzung nahelegen (vgl. etwa Chatman 1978 oder Prince 1995), handelt es sich bei den Verständnissen von Erzähltheorie, die mit den betrachteten Funktionszuschreibungen verbunden sind, keineswegs um konkurrierende, sondern um einander ergänzende Sichtweisen. Ein Modell, das den Gegenstand Erzählung allgemein zu erfassen versucht, lässt sich selbstverständlich zugleich als Leitfaden der Analyse einzelner Erzählungen nutzen. Und die Anwendung des Objektmodells im Rahmen von Textanalysen ist der entscheidende Prüfstein für seine Stichhaltigkeit und Fruchtbarkeit. Die beiden bestimmenden Funktionen der Erzähltheorie stehen also – mit Todorov gesprochen – für zwei Tendenzen der Auseinandersetzung mit narrativen Texten, die sich ohne weiteres miteinander verknüpfen lassen (vgl. dazu Todorov 1971, Kap. 1).

Gegenstandsmodell und Analyseleitfaden

1.2.2 Beziehungen zu anderen Theorien

Das Verständnis von Narratologie, das im vorangegangenen Abschnitt entwickelt wurde, liegt den Beiträgen zugrunde, die das Forschungsfeld etabliert haben, etwa den Ansätzen von Genette, Stanzel, Prince oder Chatman. Seit einiger Zeit wird der vertretenen Position allerdings zusehends mit Vorbehalten begegnet (vgl. dazu auch Anhang, S. 175 f.). Die Narratologie müsse, so eine weitverbreitete Forderung, aus ihrer ›klassischen‹ Phase in eine ›postklassische‹ übergehen (vgl. Herman 1999; Nünning/Nünning 2002b). Angesichts der Beachtung, die diese These im Forschungsfeld gefunden hat (vgl. Meister 2009, S. 339–341; Alber/Fludernik 2010), sei durch einen Blick auf die Beziehung zwischen der Erzähltheorie und anderen Bereichen der Theoriebildung in den Text- und Kulturwissenschaften kurz erläutert, weshalb im Folgenden an einem vergleichsweise traditionellen Verständnis von Narratologie festgehalten werden soll.

Aus der ›klassischen‹ in eine ›postklassische‹ Phase?

Die Kritik an einer entsprechenden Idee von Erzähltheorie und die Vorschläge zu deren Umgestaltung treten in verschiedenen Spielarten auf. Gemeinsamer Ausgangspunkt ist dabei allerdings die Unzufriedenheit mit der Reichweite und den Leistungen der vorliegenden Ansätze. Im Anschluss an

Kritik an ›klassischer‹ Erzähltheorie

die obigen Hinweise zum Theoriebegriff lässt sich dieser Befund noch etwas genauer erläutern: Die postklassische Narratologie hält sowohl die *Daten* für unzureichend, auf die sich die klassische Narratologie bezieht, als auch die *Funktionen*, die sie hinsichtlich der betreffenden Daten zu erfüllen beansprucht. Gefordert wird in vielen neueren Diskussionsbeiträgen deshalb eine Ausweitung einerseits des Gegenstands- und andererseits des Aufgabenbereichs der Erzähltheorie.

Gegenstandsbezogene Erweiterungsforderung

Die *gegenstandsbezogene Erweiterungsforderung* findet vor allem in dem seit einem Jahrzehnt intensiv verfolgten Projekt einer intermedialen Narratologie ihren Niederschlag. Gestützt auf die Beobachtung, dass Erzählen ein ubiquitäres Phänomen darstellt, setzen sich die Vertreter dieses Vorhabens für eine Erzähltheorie ein, die nicht allein textgebundenen oder gar literarischen Erzählungen, sondern allen medialen Ausprägungen des Narrativen gerecht zu werden vermag (vgl. etwa Wolf 2002; Ryan 2004; Kreiswirth 2005; Mahne 2007). Die *aufgabenbezogene Erweiterungsforderung* zeigt sich musterhaft in den zahlreichen Manifesten für eine historische oder kontextualistische Narratologie, die im Forschungsfeld seit Jahrzehnten für Diskussionen sorgen. Ausgehend von der Erfahrung, dass die Anwendung der Erzähltheorie nicht zu einer umfassenden Erschließung von Erzähltexten führt, wird hier die Idee entwickelt, die Narratologie aus einem Analyseinstrumentarium in eine Interpretationstheorie umzugestalten, die in der Lage ist, die Auslegung von Texten in allen für wichtig erachteten Kontexten anzuleiten (vgl. z. B. Lanser 1986; Nünning 2000; Darby 2001; Sommer 2007).

Aufgabenbezogene Erweiterungsforderung

Die Forderungen nach einer Ausweitung der Datenbasis und des Funktionsspektrums der Erzähltheorie stützen sich auf einige durchaus einleuchtende Beobachtungen, sie gelangen vor deren Hintergrund aber zu wenig überzeugenden Folgerungen. Im Fall des Vorhabens, der Narratologie eine intermediale Ausrichtung zu geben, ist es dabei nicht der Vorschlag selbst, der problematisch erscheint; zweifelhaft sind die mit ihm verbundenen Vorstellungen von der Gestalt und den Möglichkeiten einer entsprechend reformierten Erzähltheorie. Zumeist wird erheblich unterschätzt, wie groß die Unterschiede zwischen den Realisierungen des Erzählens in verschiedenen Medien sind und wie wenig erfolgversprechend darum das Vorhaben erscheint, die an Texten entwickelten erzähltheoretischen Begriffe so anzupassen, dass sie für eine medienübergreifende Verwendung geeignet sind (vgl. dazu auch die Hinweise zum Erzählen in visuellen und audiovisuellen Medien in Kap. 2.3, S. 56–63). Angesichts der vielfältigen medienspezifischen Ausprägungen des Erzählens kann eine intermediale Erzähltheorie im strengen Sinne auf kaum mehr hinauslaufen als auf einen allgemeinen Begriff des Narrativen bzw. der Narra-

Intermediale Ausrichtung der Narratologie und ihre Grenzen

tivität, dessen Nutzen begrenzt ist (vgl. Jannidis 2003, S. 50 f.; Kindt 2009, S. 42 f.). So herausfordernd der Entwurf eines solchen abstrakten Konzepts des Erzählerischen sein mag – die theoretisch grundlegende und praktisch maßgebliche Modellbildung wird weiterhin in der Entwicklung medienspezifischer Erzähltheorien bestehen (vgl. Hausken 2004).

Kritik an Erzähltheorie als Interpretationsansatz

Gegen das Projekt einer aufgabenbezogenen Erweiterung der Narratologie sprechen noch grundsätzlichere Einwände: Wer fordert, die Erzähltheorie in einen Interpretationsansatz umzuwandeln, der verfehlt schlicht die Stellung, die diese in der Theorienarchitektur und den Praxiszusammenhängen der Text- und Kulturwissenschaften einnimmt. Eine entsprechende Forderung verkennt nicht allein, dass die Erzähltheorie gerade in ihrem traditionellen Zuschnitt – also verstanden als begrifflicher Werkzeugkasten – im Rahmen *unterschiedlich* ausgerichteter interpretativer Erschließungen von Erzähltexten genutzt werden kann und wird (vgl. Kindt/Müller 2003a; 2003b). Sie übersieht zudem, dass es zur Erfüllung der Funktionen, die zum Umbau der Erzähltheorie Anlass geben sollen, bereits eine bemerkenswerte Bandbreite ebenso ausgearbeiteter wie effektiver Theorien gibt; wer eine Erklärung von Texten in Kontexten anstrebt, dem steht ein großes Arsenal an Literatur- bzw. Interpretationstheorien zur Verfügung (vgl. dazu Köppe/Winko 2013). Es ist nicht einzusehen, weshalb den betreffenden Theorien, die das vorhandene erzähltheoretische Instrumentarium zumeist produktiv einbeziehen, eine weitere hinzugefügt werden sollte, deren Anwendung zudem auf narrative Texte beschränkt ist. Der nur begrenzte Beitrag, den die Narratologie zur Textinterpretation zu leisten vermag, scheint also kurzum nicht für den Bedarf an einer erweiterten Erzähltheorie zu sprechen, sondern – wie Mieke Bal bemerkt hat – für den »Bedarf an weiteren Theorien neben der Erzähltheorie« (Bal 1985, S. 10).

Deskription vs. Interpretation?

Abgrenzung von Erzähltheorie und Interpretationstheorie

Gegen die Klärung der Beziehung zwischen Erzähl- und Interpretationstheorie wird häufig der Einwand erhoben, dass sich Deskription und Interpretation, auf deren Unterscheidung die hier entwickelte Idee von Narratologie beruht, nicht in der vorgeschlagenen Weise voneinander abgrenzen lassen. Die narratologische Textbeschreibung sei, so wird geltend gemacht, immer schon Textdeutung (vgl. z. B. Schmid 2003; Sommer 2007; Petterson 2009).

Dazu ist zweierlei anzumerken: Erstens ist es richtig, dass die Anwendung eines narratologischen Begriffs auf einen Text (also etwa die Klärung der Frage, ob eine Textpassage intern fokalisiert ist oder nicht) mitunter keine offensichtliche Angelegenheit ist und einige Überlegung erfordert. Manche erzähltheoretischen Begriffe (etwa der des *Plots*, vgl. Kap. 3.1.1, S. 69–72) setzen in ihrer Anwendung ein umfassendes Verständnis der Erzählung – und damit oftmals Interpretation – voraus. Zweitens bedeutet das aber nicht, dass sich die Deskription und Interpretation von Texten nicht grundsätzlich voneinander unterscheiden ließen. Grundlegend für die Unterscheidung zwischen Deskription und Interpretation ist hier die *Zielsetzung* der jeweils vorgenommenen Operationen (vgl. hierzu Kindt 2015): Beschreibungen sind Klassifikationsprozeduren. Sie versuchen zu klären, ob eine Textstruktur unter einen Begriff fällt, d. h., ob sie die Bedingungen erfüllt, die in der Definition des fraglichen Begriffs als notwendig (und hinreichend) angeführt werden (vgl. S. 22). Interpretation ist demgegenüber »das methodisch herbeigeführte Verstehen von Texten« (Spree 2000, S. 168; vgl. auch Spree 1995, S. 44–51), das diesen (je nach zugrunde gelegter Interpretationstheorie) etwa ein Thema, eine Aussageabsicht oder eine semantische Tiefenstruktur zuordnet. So verstanden, kann die Deskription eines Textes zwar mehr oder weniger umfassende und komplizierte Überlegungen voraussetzen (vgl. S. 141 f.), und die Interpretation eines Textes kann umgekehrt auf dessen mehr oder weniger genauer Deskription aufbauen – dies bedeutet aber nicht, dass sich die betreffenden Operationen nicht voneinander abgrenzen lassen (vgl. Titzmann 1991, S. 396; Kindt/Müller 2004, S. 294 f.; Kindt 2015, S. 98–102).

Beschreibungen sind Klassifikationsprozeduren

Integrative vs. modulare Konzeption der Theoriebildung

In Abgrenzung von der *expansiven* bzw. integrativen *Konzeption*, die in den betrachteten Erweiterungsversuchen der Narratologie zum Ausdruck kommt, treten wir für ein *modulares Modell* der Theoriebildung in den Text- und Kulturwissenschaften ein. Zielsetzung sollte es diesem Modell zufolge nicht sein, eine allgemeine Theorie zu entwerfen, die den Umgang mit bestimmten Gegenständen umfassend regelt; stattdessen wird empfohlen, von einem Nebeneinander verschiedener Theorien auszugehen, die auf unterschiedliche Zwecke bezogen werden können und deren mögliche Zusammenarbeit gesondert zu erörtern ist. Leitend ist dabei eine Beobachtung, die sich nicht zuletzt anhand der Geschichte der Narratologie und insbesondere ihres Verhältnisses zur Interpretations- und Fiktionalitätstheorie machen lässt – die Beobachtung nämlich, dass die Expansion und Integration von textwissenschaftlichen Theorien nicht selten zu Lasten des Niveaus ebenso der expandierenden wie der integrierten Modelle geht (vgl. Kindt/Müller 2006).

Im Sinne dieser Orientierung werden wir die Erzähltheorie in den folgenden Kapiteln als ein deskriptives Modell des Gegenstands Erzählung vorstellen, das zur weitergehenden Erschließung einzelner oder umfangreicher Gruppen von Erzählungen einen heuristischen Beitrag zu leisten vermag. Bei der Theorie wird es sich näher betrachtet um ein medienspezifisches Modell handeln, das zumeist am Beispiel von literarischen Erzählungen entwickelt und veranschaulicht wird, seinem Anspruch nach aber das textgebundene Erzählen in seiner Ganzheit erfassen soll. Bei der Erläuterung dieses Modells werden wir das Erzählen in anderen Medien aber immer wieder in kurzen vergleichenden Exkursen in die Betrachtung einbeziehen.

Medienspezifisches Modell

1.2.3 Begriffe und Begriffsbestimmungen

Es ist deutlich geworden, dass die wichtigsten Bestandteile der Narratologie deren Begriffe sind. Bei einem erzähltheoretischen Ansatz handelt es sich um ein begriffliches Modell des Gegenstands Erzählung, d. h. um einen Zusammenhang mehr oder weniger ausdrücklich definierter und systematisch aufeinander bezogener Begriffe zu dessen Erfassung und Beschreibung (vgl. Kindt 2009; s. o. Kap. 1.2.1). Wenn man Erzähltheorie betreibt, dann kommt man also nicht um das Geschäft der Begriffsbestimmung und die Klärung von Begriffsbeziehungen herum. Da dies auch für Einführungen in das Forschungsfeld gilt, dem Vorhaben der Begriffsdefinition in den Text- und Kulturwissenschaften aber noch immer oft mit Unkenntnis und Vorbehalten begegnet wird (vgl. Fricke 2010; Köppe 2010b), sei es zum Abschluss dieses Einleitungskapitels zumindest kurz etwas genauer betrachtet.

Ist von ›Begriffen‹ die Rede, kann es um unterschiedliche Dinge gehen; grundlegend scheinen allerdings die beiden folgenden Verwendungen des Wortes zu sein: ›Begriff‹ wird einerseits im Sinne von ›Ausdruck‹ gebraucht wie in dem Satz: *Der Begriff ›Rhythmus‹ wird immer wieder falsch buchstabiert.* Andererseits steht ›Begriff‹ aber auch für den semantischen Gehalt (oder die Intension oder Bedeutung) von Ausdrücken, genauer gesagt von Ausdrücken wie etwa ›rot‹, ›Pferd‹ oder ›Junggeselle‹, die in Logik und Linguistik als ›Prädikate‹ oder ›generelle Termini‹ bezeichnet werden (vgl. die hilfreiche Einführung bei Tugendhat/Wolf 1983, Kap. 8). In diesem Verständnis wird der Ausdruck ›Begriff‹ verwendet in Sätzen wie: *Dieser Text fällt unter den Begriff des Bildungsromans.* Oder: *Was zeichnet Genettes Begriff des Erzählers aus?*

›Begriff‹: Ausdruck oder semantischer Gehalt

Ausgehend von diesem Begriffsverständnis verstehen wir unter einer Definition im vorliegenden Zusammenhang die Angabe der Bedeutung eines Prädikats bzw. generellen Terminus. Wir müssen hier nicht das breite Spektrum

›Definition‹: Angabe der Bedeutung eines Prädikats

an Spielarten von Definitionen vorstellen, das in den Wissenschaften genutzt wird (vgl. dazu Føllesdal [u. a.] 1988, Kap. 56; Pawłowski 1980; Strube 1982). Zum besseren Verständnis der Bestimmungen erzähltheoretischer Begriffe, die wir in den folgenden Kapiteln vorschlagen werden, möchten wir aber die Ausgestaltungsmöglichkeiten von Definitionen zumindest in zwei Hinsichten näher beleuchten.

Zunächst ist darauf hinzuweisen, dass Begriffsbestimmungen nicht an eine spezifische *Form* gebunden sind; ihnen können unterschiedliche Gestalten gegeben werden, von denen zwei Möglichkeiten kurz charakterisiert seien (vgl. auch Fricke 2010):

Äquivalenzdefinition

- Die auf Aristoteles zurückgehende und bis ins 19. Jahrhundert vorherrschende Definitionsweise besteht in Angaben der Form *genus proximum et differentia specifica* (also »nächste Gattung und eigentümlicher Unterschied«). Diesem Muster folgend, wird etwa ›Mensch‹ seit der Antike oft als »das vernunftbegabte Tier« bestimmt. Begriffsbestimmungen wie diese folgen zugleich der noch heute maßgeblichen Definitionsform, die als ›Äquivalenzdefinition‹ bezeichnet wird und Begriffsbedeutungen über die Angabe von notwendigen und (zusammen) hinreichenden Bedingungen abbildet. Um eine solche Bedeutungsbestimmung handelt es sich etwa bei der folgenden Definition des mathematischen Ausdrucks ›Primzahl‹: »Eine Zahl ist eine Primzahl genau dann, wenn es sich erstens um eine natürliche Zahl größer als 1 handelt und diese zweitens nur durch sich selbst und durch 1 ganzzahlig teilbar ist.«

Familienähnlichkeit

Prototypen

- Seit Mitte des 20. Jahrhunderts werden Definitionen des letztgenannten Typs vielfach mit dem Hinweis in Frage gestellt, sie würden an der tatsächlichen Begriffsbildung und Begriffsnutzung in alltäglichen, aber auch wissenschaftlichen Zusammenhängen vorbeigehen. Ausgehend von dieser Kritik haben sich zwei alternative Definitionsformen etabliert: Zum einen gibt es Charakterisierungen im Anschluss an Ludwig Wittgensteins Konzept der ›Familienähnlichkeit‹ (vgl. Wittgenstein 1953, § 66). Die unter einen Familienähnlichkeitsbegriff fallenden Gegenstände ähneln sich in verschiedenen Hinsichten, aber es lässt sich kein Set von Eigenschaften angeben, das ihnen (und nur ihnen) gemeinsam ist. Zum anderen gibt es Charakterisierungen durch die Angabe von Prototypen, also der ›besten Beispiele‹ für die Art von Gegenständen, die sich den betreffenden Konzepten zurechnen lassen (vgl. Kleiber 1998; Hinweise zur Kombination beider Ansätze geben Laurence/Margolis 1999, Kap. 3).

Weiterhin ist zu beachten, dass sich Definitionen der unterschiedenen Spielarten mit verschiedenen *Ansprüchen* vornehmen lassen. Auch im Hinblick auf diesen Aspekt sollen drei Grundtypen voneinander abgegrenzt werden (vgl. Pawłowski 1980, Kap. 1; Köppe 2006, S. 156–162):

- Definitionen können einen *feststellenden* Charakter haben; in diesem Fall versuchen sie einzufangen, wie ein Ausdruck von einer Gruppe von Personen verwendet wurde oder wird; definitorische Bestimmungen in diesem Sinne laufen also auf eine empirische Untersuchung eines spezifischen Sprachgebrauchs hinaus. Feststellende Definitionen
- In Begriffsdefinitionen kann es aber auch um eine *festlegende* Bedeutungscharakterisierung gehen; in diesem Fall wird mit einer Begriffsbestimmung – in der Terminologie der Definitionstheorie gesprochen – eine ›Stipulation‹ vorgenommen, d. h., es wird eine Sprachregelung für den zukünftigen Ausdrucksgebrauch mit mehr oder weniger großer Reichweite getroffen. Festlegende Definitionen
- Definitionen können sich schließlich darum bemühen, die feststellende und die festlegende Vorgehensweise miteinander zu verknüpfen; dies ist die Grundidee von Definitionen, die mit Rudolf Carnap als ›Begriffsklärungen‹ oder ›Explikationen‹ bezeichnet werden; solche Definitionen versuchen, den Anschluss an das bisherige Verständnis eines Begriffs mit dessen Präzisierung für den Gebrauch in bestimmten Zusammenhängen zu verbinden (vgl. Carnap 1950, S. 1–18; Danneberg 1989, S. 50–68). ›Begriffsklärungen‹ oder ›Explikationen‹

Für welche der vorgestellten Definitionsvarianten man sich entscheiden sollte, lässt sich nicht grundsätzlich, sondern nur bezogen auf den Einzelfall beantworten. Die Entscheidung hängt von einer Reihe von Faktoren ab, etwa davon, mit was für einer Art von Begriff man es zu tun hat, sowie davon, welche Ziele man mit einer Begriffsbestimmung verfolgt (vgl. Gabriel 1972). Wir werden die Begriffe der Narratologie im Folgenden zumeist in Form von Äquivalenzbestimmungen zu fassen versuchen, die als Begriffsexplikationen zu verstehen sind.

2 Die Erzählung

Dieses Kapitel widmet sich einer Beantwortung der Frage »Was ist eine Erzählung?«. Zunächst müssen wir diese Frage präzisieren – denn die Ausdrücke ›Erzählung‹ und ›erzählen‹ sind mehrdeutig. Das wird schnell deutlich, wenn man sich Aussagen wie die folgenden vergleichend ansieht:

(1) Anna erzählt eine Geschichte.
(2) Eine Erzählung ist kein Roman.
(3) Der Text enthält neben erzählenden auch beschreibende Passagen.

Erzählakt

›Erzählung‹ als Gattungs- oder Textsortenbegriff

Erzählende Ereignisverknüpfung

In (1) ist vom *Akt* des Erzählens die Rede. Ein *Erzählakt* ist etwas, das jemand tut, also eine Handlung, die sich in der Zeit erstreckt. In (2) wird ›Erzählung‹ als Gattungs- oder Textsortenbegriff verwendet. Unter den Begriff der Erzählung in diesem Sinne fallen Texte, die man u. a. aufgrund ihrer relativen Kürze von den erzählenden Langformen (Romane, Autobiographien usw.) unterscheiden möchte. In (3) ist von den ›erzählenden Passagen‹ eines Textes die Rede. Solche Passagen handeln von Ereignissen, die als in besonderer Weise verknüpft dargestellt werden – wir sprechen daher von der erzählenden Ereignisverknüpfung (im Anschluss an Noël Carrolls Bestimmung der *narrative connection*, vgl. Carroll 2001, S. 118–133). Der Begriff der erzählenden Ereignisverknüpfung ist für die Beantwortung unserer Ausgangsfrage zentral, und er ist auch für die Erläuterung der in (1) und (2) genannten Begriffe erforderlich (d. h. explanatorisch basal): Eine Sprachhandlung ist nur dann ein Erzählakt, wenn sie erzählende Ereignisverknüpfungen zum Inhalt hat; und Exemplare der Textsorte oder Gattung ›Erzählung‹ zeichnen sich dadurch aus, dass in ihnen eine Vielzahl erzählender Ereignisverknüpfungen dargestellt wird.

Im folgenden Kapitel 2.1 beginnen wir daher mit dem Begriff der narrativen Ereignisverknüpfung – gleichsam dem Nukleus des Erzählens; anschließend erläutern wir weitere Eigenschaften längerer und auch komplexerer Texte, die für den Eindruck verantwortlich sind, dass wir es mit ›vollgültigen‹ oder ›paradigmatischen‹ Erzählungen zu tun haben. Es handelt sich dabei um eine bestimmte Weise der Bezugnahme auf Ereignisse, das Vorliegen eines Spannungsbogens und die kommunikative Zweckmäßigkeit (*tellability*) von Erzählungen. Der Schwerpunktsetzung dieser Einführung entsprechend konzentrieren wir uns auf erzählende Ereignisverknüpfungen in textuellen (schriftsprachlichen) Medien. In Kapitel 2.2 erläutern wir die Fiktionalitätsdimension (insbesondere) literarischer Erzählungen, in Kapitel 2.3 gehen wir auf

Besonderheiten des Erzählens ein, die sich dessen medialer Präsentationsform verdanken.[2] Kapitel 2.4 erläutert den Zusammenhang zwischen dem basalen Begriff der erzählenden Ereignisverknüpfung und komplexen literarischen Erzählwerken.

2.1 Von der erzählenden Ereignisverknüpfung zur Erzählung

Definition

Der Begriff der erzählenden Ereignisverknüpfung lässt sich wie folgt definieren:

Eine erzählende Ereignisverknüpfung liegt genau dann vor, wenn mindestens zwei Ereignisse als chronologisch geordnet sowie in mindestens einer weiteren ›sinnhaften‹ Weise miteinander verknüpft dargestellt sind.

Wie aus der Definition ersichtlich ist, setzt das Erzählen voraus, dass von Ereignissen die Rede ist. Der Begriff ›Ereignis‹ wird in der philosophischen Metaphysik und Ontologie kontrovers diskutiert (wir folgen der Zusammenfassung in Henning 2009, S. 173–178). Strittig ist etwa, was Ereignisse eigentlich sind oder wie sie gezählt werden können. Dass diese Fragen schwierig zu beantworten sind, sieht man bereits anhand eines einfachen Beispiels: Bezeichnet der Satz »Anna niest« ein Ereignis? Wer diese Frage zu bejahen geneigt ist, muss sich dem Einwand stellen, dass der Satz etwas bezeichnet, das ebenso gut als mit einer Vielzahl von Ereignissen verbunden verstanden werden kann: Das Kribbeln in der Nase, das tiefe Einatmen und die Kontraktion des Zwerchfells können mit demselben Recht als Ereignisse gelten wie das Niesen selbst – und für jedes dieser Teil-Ereignisse gilt wiederum, dass wir sie in beliebig viele weitere Teil-Ereignisse zerlegen könnten. Wie feinkörnig eine solche Einteilung ausfällt, scheint also von unseren Interessen und nicht zuletzt auch von unseren sprachlichen Ressourcen abzuhängen. Auf diese Schwierigkeiten stoßen wir auch dann, wenn wir die Ereignisse bestimmen wollen, von denen eine Erzählung handelt: Auch hier stellt sich das Problem, dass man das Erzählte in beliebig viele Ereignisse unterteilen (und dass man dabei unterschiedliche Vokabulare verwenden) könnte.

Was ist ein Ereignis?

Was also ist ein Ereignis? Wir können uns hier mit einer intuitiven Erläuterung begnügen (vgl. Henning 2009, S. 174). Zur Identifikation eines Ereignis-

2 Wo die mediale Verfasstheit *keine* Rolle spielt, sprechen wir nicht von einem Text, sondern von einer *Darstellung*: Gemeint ist dann die Darstellung einer Ereignisfolge, die mündlich oder schriftlich (textförmig), visuell (bildlich) oder auch audiovisuell (filmisch) realisiert ist.

ses benötigen wir mindestens dreierlei, nämlich einen Zeitpunkt, einen (physikalischen) Gegenstand oder einen Sachverhalt und etwas, das von dem Gegenstand oder Sachverhalt ausgesagt wird. Dass sich Anna (= der Gegenstand) morgen (= der Zeitpunkt) ein Auto kauft (= das vom Gegenstand Ausgesagte), ist demnach ebenso ein Ereignis wie das Steigen (= das vom Sachverhalt Ausgesagte) des Außenhandelsvolumens der Bundesrepublik (= der Sachverhalt) im Frühjahr (= der Zeitpunkt) oder das Klingeln des Weckers auf Annas Nachttisch um sechs Uhr früh.

Ereignis und Plot

Dass wir eine Frage wie »Von welchen Ereignissen handelt Thomas Manns Roman *Der Zauberberg?*« sinnvoll finden (und auch beantworten) können, liegt daran, dass wir uns bei der Benennung der Ereignisstruktur einer komplexen literarischen Erzählung meist auf bestimmte Ereignisse konzentrieren – und zwar auf genau die Ereignisse, die als temporal geordnete und sinnhaft verknüpfte die *Handlung* bzw. den *Plot* der Erzählung ausmachen. (Die Begriffe ›Handlung‹ bzw. ›Plot‹ werden in den Kapiteln 2.4 und 3.1 genauer eingeführt.) Diese Beobachtung legt nahe, dass sich die Konturen von Ereignissen in gewissem Sinne derjenigen Erzählung verdanken, in der sie auftreten: Die Erzählung legt demnach fest, was wir zu den relevanten Ereignissen hinzuzählen und was nicht; wir müssen, anders formuliert, erst eine Erzählung vor Augen haben, bevor wir die Konturen von Ereignissen sinnvoll bestimmen können. Um das oben gebrauchte Beispiel erneut zu bemühen: In einer Erzählung über Annas Schnupfen ist *Anna niest* ein erwartbares Ereignis: Die Erzählung steckt gleichsam den Rahmen ab, innerhalb dessen sinnvolle Ereignisbeschreibungen möglich werden. (Zur vertiefenden Diskussion vgl. MacIntyre 2007, S. 204–225, insbes. S. 206 f.; außerdem Danto 1985, insbes. Kap. VIII; Passmore 1987.)

Ereignisse haben eine unterschiedlich große zeitliche Ausdehnung, der Zweite Weltkrieg ist ebenso ein Ereignis wie das gestrige Ausfallen eines Haares auf Annas Kopf. Man kann nun lange und fruchtlos darüber streiten, ob wirklich beliebige Ereignisse geeignet sind, den Stoff einer erzählenden Ereignisverknüpfung zu bilden – dem hier entwickelten Begriff zufolge gibt es dafür keine Restriktionen. Auch der Text *Erst hing der Apfel am Baum und dann fiel er herunter* handelt von zwei Ereignissen, die definitionsgemäß den Stoff für eine erzählende Ereignisverknüpfung bilden können.

Chronologie

Der Definition gemäß muss, damit von einer erzählenden Ereignisverknüpfung die Rede sein kann, eine Chronologie vorliegen, d. h., die Ereignisse müssen in einer erkennbaren zeitlichen Beziehung zueinander stehen (vgl. Carroll 2001, S. 120 f.). Als zeitliche Relationen kommen hier naturgemäß Gleichzeitigkeit und Nacheinander in Frage. Während das Nacheinander zweier Ereignisse den Regelfall ausmachen dürfte, kann eine erzählende Ereignisverknüpfung auch zwei Ereignisse betreffen, die gleichzeitig ablaufen: *Während die Polizei in Düsseldorf nach ihr fahndete, setzte sich Anna ins Ausland ab* ist ein Beispiel dafür.

Damit eine erzählende Ereignisverknüpfung vorliegt, müssen Ereignisse über ihre Chronologie hinaus als »sinnhaft verknüpft« dargestellt werden. Der Ausdruck »sinnhafte Verknüpfung« stammt von Tim Henning (2009, S. 183–190), an seine Erläuterung wird hier angeknüpft. Gemeint ist, dass zwischen den dargestellten Ereignissen ein – über eine zeitliche Relation hinausgehender – gehaltvoller Zusammenhang erkennbar ist. Wir diskutieren hier drei Beispiele für einen solchen Zusammenhang: Die Ereignisse können u. a. verbunden sein über (1) Kausalität, (2) die Einstellungen von Personen, die an ihnen beteiligt sind, oder (3) Beziehungen, die sich aus der Bewertung von Ereignissen ergeben. Diese Beispiele sollen verdeutlichen, wie vielgestaltig Ereignisse als miteinander verknüpft dargestellt werden können. Zudem sprechen wir das Problem ›impliziter‹ Verknüpfungen und die Rolle der Leserinnen und Leser bei deren Feststellung an.

»Sinnhafte Verknüpfung«

Der wichtigste Typ einer sinnhaften Ereignisverknüpfung ist die Kausalität (vgl. Carroll 2001, S. 122–128). Entsprechend unserem Alltagsverständnis wird Kausalität meist als direkte physikalische Verursachung verstanden. Wir sagen, ein erstes Ereignis habe ein zweites kausal verursacht, wenn das Auftreten des zweiten durch das erste erklärt werden kann bzw. wenn das zweite Ereignis eintritt, *weil* das erste eintrat.

Kausalität

Vertiefung des Begriffs der Kausalität

Bei genauerem Hinsehen erweist sich der Begriff der Kausalität als nicht weniger kompliziert als der Begriff des Ereignisses. Eine wichtige Intuition, die Theorien der Kausalität einfangen müssen, betrifft die *Notwendigkeit*, die kausaler Verursachung innewohnt. Wird ein Ereignis kausal verursacht, so *muss* es als Folge von etwas eintreten. Manche Theorien der Kausalität versuchen dies darzustellen, indem sie kausale Notwendigkeit durch logische Notwendigkeit abbilden (vgl. Hempel 1966, S. 51–53). Vereinfacht gesagt: Sätze über kausal verursachte Ereignisse folgen deduktiv aus Sätzen über verursachende Ereignisse und Sätzen über Naturgesetze. Dass die zunehmende Hitze in einem Gasbehälter die Ausdehnung des Gases verursacht, lässt sich folglich schematisch als Deduktion aus singulärer und genereller Prämisse darstellen:

Das Gas in dem Behälter wird erhitzt.
(Singuläre Prämisse / Ereignis 1)
Gase, die erhitzt werden, dehnen sich aus.
(Generelle Prämisse / Naturgesetz)

Das Gas in dem Behälter dehnt sich aus.
(Konklusion / Ereignis 2)

Dieses Modell von Kausalität bildet recht gut ab, worin die Erklärungs- und Vorhersagekraft vieler naturwissenschaftlicher Hypothesen besteht. Ein Problem der Theorie liegt darin, dass wir sie im Alltag nur selten zur Anwendung bringen können. Wir wollen viele Ereignisse kausal erklären, ohne einschlägige Naturgesetze (als generelle Prämissen) benennen zu können. Unsere Kausalerklärungen sind oft nur partielle Erklärungen, d. h., sie benennen nur besonders hervorstechende (notwendige) Teile einer Kausalkette, die zu dem zu erklärenden Ereignis geführt haben. Auf die Angabe aller (kausal hinreichenden) Bedingungen verzichten wir in diesen Fällen, weil sie uns nicht zugänglich oder nicht von Interesse sind. (Entwickelt wird eine entsprechende Theorie in Mackie 1980; für eine Anwendung auf die Erzähltheorie vgl. Carroll 2001, S. 123–125).

Ein berühmtes Beispiel für die kausale Verknüpfung von Ereignissen stammt von E. M. Forster: »*Der König starb, und die Königin starb aus Trauer.*« (Forster 1927, S. 93) Hier wird ganz offensichtlich ausgedrückt, dass das zweite Ereignis, der Tod der Königin, durch den Tod des Königs, das erste Ereignis, verursacht wurde: Ursache für den Tod der Königin ist ihre Trauer über den Tod des Königs.

Dies Beispiel verdeutlicht einen weiteren wichtigen Punkt. Die sinnhaften Verknüpfungen zwischen erzählten Ereignissen können mehr oder minder *explizit* im Text der Erzählung ausgedrückt sein. Dass der Tod der Königin durch den Tod des Königs verursacht wurde, steht schließlich nicht wörtlich im Text. Wie sind solche Annahmen über die implizite Verknüpfung von Ereignissen zu erklären?

Implizite Verknüpfung

Erzählungen beuten allgemeine kommunikative Prinzipien aus. Lesen oder hören wir eine sprachliche Äußerung, so gehen wir davon aus, dass der Sprecher oder die Sprecherin verstanden werden will und sich daher an ein allgemeines *Kooperationsprinzip* hält (vgl. grundlegend Grice 1975; für ausführlichere Rekonstruktionen kommunikativer Interaktionen vgl. etwa die Beiträge in Meggle 1993). Als Teilnehmer an Kommunikation gehe ich zum Beispiel

Kooperationsprinzip

davon aus, dass sich der Sprecher oder die Sprecherin bei jedem Element der Äußerung etwas gedacht hat, dass es also einen bestimmten kommunikativen Zweck hat. Die Information, dass der König starb, können wir in der genannten Weise als auf die Gesamtbotschaft der Äußerung bezogen und mithin als kommunikativ zweckmäßig auffassen. Würden wir den kausalen Zusammenhang hingegen *nicht* herstellen, so bliebe mancherlei unerklärt. (Warum erwähnt der Sprecher oder die Sprecherin den Tod des Königs, wenn er denn nichts mit dem Tod der Königin zu tun hat? Und worüber trauert die Königin so sehr, dass sie ihrerseits stirbt?) So verstanden, würde die Äußerung gewissermaßen mehr Fragen aufwerfen, als sie beantwortet. Das ist natürlich möglich – aber der Regelfall erfolgreicher Kommunikation ist es sicher nicht.

Post hoc ergo propter hoc?

In der Erzähltheorie wird manchmal gesagt, dass der bereits im Mittelalter geläufige Fehlschluss *post hoc ergo propter hoc* (frei übersetzt etwa: »einem Ereignis folgend, also durch das Ereignis verursacht«) in Bezug auf Erzählungen keineswegs ein Fehlschluss sei, denn in Erzählungen könne angenommen werden, dass ein späteres Ereignis (in Forsters Beispiel: der Tod der Königin) durch ein früheres Ereignis (den Tod des Königs) verursacht worden sei, obwohl die kausale Verknüpfung nicht ausdrücklich genannt werde (vgl. Barthes 1966, S. 248). Hier ist jedoch Vorsicht geboten: Nicht zwischen *allen* Ereignissen einer Erzählung müssen kausale Zusammenhänge bestehen; spätere Ereignisse müssen nicht in einem kausalen Zusammenhang zu früheren stehen. Es gibt auch andere sinnhafte Verknüpfungen zwischen den Ereignissen einer Erzählung, und auch diese können im erläuterten Sinne ›implizit‹ sein (s. u.). Das bloße Nacheinander von Ereignissen zeigt auch im Kontext von Erzählungen nicht automatisch an, dass eine Relation der Verursachung zwischen den Ereignissen angenommen werden kann.

Der Befund, dass kausale Verknüpfungen nicht explizit benannt sein müssen – und dasselbe gilt für die anderen sinnhaften Verknüpfungen, von denen gleich die Rede sein wird –, scheint uns nun mit einem Abgrenzungsproblem zu konfrontieren: Denn können wir nicht von *jeder* Ereignisdarstellung annehmen, dass ungenannte sinnhafte Verknüpfungen vorliegen? Und kann damit nicht jede Textpassage, die von zwei chronologisch geordneten Ereignissen handelt, als erzählend eingestuft werden – etwa auch *Die Polizei fahndete nach Anna, und an der Universität von Chicago wurden die Lehrpläne für das Wintersemester erstellt*?

Eine Antwort zeigt sich, wenn man bedenkt, dass Texte aus Sprechakten hervorgehen und insofern absichtlich hervorgebracht sind. Eine sinnhafte Verknüpfung liegt nur dann implizit vor, wenn die Autorin oder der Autor des Textes zu verstehen geben wollte, dass eine solche Verknüpfung vorliegt, und damit rechnen konnte, verstanden zu werden. Den Text als kommunikatives Artefakt zu verstehen, bedeutet, diese Mitteilungsabsicht zu erfassen. Umgekehrt verfügt die Beschreibung zweier Ereignisse nicht über implizierte sinnhafte Verknüpfungen, wenn keine derartigen Mitteilungsabsichten vorliegen. Genau dies ist im Beispiel *Die Polizei fahndete nach Anna, und an der Universität von Chicago wurden die Lehrpläne für das Wintersemester erstellt* der Fall: Wir haben die Ereignisbeschreibungen ja gezielt aneinandergereiht, *ohne* eine sinnhafte Verknüpfung zu verstehen geben zu wollen.

Mitteilungsabsicht

Zu den Absichten von Autorinnen und Autoren haben wir nicht immer einen Zugang, und wir wissen folglich manchmal nicht, ob wir annehmen sollen, dass der Text bestimmte Ereignisverknüpfungen impliziert. In solchen Fällen haben wir zwei Möglichkeiten: Wir können erstens offenlassen, ob der in Rede stehende Textabschnitt als erzählend gemeint ist. Sein Status ist damit *unbestimmt*, es handelt sich um einen klassifikatorischen Grenzfall (d. h. einen Fall, in dem wir nicht klären können, ob er die Anwendungsbedingungen des Begriffs ›erzählende Ereignisverknüpfung‹ erfüllt). Zweitens können wir den Text so lesen, als *handele* es sich um eine Erzählung. Wir sehen in diesem Fall davon ab, dass die Erzählung ein konkretes kommunikatives Artefakt ist, das von den Intentionen seiner Urheberin abhängig ist, und überlegen uns, welche Annahmen wir sinnvollerweise in den Text hineinlesen können. Strenggenommen benutzen wir damit die Worte des Texts, um aus ihnen einen neuen Text zu machen: Wir ergänzen die Ereignisbeschreibungen um sinnhafte Verknüpfungen und erfüllen so die Bedingungen für den minimalen Begriff der erzählenden Ereignisverknüpfung.

Unbestimmter und bestimmter Status der Erzählung

Narrativitäts-Kompetenz?

Texte, die erzählende Ereignisverknüpfungen enthalten, beuten unsere allgemeine kommunikative Kompetenz aus. Gibt es darüber hinaus eine spezifische narrative Kompetenz, über die man als Sprecherin oder Hörer von Erzählungen verfügen muss? In der Erzähltheorie sind verschiedene Kandidaten für solche Kompetenzen vorgeschlagen worden. Zu ihnen werden etwa die Fähigkeiten gezählt, ›Leerstellen‹ auszufüllen (also z. B. ungenannte Ereignisse zu ergänzen), Ereignisse in eine chronologische Reihenfolge zu bringen, kausale Verknüpfungen zu ergänzen, sowie auch komplexere Fähigkeiten wie das Aufschieben von Befriedigung (*gratification*), die Annahme einer Erzählstimme und eines Adressaten oder die Annahme, dass das Erzählte die erlebnismäßige Perspektive eines Akteurs ausdrückt (vgl. Abbott 2009, S. 318–321). Man sollte sich aber darüber im Klaren sein, dass erstens einige dieser Kompetenzen auch in anderen Zusammenhängen eine wichtige Rolle spielen und zweitens viele Erzählungen gelesen und verstanden werden können, ohne dass ersichtlich würde, dass oder inwiefern die genannten Kompetenzen in Anschlag zu bringen wären. – Die Rede von narrativen Kompetenzen kann aber unseren Blick dafür schärfen, dass wir generell gut darin sind, Ereignisbeschreibungen als erzählend aufzufassen, auch dann, wenn beispielsweise die sinnhaften Verknüpfungen nicht explizit benannt sind.

Für wenig plausibel halten wir die Annahme, dass ›Erzählung‹ letztlich ein mentales Prädikat ist, also Dinge bezeichnet, die es (wie Gedanken oder Überzeugungen) nur in unserem Kopf gibt. Aus der Abhängigkeit kommunikativer Produkte von den geistigen Tätigkeiten von Sprachbenutzern folgt nicht, dass diese Produkte selbst geistiger Natur sind. Hier liegt, technisch gesprochen, eine Spielart der *genetic fallacy* vor, d. h. eines nicht begründeten Schlusses von der Genese auf den Charakter eines Gegenstands.

Kehren wir nun zu der Liste möglicher sinnhafter Verknüpfungen zurück: Explizite oder implizite Kausalzusammenhänge sind ein besonders wichtiger Typ, es ist jedoch nicht der einzige. Ereignisse können auch durch die Einstellungen von Personen miteinander verknüpft sein. Man betrachte folgendes Beispiel: *Im Mai war Anna finanziell ruiniert. Als im August die Jagdhütte ihres Opas abbrannte, konnte sie die Versicherungssumme einstreichen.* Zwischen Annas prekärer finanzieller Lage im Mai und dem unverhofften Geldgewinn im August besteht kein kausaler Zusammenhang (d. h., die Jagdhütte ist nicht deshalb abgebrannt, *weil* Anna finanziell ruiniert war). Aber der Geldgewinn ist aus der Sicht Annas hochwillkommen und insofern der Gegenstand von Annas Gedanken, Wünschen oder Hoffnungen. Das zweite Ereignis, der brandbedingte Geldgewinn, ist in der Erzählung mit anderen Worten als erhofft oder erwünscht qualifiziert (Brandstiftung durch Anna wäre natürlich eine eigene Geschichte, die dann auch einen Kausalzusammenhang etablieren würde).

Ereignisverknüpfung durch die Einstellungen von Personen

Das können wir verallgemeinern: Eine besonders wichtige Gruppe zukunftsgerichteter Einstellungen, die zur erzählenden Verknüpfung von Ereignissen geeignet sind, bilden die Handlungsmotive, Absichten, Pläne, Vorhaben oder Wünsche einer Person (vgl. Henning 2009, S. 185 f.). Gerade dann, wenn eine Erzählung – wie dies oft der Fall ist – auf eine einzelne Person (oder einzelne Personen) fokussiert ist, berührt das Erzählte typischerweise die Handlungen der Figur (oder Figuren), und diese sind durch zukunftsgerichtete Einstellungen (wie z. B. Willensakte) miteinander verknüpft. Handlungen werden erklärt, indem wir einerseits auf ein Handlungsziel verweisen, das sich der Handelnde vorgenommen hat, und andererseits annehmen, dass das entsprechende Handlungsziel zu den Gründen und Ursachen der Handlung gehört hat (vgl. ausführlich Beckermann 1977; für illustrative Beispiele vgl. Bower 1978, S. 213 f.).

Es kommen jedoch auch andere Typen mentaler Einstellungen zur Ereignisverknüpfung in Frage, wie das folgende, schon etwas komplexere Beispiel zeigt, dessen Diskussion durch Ismay Barwell wir folgen:

> *Am nächsten Morgen machten wir uns nach Burgos auf; wir kamen gut voran, obwohl wir unsere Diskussion von gestern fortsetzten. Seine [i. e., meines Gefährten] Perspektive und sein Scharfsinn faszinierten mich. Kurz bevor wir Burgos erreichten, fielen wir in die Hände von Straßenräubern, die nach unserem Leben und unserem Besitz trachteten. Sie waren zu viert und schwer bewaffnet, während wir nur zu zweit waren. Drei von ihnen überwältigten meinen Gefährten und schickten sich an, dem Vierten zu helfen, gegen den ich mich verteidigte. Als alles verloren schien, tauchten zwei Reiter auf, denen es innerhalb von Minuten gelang, zwei der Angreifer unschädlich zu machen. Die anderen beiden flohen. Den Schurken war das Handwerk gelegt und ich war gerettet, aber ich hatte meinen Gefährten verloren.* (Barwell 2009, S. 53)

Dass der Gefährte der Ich-Erzählinstanz getötet wird, kommt in der Erzählung völlig überraschend; es kann also nicht etwa als erwartet oder befürchtet bezeichnet werden. Der Beginn der Erzählung bewirkt jedoch, dass die Konsequenz des Überfalls als *bedauerlich* qualifiziert wird: Weil der Gefährte als angenehmer und interessanter Gesprächspartner eingeführt wird, erscheint seine Tötung durch die Banditen als besonderer Verlust bzw. als etwas, das bedauert werden kann. In diesem Fall sind die Ereignisse, von denen zu Beginn des Unterkapitels die Rede ist, mit denen des Endes also insofern verknüpft, als das frühere Geschehen Gründe für eine bestimmte Bewertung des späteren Geschehens bereitstellt und es ›evaluativ einordnet‹ und verständlich macht (vgl. ebd., S. 55).

Von der gerade zitierten Erzählung des Überfalls vor Burgos können wir zudem nicht nur sagen, dass sie eine Ereignisverknüpfung durch die mentalen Einstellungen *der Erzählinstanz* impliziert. Nicht immer sorgen die Einstellungen der vom Text repräsentierten Personen für eine Verknüpfung der Ereignisse. Wir können auch annehmen, dass *wir selbst* durch die Erzählung aufgefordert sind, die Tötung des Begleiters – vor dem Hintergrund der in der Erzählung zuerst genannten Ereignisse – als bedauerlich zu bewerten. Die Ereignisse erscheinen *für uns* als miteinander verknüpft. Ein berühmtes Beispiel für einen solchen Fall findet sich bereits in der *Poetik* des Aristoteles (Aristoteles, *Poetik* 1452a). Aristoteles bespricht an dieser Stelle die Erzählung vom Herrscher Mitys, dessen Mörder von der Statue des Ermordeten erschlagen wird. Hier ist nicht die Rede davon, dass es auf der Ebene des Erzählten eine Figur gibt, deren mentale Einstellungen für die Verknüpfung der Ereignisse ›Mord‹ und ›Strafe‹ sorgen würde. Vielmehr appellieren diese Ereignisse an unser Gerechtigkeitsgefühl, das uns die Ereignisse als miteinander verknüpft empfinden lässt: Wenn wir vom Mord an Mitys hören, so erwarten wir, dass der Mörder zur Rechenschaft gezogen werde, und wenn wir von seinem Tod (ausgerechnet durch den Fall der Statue des von ihm Ermordeten!) hören, so wird diese Erwartung erfüllt – und mancher mag sogar eine gewisse Genugtuung verspüren.

Kommunikativer Kontext

Eine Textpassage, so können wir festhalten, die von mindestens zwei chronologisch geordneten Ereignissen handelt, kann dann als erzählend aufgefasst werden, wenn sie in einem kommunikativen *Kontext* geäußert wird, in dem Sprecherinnen und Hörer die Voraussetzungen dafür mitbringen, die Ereignisse als miteinander verknüpft anzusehen. In besonderen Fällen wie der Erzählung von Mitys' Ermordung und dem Tod seines Mörders ist es erst der kommunikative Kontext, der die Erzählung als solche konstituiert. Die erzählende Person muss sich in diesem Fall darauf verlassen, dass ihre Adressatinnen und Adressaten die erforderliche kommunikative Kompetenz und das erforderliche Weltwissen mitbringen, um die Ereignisse als miteinander verknüpft aufzufassen.

Unsere Beispiele sollten gezeigt haben, dass sich die ›sinnhafte Verknüpfung‹ der Ereignisse in erzählenden Zusammenhängen sehr unterschiedlichen Mechanismen oder Strategien verdanken kann: Bald werden die Ereignisse als kausal verknüpft präsentiert, bald handelt die Erzählung von Personen, deren Einstellungen (Interessen, Wünsche usw.) die Ereignisse miteinander in Verbindung bringen, bald sind wir als Leserinnen und Leser disponiert, eine solche Verknüpfung zu sehen. Wir können an dieser Stelle keine erschöpfende Darstellung aller Typen sinnhafter Verknüpfungen von Ereignissen in Erzählungen geben; diskutiert werden außer den hier vorgestellten etwa auch thematische und teleologische Verknüpfungen (vgl. Livingston 2001, S. 276–278; Christman 2004). Eine ausführlichere Darstellung und Diskussion, die auch klärt, inwiefern die verschiedenen Typen sinnhafter Verknüpfungen miteinander zusammenhängen, wäre sicher eine lohnende Aufgabe der künftigen Erzählforschung.

Verwendungskontexte

Wir verlassen damit die Erläuterung der definitorischen Bestandteile und wenden uns kurz den Verwendungskontexten des Begriffs der erzählenden Ereignisverknüpfung zu. Erzählende Ereignisverknüpfungen sind Sinneinheiten, die sich hervorragend zur Strukturierung der uns umgebenden Wirklichkeit eignen. Den Begriff der ›Sinneinheit‹ haben wir dabei über die Spielarten der ›sinnhaften Verknüpfung‹ erläutert. Entsprechend konzipierte Erzähleinheiten kommen beispielsweise in der Erklärung oder Vorhersage von Naturereignissen zur Anwendung: Wir behaupten, ein bestimmtes Ereignis sei eingetreten oder werde eintreten, weil es durch ein anderes verursacht wurde oder künftig verursacht werde. Erklärungen und Vorhersagen dieser Art sind aus unserem Alltag nicht wegzudenken, und sie haben eine der Definition der erzählenden Ereignisverknüpfung entsprechende Form (vgl. Klauk/Köppe 2017b). Einige Theoretiker erkennen sogar in der Begründung unserer Handlungen eine narrative Struktur. Eine Handlung zu begründen, bedeutet demnach, die Handlung als sinnvoll zu erkennen. Und dies ist genau dann der Fall, wenn wir die Elemente des Handlungsverlaufs, d. h. unsere Ausgangslage, Absichten, Handlungsfolgen usw., als eine Erzählung repräsentieren können (vgl. Velleman 2000, insbes. Kap. 7). Solche Anwendungen erzählender Ereignisverknüpfungen beinhalten normalerweise nicht, dass wir einen mündlichen oder schriftlichen Text produzieren. Es handelt sich um Dinge, die wir oft nur denken und nicht aussprechen oder gar aufschreiben. Aber wir *könnten* dies tun – die Tatsache, dass gar kein Text produziert wird, ist nebensächlich.

Wo wird *nicht* erzählt?

Wenn die vorstehenden Beobachtungen zu seinen Anwendungskontexten richtig sind, dann kann man durchaus sagen, dass der erläuterte Begriff der erzählenden Ereignisverknüpfung von fundamentaler anthropologischer Bedeutung ist (vgl. Kap. 1.1). Dazu passt, dass der Begriff des Erzählens in den letzten Jahrzehnten eine bemerkenswerte Konjunktur erlebt hat. Zum einen wird von immer mehr Aspekten des menschlichen Lebens festgestellt oder behauptet, dass sie eine narrative Form haben. Zum anderen gibt es immer mehr Disziplinen, die sich Erzählungen als Untersuchungsgegenstand zuwenden und in denen das Erzählen als Untersuchungsmethode oder diagnostisches Verfahren angewandt wird oder Befunde mit erzähltheoretischen Verfahren beschrieben werden. Zu diesen Disziplinen zählen u. a. verschiedene Bereiche der Psychologie, Psychotherapie, Philosophie, Soziologie oder der Geschichtswissenschaften (vgl. Nünning/Nünning 2002a; Meister [u. a.] 2005).

Narrative Ereignisverknüpfungen finden sich tatsächlich in vielen, vielleicht in fast allen Lebensbereichen. Man muss sich jedoch davor hüten, aus diesem Befund voreilige Schlüsse zu ziehen. Auch wenn fast überall erzählt wird, so bedeutet das noch lange nicht, dass das Erzählen stets der *interessanteste* Aspekt des in Rede stehenden Untersuchungsgegenstands ist. Und man muss vorsichtig sein, wenn es darum geht, bestimmte komplexe Eigenschaften eines Untersuchungsgegenstandes darauf *zurückzuführen*, dass erzählt wird. Ein Beispiel dafür ist die Debatte um die sogenannte ›narrative Identität‹. Auch wenn es richtig ist, dass sich Personen eine Identität konstruieren und dabei Geschichten erzählen, so folgt daraus noch nicht, dass man sagen kann, die Identität werde ausschließlich narrativ konstruiert. In vielen Fällen wird in entsprechenden Studien unter der Hand ein wesentlich anspruchsvollerer Begriff von Erzählung zugrunde gelegt, und die vermeintlichen Eigenschaften des Erzählens sind in Wirklichkeit Eigenschaften *komplexer literarischer (oder fiktionaler)* Erzählungen, die ihrerseits keineswegs so omnipräsent sind wie der hier erläuterte Begriff der erzählenden Ereignisverknüpfung (vgl. Lamarque 2004; Köppe/Kindt 2009).

Komplexere Erzählungen

Im Folgenden erläutern wir nun den Schritt von der erzählenden Ereignisverknüpfung, die wir als Merkmal auch kürzester Ereignisdarstellungen kennengelernt haben, zu umfangreicheren und auch komplexeren Erzählungen. Man kann sich das so vorstellen, dass eine erzählende Ereignisverknüpfung – also die Verbindung lediglich zweier Ereignisse – in mehrfacher Hinsicht angereichert wird: Einerseits können sehr viele Ereignisse in der besagten Weise miteinander verknüpft werden, andererseits können die so entstehenden komplexeren Erzähltexte durch weitere (zusätzliche) Merkmale bestimmt sein.

Erläutern lässt sich das wiederum am besten anhand eines Beispiels. Dass der Text *Erst hing der Apfel am Baum und dann fiel er herunter* eine ›richtige‹ oder ›vollgültige‹ Erzählung sein soll, leuchtet nicht jedem ein. Wer solche Bedenken hat, hat vermutlich eine gehaltvollere Definition von ›Erzählung‹ vor Augen, die strengere Bedingungen an die Darstellung von Ereignissen und ihre Verknüpfung stellt. Drei solcher Bedingungen werden im folgenden Abschnitt diskutiert: (1) eine bestimmte Weise der Bezugnahme auf die Ereignisse, (2) ein Spannungsbogen und (3) *tellability*.

Zur Erläuterung der ersten (Zusatz-)Bedingung kommen wir auf die bereits eingeführten Ereignisse zurück, von denen eine erzählende Darstellung

»Semantische Intentionalitätsbedingung«

handelt. Die Bedingung besagt, dass in Erzählungen Ereignisse auf eine Weise beschrieben werden, die diese zu den Belangen von Personen, also etwa ihren Bedürfnissen, Hoffnungen oder Meinungen, in Beziehung setzt. Tim Henning spricht von der »semantischen Intentionalitätsbedingung« für Erzählungen, an seine Erläuterungen knüpfen wir hier an (vgl. Henning 2009, S. 190–194). Dass eine solche Weise der Bezugnahme keine Selbstverständlichkeit ist, sieht man daran, dass wir ein bestimmtes Ereignis unter beliebig vielen Beschreibungen identifizieren können. Zwei sehr unterschiedliche Weisen, auf den 22. März 1977 Bezug zu nehmen, wären etwa *Der Tag zwischen dem 21. und dem 23. März 1977* einerseits und *mein Geburtstag* andererseits. Im Rahmen von Erzählungen, so die Idee, werden typischerweise Ereignisbeschreibungen gewählt, aus denen ersichtlich wird, aus welchem Grund die Ereignisse für jemanden besonders oder wichtig sind. Auch die erzählende Verknüpfung der zwei Ereignisse unterm Apfelbaum können wir entsprechend anreichern, indem wir etwa sagen: *Erst hielt sich der Apfel noch am Baum, dann stürzte er, von seinen Kräften verlassen, ab.* Die Ersetzung der Beschreibung »der Apfel hing am Baum« durch »der Apfel *hielt sich* am Baum« verdeutlicht, da nun ein Handlungsverb ins Spiel kommt, die Interessen des nunmehr personifizierten Apfels. Und die Ersetzung von »dann fiel er herunter« durch »dann stürzte er, von seinen Kräften verlassen, ab« legt nahe, dass hier etwas gegen seinen Willen und mit womöglich verheerenden Konsequenzen geschieht. Die Erzählung macht auf diese Weise klar, dass es sich, aus der Perspektive des Protagonisten, um ein kleines persönliches Drama handelt.

Zur Klassifikation von Ereignissen

Die Bedingung der Ereignisreferenz ist in der Erzähltheorie in verschiedener Weise näher ausgearbeitet worden (vgl. Lotman 1972, S. 329–340; Schmid 2003; Titzmann 2003; Hühn 2009). Insbesondere kann man die Ereignisbeschreibungen, von denen in einem Erzähltext Gebrauch gemacht wird, nach unterschiedlichen Gesichtspunkten klassifizieren. Zu diesen Gesichtspunkten gehören: die Beteiligung menschlicher Akteure am Ereignis, der Beitrag des Ereignisses zum Plot (zu diesem Begriff vgl. Kap. 2.4 und 3.1), eine ethische/moralische Bewertung des Ereignisses, die Zu- oder Abträglichkeit des Ereignisses hinsichtlich jemandes Interessen oder auch der Überraschungswert oder die emotionale Signifikanz des Ereignisses für Leserinnen und Leser.

Ein Teil dieser Gesichtspunkte ist klassifikatorisch im engeren Sinne, d. h., wir haben es mit einer Eigenschaft zu tun, die einem Ereignis entweder zukommt oder nicht (etwa die Beteiligung eines menschlichen Akteurs am Ereignis). Bei einem anderen Teil können wir davon sprechen, dass die Eigenschaften mehr oder weniger stark ausgeprägt sein können (etwa der Beitrag des Ereignisses zum Plot oder die Zuträglichkeit zu den Zielen einer Protagonistin). In der Erzähltheorie wird in diesem Zusammenhang manchmal von *eventfulness* (›Ereignishaftigkeit‹) eines Ereignisses gesprochen; diese Meta-Eigenschaft soll einem Ereignis in Abhängigkeit vom Vorliegen der oben genannten Eigenschaften in geringerem oder höherem Maße zukommen.

Ereignis-haftigkeit

Wir können hier festhalten, dass in Erzählungen Ereignisse stets *unter einer bestimmten Beschreibung* identifiziert werden und dass diese Beschreibung Aufschlüsse gibt über die Interessen, Hintergründe, den kulturellen Kontext des Urhebers der Erzählung und/oder einer Erzählinstanz oder Figur. Erzählungen sind in dieser Hinsicht aber nichts Besonderes: Immer dann, wenn wir ein Ereignis beschreiben (ob im Kontext einer Erzählung oder nicht), bedienen wir uns eines bestimmten sprachlichen Repertoires, d. h. eines Vokabulars, das entsprechend interpretiert werden kann (vgl. Goodman 1960).

In Kapitel 6 wird näher auf weitere Eigenschaften der Ereignisrepräsentation in der Erzählung eingegangen werden, nämlich auf die Reihenfolge, die Ausführlichkeit und die Häufigkeit, in bzw. mit der die Ereignisse dargestellt werden.

Ein weiteres Element, das erzählende Ereignisverknüpfungen zu gehaltvolleren Erzählungen macht, ist eine gewisse Abgeschlossenheit. Schon Aristoteles bemerkt, dass eine Erzählung aus »Anfang, Mitte und Ende« besteht, wobei das Ende bestimmt ist als das, nach dem »nichts anderes mehr eintritt« (*Poetik* 1450b). Ähnliche Ideen tauchen in der Erzähltheorie unter verschiedenen Bezeichnungen auf. So wird beispielsweise gesagt, dass Erzählungen eine *teleologische* Struktur haben, d. h. auf einen bestimmten Endpunkt zulaufen, dass sie sich durch *closure* oder einen *Spannungsbogen* auszeichnen (vgl. etwa Brooks 1984, S. 19 u. ö.; Danto 1985, S. 138, 143–181 u. ö.; Brewer 1996). Der von Henning (2009, S. 214–219) besonders ausführlich erläuterte Begriff des Spannungsbogens scheint eine den verschiedenen Begriffen zugrundeliegende Intuition am besten einzufangen: Der Begriff bezeichnet eine bestimmte Wirkung, die eine Erzählung bei Adressatinnen und Adressaten aufgrund der dargestellten Ereignisse auszuüben geeignet ist. Die fragliche Wirkung hat einen ›kognitiven‹ und einen ›affektiven‹ Aspekt, die wir Henning folgend nacheinander kurz darstellen wollen:

Der Spannungs-bogen

Der kognitive Aspekt des Spannungsbogens besteht darin, dass wir angesichts früher Ereignisse der Erzählung bestimmte Erwartungen ausbilden, auf die die weiteren Ereignisse der Erzählung Bezug nehmen. Die weiter oben erzählte Geschichte vom Apfel, die damit beginnt, dass er sich noch am Baum festhält, weckt in uns eine solche Erwartung: Das »noch« deutet an, dass im weiteren Verlauf der Erzählung irgendetwas dazu gesagt werden wird, was passiert, wenn ihm die Kräfte ausgehen: Fällt er oder nicht? Das letzte Ereignis der Erzählung befriedigt ebendiese Erwartung; der Apfel, so heißt es dort, fällt herunter. Die kognitive Seite des Spannungsbogens besteht also darin, dass ein auf spezifische zukünftige Ereignisse bezogenes Informationsdefizit im Verlauf der Erzählung zunächst bewusst gemacht und dann behoben wird. Die Erzählung, so könnte man sagen, beantwortet eine aufgeworfene Frage bzw. sagt uns etwas, das wir wissen wollen.

Emotionales ›Szenario‹

Der affektive Aspekt des Spannungsbogens besteht darin, dass ein Hörer/Leser der Erzählung durch ein emotionales ›Szenario‹ geführt wird. Ein solches Szenario ist eine typische (paradigmatische) Abfolge von Gefühlen (vgl. Sousa 1987, S. 181–184). So folgt beispielsweise auf Neugierde typischerweise die Befriedigung von Neugierde, und auf Furcht folgen Erleichterung oder Aggression (und dann deren Abklingen). Haben wir ein solches affektives Szenario durchlebt, dann haben wir das Gefühl, dass etwas zu einem Abschluss gekommen ist. Auf plausible Weise wird so Aristoteles' Diktum, das Ende einer Erzählung sei das, »nach dem nichts mehr kommt«, interpretiert: Das Ende einer Erzählung ist der Punkt, an dem ein paradigmatisches emotionales Szenario zu einem ›natürlichen‹ Ende gekommen ist (vgl. Velleman 2003).

Vom Spannungsbogen einer Erzählung sprechen wir, wenn deren Ereignisstruktur geeignet ist, kognitive und affektive Wirkungen der genannten Art hervorzurufen. Eine solche Eignung kann man auch dann erkennen und einem Text zusprechen, wenn man selbst nicht über das Informationsdefizit verfügt bzw. nicht selbst emotional involviert ist. Es genügt, wenn die Erzählung ersichtlich die Voraussetzungen dafür erfüllt, bei einem Publikum die genannten Reaktionen tatsächlich hervorzurufen, um der Erzählung eine entsprechende Wirkungsdisposition zuzusprechen (vgl. Henning 2009, S. 222).

Zum Begriff der ›Spannung‹

Spannung entsteht, wenn wir von der Ereignisfolge wissen wollen, wie sie weiter- oder ausgeht, und wenn wir in Bezug auf bestimmte Folgeereignisse, die nicht selbstverständlich sind, Präferenzen entwickeln. Wir hoffen dann, kurz gesagt, dass etwas Bestimmtes passiert, und fürchten zugleich, dass es nicht passiert (vgl. Carroll

1996, S. 71). Spannung in diesem Sinne gilt oft als (komplexe, kognitiv fundierte) emotionale Reaktion, die nur manchen Erzählungen – oder einzelnen Abschnitten einer Erzählung – gegenüber angemessen ist. Eine in diesem Sinne spannende Erzählung verfügt über einen *besonders ausgeprägten* Spannungsbogen, der sich durch die *Intensität* der beteiligten Emotionen (z. B. Hoffnung, Furcht, Erleichterung) auszeichnet. Für manche Erzählgenres ist in diesem Sinne charakteristisch, dass die zum Genre gehörenden Texte besonders spannend sind: Das gilt etwa für Horror oder verschiedene Subgenres der Kriminalliteratur wie z. B. den Thriller.

Tellability

Dass Erzählungen zum Ausdruck bringen, was jemandem an bestimmten Ereignissen wichtig ist, dass sie ein Informationsdefizit beseitigen und ihre Hörer oder Leser emotional involvieren, resultiert in einer (höherstufigen) Eigenschaft, die in der Forschung als *narrative point* oder *tellability* bezeichnet wird. Dies ist das dritte und letzte Merkmal gehaltvoller Erzählungen, das hier zur Sprache kommen soll. Erzählungen haben, so könnte man etwas umgangssprachlich sagen, einen bestimmten ›Witz‹ (*point*), sie sind besonders geeignete Einheiten einer kommunikativen Interaktion. In dieser Hinsicht unterscheiden sich gehaltvolle Erzählungen von vielen minimalen Erzähleinheiten, die zwar alle Bedingungen der erzählenden Ereignisverknüpfung erfüllen, die jedoch banal sind und auf die wir mit Unverständnis reagieren würden, wenn man sie uns tatsächlich erzählte (vgl. Labov 1972, S. 363, Anm. 5; Polanyi 1979). Dabei kann der ›Witz‹ der Erzählung in Unterschiedlichem begründet liegen – unter anderem in ihrem Unterhaltungswert, ihrer ästhetischen Qualität oder auch in ihrem Informationsgehalt.

Natürlich ist das, worauf der ›Witz‹ einer bestimmten Erzählung zurückzuführen ist, in hohem Maße kontextabhängig, d. h. abhängig davon, *wer wem was* erzählt. Die in diesem Abschnitt diskutierten Begriffe des Spannungsbogens und der *tellability* zeigen ein weiteres Mal, dass Faktoren des *Kontextes* für eine Bestimmung des Begriffs der Erzählung bedeutsam sind. Ohne eine Berücksichtigung der wertenden Einstellungen der Sprachbenutzerinnen und -benutzer sowie allgemeiner ihrer kognitiven und affektiven Vermögen lässt sich nicht erläutern, was Erzählungen im ›vollgültigen‹ Sinne gegenüber anderen Texten auszeichnet.

Anwendungsbereich

Erkennbar wird so schließlich auch der Anwendungsbereich des gehaltvolleren Begriffs der Erzählung. Als Bestandteile einer Erzählung betrachtet, gewinnen Ereignisse für uns verstehbare Konturen in dem mehrfachen Sinne, dass wir ihre Signifikanz für uns oder andere erfassen, sie als Anfang, Mitte oder Ende von etwas begreifen und dank sinnhafter Verknüpfungen erkennen, wie sie aufeinander folgen bzw. auseinander hervorgehen. Es sind diese Eigenschaften von Erzählungen, die im Hintergrund von Aussagen wie »Erzählungen stiften Sinn« stehen (vgl. etwa Steinfath 2001, S. 334–344; vgl. auch Scheffel 2004).

Resümee

Wenn wir die Erläuterungen dieses Kapitels nun kurz resümieren, so ergibt sich folgendes Bild:

Von einer erzählenden Ereignisverknüpfung sprechen wir genau dann, wenn mindestens zwei Ereignisse als chronologisch geordnet und sinnhaft verknüpft dargestellt werden. Auch in Texten, die wir in ihrer Gesamtheit nicht als Erzählungen bezeichnen möchten, kann es diese erzählenden Ereignisverknüpfungen (z. B. in einzelnen Abschnitten) geben. Und wenn ein Text als Ganzes als Erzählung bezeichnet wird, dann jedenfalls auch deshalb, weil erzählende Ereignisverknüpfungen ein dominierender Zug der Darstellung sind.

Typische (paradigmatische) Erzählungen wiederum zeichnen sich durch mehr als nur zwei chronologisch und sinnhaft verknüpfte Ereignisse aus: In ihnen werden Ereignisse zudem zu den Belangen von Personen in Beziehung gesetzt (und es wird mithin erkennbar, was jemandem an den Ereignissen wichtig ist); es gibt einen Spannungsbogen, der die Erzählung in Anfang, Mitte und Ende strukturiert; und die Erzählung als Ganzes hat einen kommunikativen ›Witz‹ oder Zweck. Diese deutlich komplexeren Eigenschaften werden (wenn überhaupt) nur selten in Erzählungen realisiert sein, die nur aus wenigen Sätzen bestehen; es handelt sich vielmehr um Merkmale komplexerer Texte.

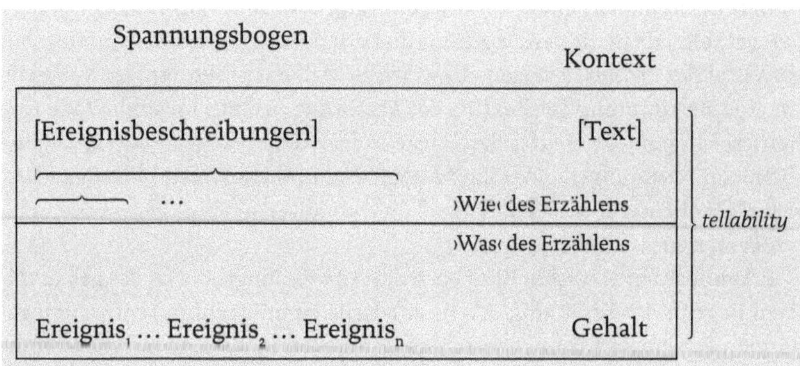

Abb. 1: Erzählende Ereignisverknüpfungen und (komplexere) Erzählungen

Wie die vorstehende Grafik veranschaulicht, betreffen die hier identifizierten Merkmale des Erzählens unterschiedliche Aspekte des Textes in einem kommunikativen Kontext:

- Die Ereignisse, von denen die Rede ist und die der Erzähltext chronologisch und als miteinander verknüpft darstellt, betreffen das *Erzählte* bzw. den *Gehalt* oder, wie wir auch sagen können, das ›Was‹ der Erzählung.
- Die besondere Weise der Beschreibung von Ereignissen betrifft dagegen die (sprachliche) Gestaltung der Erzählung – hier können wir auch vom ›Wie‹ der Erzählung sprechen.
- Spannungsbogen und *tellability* sind Wirkungen von Erzählungen, die diese in Kontexten entfalten: Konkret handelt es sich um affektive und kognitive Reaktionen von Rezipientinnen und Rezipienten auf das im Erzähltext gestaltete ›Was‹ und ›Wie‹ des Erzählens.

Grade der ›Erzählungshaftigkeit‹ und die Struktur des Begriffs ›Erzählung‹

In der Narratologie sind Begriffe vorgeschlagen worden, die nicht die (klassifikatorische) Eigenschaft eines Textes bezeichnen, eine Erzählung zu sein, sondern die vielmehr Eigenschaften von Texten bezeichnen sollen, die mehr oder minder ausgeprägt sein können und daher den Grad der ›Erzählungshaftigkeit‹ auszeichnen. Zu diesen Termen gehören *narrativeness*, *narrativity* und *narratability* (vgl. Prince 1982, Kap. 5; Prince 2008). Tatsächlich lässt sich von einigen der hier diskutierten Elemente von Erzählungen sagen, dass sie in einem Text mehr oder weniger oft oder ausgeprägt vorkommen können; das gilt etwa für das Vorliegen sinnhafter Verknüpfungen auf der Ebene der repräsentierten Ereignisse oder auch für das Vorliegen eines Spannungsbogens: Dieser kann etwa aufgebaut und gezielt abgebrochen werden, so dass der Text mit einem Cliffhanger endet. Entsprechend kann es mehr oder auch weniger leichtfallen, den fraglichen Text als Erzählung einzustufen.

Die jüngere narratologische Diskussion hat sich ausgehend von solchen Beobachtungen auch der Frage nach der Struktur des Begriffs der Erzählung zugewandt. Aufgenommen werden damit Überlegungen, die auch in anderen Disziplinen (und in der philosophischen Definitionslehre) angestellt wurden, wenn Versuche, akzeptable Definitionen eines Begriffs auszuarbeiten, umstritten blieben oder als gescheitert gelten mussten (vgl. Laurence/Margolis 1999). In diesem Sinne wurde auch in der Narratologie argumentiert, dass der Begriff der Erzählung eine *prototypische* Struktur habe (vgl. Ryan 2007). Typischerweise wird dabei davon ausgegangen, dass es keine notwendigen und zusammen hinreichenden Bedingungen gebe, über die ein Text verfügen muss, um als Erzählung zu gelten (vgl. oben, Kap. 1.2); vielmehr gebe es ein Set verschiedener Eigenschaften, von denen ein konkreter Text mehr oder weniger aufweisen kann. Weiterhin wird davon ausgegangen, dass ein Text umso mehr als Erzählung gilt, je mehr dieser Eigenschaften er aufweist. ›Erzählung‹ wird dann als gradueller Begriff aufgefasst, der ein Mehr oder Minder zulässt.

In unserer Darstellung haben wir auf eine Kombination solcher definitorischer Verfahren gesetzt: Der Begriff der narrativen Ereignisverknüpfung lässt sich demnach (als klassifikatorischer Begriff) durch die Angabe notwendiger und zusammen hinreichender Bedingungen definieren. Von einer entsprechenden Definition des Begriffs der Erzählung haben wir dagegen abgesehen. Hier erscheint es als sinnvoller, von einer ›typischen‹ oder ›paradigmatischen‹ Erzählung auszugehen, von der Texte abgegrenzt sind, die nur einen Teil der relevanten Merkmale (oder diese in weniger ausgeprägter Form) aufweisen. (Für weiterführende Diskussion und alternative Ansätze zur Begriffsbestimmung vgl. etwa Weber 1998; Richardson 2000; Wilson 2003.)

Type und *token*

Die Erzählung als *type* und als *token*

Zu Eingang dieses Kapitels haben wir verschiedene Verwendungsweisen der Begriffe ›Erzählung‹ und ›erzählen‹ unterschieden (nämlich ›Erzählakt‹, ›Erzählung‹ als Textsorten- oder Gattungsbegriff sowie die ›erzählende Ereignisverknüpfung‹). An dieser Stelle können wir nun eine weitere Unterscheidung einführen: Mit dem Ausdruck ›Erzählung‹ können wir einerseits ein *Exemplar* (engl. *token*) einer Erzählung meinen, das z. B. in gedruckter Form vorliegen kann. Mein Exemplar von Schnitzlers Erzählung *Sterben* (1894) steht bei mir im Bücherregal. Schnitzlers Erzählung liegt noch in vielen weiteren Exemplaren vor. Alle diese Exemplare sind Instanzen des *abstrakten Typus* der Erzählung. Dieser Typus kann in beliebig vielen Exemplaren verwirklicht sein – er kann mündlich realisiert werden oder schriftlich, und wird eines dieser Exemplare z. B. vernichtet, so hat das keinen Einfluss auf die Existenz des Typus als abstraktes Objekt (zur einführenden Diskussion vgl. z. B. Klauk/Köppe 2017a, Kap. 2.1).

2.2 Fiktionale Erzählungen

Im vorangehenden Unterkapitel 2.1 kamen die Ausdrücke ›Wahrheit‹, ›Wirklichkeit‹ oder auch ›Fiktion‹ nicht vor. Das ist kein Zufall, denn für den Begriff der Erzählung sind sie nicht wesentlich. Erzählungen können reale Ereignisse zum Gegenstand haben oder von Erfundenem handeln, und wer eine Erzählung hervorbringt, kann unter anderem die Wahrheit sagen, sich irren, lügen oder auch die Zuhörer- oder Leserschaft ohne jede ernsthafte Informationsabsicht zu unterhalten beabsichtigen.

In diesem Unterkapitel wollen wir eine Unterscheidung einführen, die für die literaturwissenschaftliche Erzähltextanalyse besonders wichtig ist. Es handelt sich um die Unterscheidung zwischen fiktionalen und nicht-fiktionalen Erzählungen. Die meisten *literarischen* Erzähltexte – zumal diejenigen, um die sich die Literaturwissenschaft primär kümmert – sind fiktional, und das narratologische Analyseinstrumentarium, das in den folgenden Kapiteln eingeführt werden wird, ist anhand fiktionaler Erzählungen entwickelt (und vornehmlich auch erprobt) worden. Die hier vorgestellte Theorie der Fiktionalität beruht auf Arbeiten von John R. Searle und Kendall Walton und ist ausführlich etwa von Gregory Currie sowie Peter Lamarque und Stein Haugom Olsen dargelegt worden (vgl. Searle 1975; Currie 1990; Walton 1990; Lamarque/Olsen 1994; vgl. zusammenfassend Gertken/Köppe 2009; für eine Kritik vgl. Martinich/Stroll 2007, Kap. 2). Wir stellen hier eine Zusammenfassung wesentlicher Züge einer solchen Theorie vor (wobei nicht ausbleibt, dass Unterschiede, die zwischen den einzelnen Positionen bestehen, unerwähnt bleiben).

Mündliches oder schriftliches *fiktionales* Erzählen

Mündliches oder schriftliches *fiktionales* Erzählen stellt eine besondere Form der Sprachverwendung dar. Wer eine fiktionale Erzählung hervorbringt, appelliert an seine Hörerinnen oder Leser, sich beim Verständnis der Erzählung von bestimmten Regeln leiten zu lassen. Das auf diesem Wissen basierende Verhalten konstituiert eine soziale Praxis (auch ›Institution‹ genannt): Autorinnen und Autoren fiktionaler Texte können dieses Regelwissen bei ihren Hörern oder Lesern voraussetzen, ohne es jedes Mal erneut explizit machen zu müssen. Sie stehen allerdings (im Sinne des im vorigen Kap. 2.1 angesprochenen Kooperationsprinzips) in der Pflicht, in geeigneter Weise zu signalisieren, dass ihre Erzählungen als fiktionale gemeint und daher dem besagten Regelwerk gemäß aufzufassen sind (vgl. Zipfel 2001, Kap. 6.1).

Kategoriale und *semantische* Intentionen

Die Theorie der Fiktionalität räumt den Intentionen der Autoren fiktionaler Erzählungen an einem bestimmten Punkt (und *nur* an diesem) einen hohen Stellenwert ein: Ob ein Text fiktional ist oder nicht, hängt davon ab, ob der Autor oder die Autorin wollte, dass der Text in Übereinstimmung mit den Regeln der Fiktionalitätsinstitution rezipiert wird. Intentionen dieses Typs nennt man *kategoriale* Intentionen; sie beziehen sich auf die Kategorie, der der Text zugeordnet werden soll (hier: die Kategorie ›fiktionaler Text‹). Sie sind zu unterscheiden von *semantischen* Intentionen, die sich (vereinfacht gesagt) darauf beziehen, was der Text bedeuten soll. Falls man die hier skizzierte Theorie der Fiktionalität vertritt, ist man in keiner Weise auf ein intentionalistisches Interpretationsprogramm festgelegt – also darauf, im Rahmen der Textinterpretation zu erschließen, was die Autorin oder der Autor des Textes inhaltlich zu verstehen geben wollte. Fiktionstheorie und Interpretationstheorie sind voneinander zu unterscheiden (vgl. Levinson 1996, S. 188; vgl. auch Bühler 1999, S. 71 f.; Kindt/Köppe 2010).

Aus dem Gesagten folgt, dass eine Theorie der Fiktionalität von Erzählungen präzisieren muss, was es mit den genannten Regeln auf sich hat. Die folgenden zwei Regeln sind besonders wichtig für kommunikative Akte innerhalb der sozialen Praxis der Fiktionalität (wir sprechen von ›fiktionalen Äußerungen‹ bzw. ›fiktionalen Texten‹):

Regelgeleitetes Vorstellen

Imagine, make-believe

Erstens lädt ein fiktionaler Text dazu ein, sich *vorzustellen*, was der Text besagt. Wir können entsprechend von der ›Vorstellungsregel‹ sprechen. Im Englischen werden zur Bezeichnung der intendierten Rezeptionshaltung meist die Begriffe *imagine* oder *make-believe* gebraucht. ›Vorstellen‹ ist kein technischer Term, sondern bezeichnet ganz einfach das, was wir im Alltag meinen, wenn wir jemanden auffordern, »Stell dir vor, dass ...« oder »Stell dir ein ... vor«. Fiktionale Erzählungen fordern uns gemäß der ersten Regel insbesondere dazu auf, uns ein bestimmtes Geschehen (also bestimmte Ereignisse und ihre Verknüpfung) vorzustellen: Dies ist der ›Kern‹ der erzählten Geschichte (vgl. Walton 1990, S. 58–61). Darüber hinaus treten Leserinnen und Leser fiktionaler Erzähltexte in eine individuelle, umfassendere Vorstellungstätigkeit ein, zu der je nach Text etwa gehören mag, wie bestimmte Gegenstände aussehen, aus welchen Motiven beteiligte Personen handeln, wie das Erzählte zu bewerten ist und dergleichen Dinge mehr. Walton spricht in Bezug auf den ›Kern‹ der vom Werk repräsentierten Gehalte von der *work world* und unterscheidet diese von der *game world*, der imaginativen Auseinandersetzung individueller Leserinnen und Leser mit diesem Gehalt (vgl. ebd. sowie die Kap. 6 und 7 in Walton 1990). In Kapitel 4 gehen wir auf die Konturen der so entstehenden ›Vorstellungswelten‹ näher ein. Hier sei noch darauf hingewiesen, dass unter Umständen eine komplexe Interpretation nötig sein kann, um herauszufinden, *was genau* man sich anhand des Textes vorstellen soll. Zudem gehen wir auf dieses Problem in Kapitel 9.1 näher ein: Eine bestimmte Spielart des dort dargelegten ›unzuverlässigen Erzählens‹ beruht darauf, dass uns Texte bei unserer Vorstellungsaktivität gezielt in die Irre führen.

Vertiefendes zu Vorstellungen

Der psychologische Begriff der ›Vorstellung‹ ist für die Theorie der Fiktionalität zentral, daher ist es hilfreich, auf einige weitere Merkmale näher einzugehen (vgl. McGinn 2004; außerdem White 1990, insbes. Teil II).

(1) Vorstellungen sind, im Unterschied zu Überzeugungen, *bewusste* mentale *Prozesse*. Eine Überzeugung kann man haben, ohne sich dessen in jedem Augenblick bewusst zu sein, d. h. ohne an das, von dem man überzeugt ist, in jedem Augenblick zu denken. Eine Vorstellung hat man dagegen nur so lange, wie sie einem auch tatsächlich bewusst ist. (Allerdings kann man sich daran erinnern, zu einem bestimmten Zeitpunkt eine bestimmte Vorstellung gehabt zu haben, die man aktuell gar nicht hat.)

(2) Vorstellungen sind etwas anderes als mentale Bilder. Nur manche unserer Vorstellungen haben einen bildhaften Charakter (es handelt sich dann um ein Vorstellen, wie etwas aussieht, Vorstellungen, etwas zu sehen, oder Vorstellungen davon, dass etwas so und so aussieht). Viele unserer Vorstellungen haben dagegen keinerlei visuelle Qualität.

(3) Vorstellungen zeichnen sich durch eine (allerdings eingeschränkte) Dirigierbarkeit aus. Damit ist gemeint, dass wir uns in vielen Fällen willentlich etwas vorstellen bzw. auf unsere Vorstellungen willentlich Einfluss nehmen können. Das tun wir ständig, etwa dann, wenn wir im Zuge von Planungsprozessen unsere Verhaltensoptionen ausmalen oder über das Schicksal einer literarischen Figur nachdenken. Dass die Dirigierbarkeit unseres Vorstellungsvermögens Grenzen hat, kann man im Selbstversuch erfahren, indem man sich die folgende Aufforderung vorlegt: »Stelle dir jetzt *keinen* Elefanten vor!«

(4) Der sogenannten Simulationstheorie (*simulation theory*) zufolge funktioniert unser Vorstellungsvermögen wie ein Simulationsorgan (vgl. Currie/Ravenscroft 2002). Wir können demnach alle möglichen Dinge, die wir tun können, in unserer Vorstellung – d. h. als *vorgestellte* – reproduzieren. Ein paar Beispiele: Wir können einen Kaffee trinken und uns vorstellen, einen Kaffee zu trinken; wir können überzeugt sein, dass Biden Präsident der USA ist, und uns vorstellen, überzeugt zu sein, dass Biden Präsident ist; und wir können das Freiburger Münster sehen und uns vorstellen, das Freiburger Münster zu sehen. Die *simulation theory* ist nicht nur in der Lage, die Rolle von Vorstellungen in vielen sonstigen Lebensbereichen (etwa in Planungsprozessen oder beim Zuschreiben mentaler Einstellungen) theoretisch zu beschreiben; sie erlaubt auch eine vertiefte Beschreibung der von Theorien der Fiktionalität meist nur recht pauschal benannten umfassenden Vorstellungstätigkeit.

(5) Vorstellungen unterscheiden sich auch insofern von Überzeugungen, als man sich mit Überzeugungen auf die Wahrheit von etwas festlegt, mit Vorstellungen jedoch nicht. Vorstellen kann man sich Dinge, von denen man weiß, dass sie wahr sind, oder Dinge, von denen man weiß, dass sie falsch sind, oder schließlich auch

Dinge, zu deren Wahrheit oder Falschheit man gar keine Meinung hat. Zwischen Vorstellungen und mentalen Einstellungen anderen Typs können zudem offenbar Schlussbeziehungen bestehen. Zum Beispiel können wir aus der Vorstellung, dass Sherlock Holmes ein Mensch ist, und der Überzeugung, dass alle Menschen sterblich sind, schließen, dass Sherlock Holmes sterblich ist (vgl. die Diskussion in Currie/Ravenscroft 2002, S. 13 f.). Diese Möglichkeit, die Gehalte von Überzeugungen und vorgestellte Gehalte zu verknüpfen, ist besonders wichtig für die imaginative Ausgestaltung von Erzählwelten: Wie oben angedeutet wurde, ergänzen wir in einem fiktionalen Erzähltext nur Angedeutetes (z. B. implizite sinnhafte Verknüpfungen), indem wir auf unser Weltwissen zurückgreifen (vgl. dazu auch Kap. 4.2). Unklar ist allerdings, inwiefern logische Gesetze im Bereich des Vorstellens gültig sind, und insbesondere, inwiefern sie unseren Vorstellungen Grenzen auferlegen. (Kann man sich etwa vorstellen, dass ein Gegenstand eine bestimmte Eigenschaft zugleich hat und nicht hat? Vgl. dazu die Diskussion in Klauk/Köppe 2010.)

Beschränkung von Inferenzen

Eine zweite Regel der Fiktionalitätsinstitution besagt, dass bestimmte Schlüsse von einem fiktionalen Text auf das Bestehen von Sachverhalten in der Wirklichkeit ›untersagt‹ sind. So darf man, wenn in einer fiktionalen Erzählung von einem bestimmten Ereignis die Rede ist, beispielsweise weder schließen, dass das Ereignis tatsächlich stattgefunden hat oder stattfinden wird, noch, dass die Autorin der Erzählung der Auffassung gewesen ist, es habe stattgefunden oder werde stattfinden (vgl. Lamarque/Olsen 1994, S. 86 f.). Allgemeiner gesprochen, verbietet diese Regel Schlüsse vom fiktionalen Text auf die Wirklichkeit – wir können von einer ›Inferenzregel‹ sprechen. Man kann diese Regel insofern als Spezifikation der ersten Regel (der Vorstellungsregel) auffassen, als sie besagt, dass man sich das in einem fiktionalen Text Beschriebene eben *nur* vorstellen – und es nicht etwa glauben – soll.

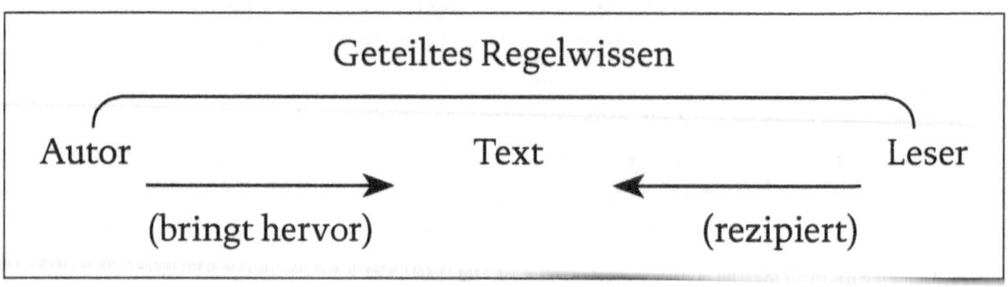

Abb. 2: Die wichtigsten Elemente der institutionellen Theorie der Fiktionalität

Zusammengenommen erklären die Vorstellungs- und die Inferenzregel wichtige Besonderheiten unseres Umgangs mit fiktionalen Erzählungen. Und sie erklären auch bestimmte Besonderheiten der Texte selbst. So fällt beispielsweise ein klares Licht auf den Zusammenhang zwischen Fiktionalität und Wahrheit: Nicht alle fiktionalen Erzählungen bestehen aus falschen Sätzen, und eine Erzählung wird nicht dadurch fiktional, dass sie falsche Sätze enthält. Der Grund dafür liegt im Folgenden: Ob ein Satz wahr oder falsch ist, hängt davon ab, ob in der Welt der Fall ist, was der Satz besagt. Ob ein Satz fiktional ist, hängt dagegen davon ab, ob er im Rahmen der Fiktionalitätsinstitution geäußert wird oder nicht. Wahrheit und Fiktionalität sind voneinander *logisch unabhängige* Eigenschaften einer Äußerung, eines Satzes oder Textes.

Alle gängigen Gattungen und Genres lassen sich im Rahmen der Fiktionalitätsinstitution reproduzieren: Autobiographische Erzählungen, historische Erzählungen oder komische Erzählungen gibt es auch als fiktionale autobiographische Erzählungen, fiktionale historische Erzählungen und fiktionale komische Erzählungen. Fiktional sind die Texte dieser Gattungen genau dann, wenn sie im Kontext der Fiktionalitätsinstitution hervorgebracht werden. Eine einheitliche Bezeichnung für alle Erzählungen, die *nicht* im Rahmen der Fiktionalitätsinstitution hervorgebracht werden, gibt es nicht. Die manchmal gebrauchte Bezeichnung ›faktuale Erzählung‹ verwenden wir nicht, weil sie irreführende Annahmen über den Wahrheitsgehalt oder Wirklichkeitsbezug der nicht-fiktionalen Erzählungen nahelegt: Eine nicht-fiktionale Erzählung muss nicht die Wirklichkeit abbilden – etwa, weil es sich um eine Lügengeschichte handelt –, und auch eine fiktionale Erzählung wird von ihrem Urheber oder ihrer Urheberin wirklich erzählt. Es führt insofern kein Weg daran vorbei, die etwas umständliche Bezeichnung ›nicht-fiktionale Erzählung‹ zu gebrauchen, wenn man hervorheben möchte, dass eine in Rede stehende Erzählung nicht im Kontext der Fiktionalitätsinstitution steht bzw. zu verstehen ist.

Nicht-fiktionale Erzählung

Mit den oben skizzierten Bestandteilen einer Theorie der Fiktionalität haben wir nun das begriffliche Instrumentarium an der Hand, um weitere wichtige Unterscheidungen erläutern zu können. Die erste Unterscheidung ist die zwischen Fiktionalität und Fiktivität bzw. Fiktionalem und Fiktivem. Fiktionalität ist eine Eigenschaft sprachlicher Entitäten, d. h. eine Eigenschaft von Äußerungen, Sätzen, Ausdrücken usw. Sie besagt, dass die Äußerungen (usw.) im Rahmen der Fiktionalitätsinstitution (d. h. in Übereinstimmung mit deren Regeln) hervorgebracht werden und zu rezipieren sind. Als ›fiktiv‹ bezeichnen wir das, von dem eine fiktionale Erzählung handelt. Wir haben oben bereits vom Gehalt einer Erzählung (bzw. vom ›Was‹ der Erzählung) ge-

Fiktionalität und Fiktivität

sprochen und müssen nun noch klären, in welchem Sinne dieser Gehalt fiktiv sein kann. Die Theorie der Fiktionalität legt ein sehr einfaches Verständnis von Fiktivität nahe: Fiktive Entitäten sind vorzustellende Entitäten – also das, was wir uns vorstellen sollen, wenn wir einen fiktionalen Text lesen und dabei die erste der oben erläuterten Regeln der Fiktionalitätsinstitution beachten. Der *Begriff* des Fiktiven ist insofern abhängig vom Begriff des Fiktionalen: Was eine fiktive Entität ist, versteht man nur dann, wenn man weiß, was eine fiktionale Äußerung ist (d. h., wenn man weiß, dass eine fiktionale Darstellung dazu einlädt, sich den Gehalt der Äußerung vorzustellen). Man kann auch sagen, dass fiktive Entitäten *ontologisch* abhängig sind von fiktionalen Texten. Wie eine fiktive Entität beschaffen ist, hängt davon ab, wie der Text beschaffen ist, der sie beschreibt, bzw. genauer: hängt davon ab, zu welchen Vorstellungen der Text auffordert.

Davon zu unterscheiden ist die Frage, ob der *Stoff* jeder fiktionalen Erzählung von ihrem Autor oder ihrer Autorin erfunden wurde. Die Antwort ist: Nein. Entscheidend für die Fiktionalität der Erzählung ist, dass sie im Rahmen der Fiktionalitätsinstitution geäußert wird, und nicht, dass sich ihre Autorin alles ausgedacht hat. Auch eine ursprünglich nicht-fiktionale Erzählung kann durch einen entsprechenden Äußerungsakt (d. h. ein Wiedererzählen im Kontext der Fiktionalitätsinstitution) fiktional werden. Allerdings kann ein Autor scheitern mit der Absicht, seine Erzählung als fiktionale zu kommunizieren. Das ist etwa dann der Fall, wenn *niemand* anhand des Erzählten auf die Idee kommt, der Autor habe zu verstehen geben wollen, dass seine Erzählung fiktional ist. Meist liegt das daran, dass sich dem Text oder Kontext keine hinreichend eindeutigen Fiktionssignale entnehmen lassen.

Drittens ist zu unterscheiden zwischen dem Erfinden von Texten und dem Erfinden des Erzählten: Unter anderem in der Geschichtstheorie und Biographie-Forschung ist die Frage kontrovers diskutiert worden, ob Erzählungen *erfunden* oder *vorgefunden* werden (vgl. Currie 2010, Kap. 1.4). Mit dieser zugespitzten Frage werden verschiedene Probleme angesprochen, etwa, wie kreativ Historiker oder Autoren von Biographien eigentlich sind, und letztlich auch, als wie glaubwürdig, verlässlich oder objektiv ihre Produkte gelten können. Dies sind komplizierte Fragen und sie erfordern komplexe Antworten, die wir an dieser Stelle nicht in Angriff nehmen können. Fest steht jedoch: Da Texte Artefakte, d. h. etwas Gemachtes, und Erzählungen Texte sind, sind Erzählungen ebenfalls Artefakte. Manche Erzählerin findet ihren Stoff vor, also das, von dem sie erzählt; aber das ändert nichts daran, dass die Erzählung selbst erst durch den Erzählakt in die Welt kommt. Dies gilt, wohlgemerkt, sowohl für nicht-fiktionale als auch für fiktionale Erzählungen.

Viertens ist es natürlich möglich, einen Text als fiktional zu behandeln, obwohl sein Urheber oder seine Urheberin dies nicht wollte oder obwohl wir von den einschlägigen Intentionen nichts wissen. (In Kapitel 2.1 haben wir bereits den analogen Fall besprochen, einen Text als Erzählung zu behandeln, obwohl er nicht als solche intendiert war.)

2.2.1 Die Rolle des fiktiven Erzählers in fiktionalen Erzählungen

Fiktionale Erzählungen unterscheiden sich von nicht-fiktionalen Erzählungen dadurch, dass ihre Produktion und Rezeption bestimmten pragmatischen Regeln unterliegt – und zwar insbesondere den oben spezifizierten Regeln der Fiktionalitätsinstitution. In der literaturwissenschaftlichen Erzähltheorie wird oft davon ausgegangen, ein wichtiger Unterschied bestehe darin, dass in fiktionalen Erzählungen Autor und Erzähler voneinander zu unterscheiden seien; manchmal wird sogar davon ausgegangen, der Begriff des fiktionalen Erzählens sei durch ebendiese Unterscheidung definiert. Diese Annahme gilt es etwas genauer anzusehen – und zu revidieren.

Unterscheidung von ›Autor‹ und ›Erzähler‹

Zunächst müssen wir die Unterscheidung von ›Autor‹ und ›Erzähler‹ präzisieren. Der Autor oder die Autorin einer (fiktionalen oder nicht-fiktionalen) Erzählung ist die Person, die den mündlichen oder schriftlichen Text der Erzählung hervorbringt, die also etwas sagt oder aufschreibt. Mit ›Erzähler‹ ist hier dagegen eine fiktive Erzählinstanz fiktionaler Erzählungen gemeint. Dass ein fiktionaler Erzähltext über eine fiktive Erzählinstanz verfügt, bedeutet, dass der fiktionale Text uns zu der Vorstellung auffordert, der Text (den wir lesen) werde von jemandem erzählt. Der fiktionale Erzähltext *handelt* in diesem Fall also von einem Erzählakt und der durch diesen hervorgebrachten Erzählung. Die fiktive Erzählwelt enthält in diesem Fall also ein typidentisches Exemplar des Erzähltextes, den wir lesen. (Vgl. Kap. 4 für vertiefende Ausführungen zu den Konturen fiktiver Erzählwelten.)

Aus dem vorhergehenden Kapitel ist deutlich geworden, dass ein fiktiver Erzähler *als* fiktive Entität von einem fiktionalen Text abhängig ist. Die Annahme, der Begriff der fiktionalen Erzählung könne durch den Begriff des fiktiven Erzählers *bestimmt* werden, ist also falsch. Man muss vielmehr schon verstanden haben, was ein fiktionaler Text ist, bevor man verstehen kann, was ein fiktiver Erzähler ist.

Die irrtümliche Annahme, dass die Fiktionalität einer Erzählung durch die Unterscheidung zwischen Autor und fiktivem Erzähler konstituiert werde, hat zu der Folgerung verleitet, dass jede fiktionale Erzählung über einen fiktiven

Erzähler verfügen *müsse* – auch dann, wenn es im Text selbst keinerlei Anhaltspunkte dafür gibt, dass wir uns vorstellen sollen, jemand erzähle etwas. Diese Annahme können wir getrost zurückweisen. Ein fiktionaler Erzähltext *kann* uns zu der Vorstellung auffordern, dass ein Erzähler eine Geschichte erzählt. Das ist etwa in Herman Melvilles *Moby-Dick* der Fall. Der Roman beginnt folgendermaßen:

> *Nennt mich Ismael. Ein paar Jahre ist's her – unwichtig, wie lange genau –, da hatte ich wenig bis gar kein Geld im Beutel, und an Land reizte mich nichts Besonderes, und so dachte ich mir, ich wollt ein wenig herumsegeln und mir den wässerigen Teil der Welt besehen.* (Melville 1851, S. 33)

Erlebendes Ich

Erzählendes Ich

Melvilles Romananfang lädt uns ein zu der Vorstellung, eine Person stelle sich als Ismael vor und beginne, eine Geschichte zu erzählen. Wir haben es offenbar mit einem Erzähler zu tun, der aus seinem Leben berichtet. Die dafür typische Trennung von *erlebendem Ich* und *erzählendem Ich* lässt sich bereits an den ersten zwei Sätzen grammatisch festmachen: »Nennt mich Ismael« steht im Präsens, der Satz markiert die ›Jetztzeit‹ in der erzählten Welt, und im folgenden Satz wird im Präteritum auf Vergangenes Bezug genommen. Diese Weise der Darstellung wird uns noch ausführlicher beschäftigen; sie erlaubt nämlich eine präzisere Charakterisierung u. a. der Erzählerfigur, der Konturen von erlebendem und erzählendem Ich sowie der zeitlichen und sonstigen Verhältnisse zwischen beiden (vgl. Kap. 3.2). An dieser Stelle konzentrieren wir uns auf die Frage des Vorliegens fiktiver Erzähler.

Fiktionale Erzählungen können uns auch einladen, uns bestimmte Gegenstände, Sachverhalte und Ereignisse vorzustellen, ohne dass eine erzählende Vermittlungsinstanz Teil unserer Vorstellung wäre. Ganz in diesem Sinne beschreibt Charlotte Brontë das Erzählen im elften Kapitel von *Jane Eyre*:

> *Ein neues Kapitel in einem Roman ist wie eine neue Szene in einem Theaterstück, und wenn ich nun den Vorhang hochziehe, lieber Leser, musst du dir einen Raum im Gasthaus »Zum König Georg« in Millcote vorstellen, mit so großgemusterten Tapeten an der Wand, wie sie für Gasthauszimmer typisch sind, einem ebenso typischen Teppich, den entsprechenden Möbeln, dem üblichen Zierrat auf dem Kaminsims und den üblichen Bildern – darunter ein Porträt Georgs III., ein weiteres des Prinzen von Wales sowie eine Darstellung von Wolfes Tod. All dies siehst du im Schein einer von der Decke hängenden Öllampe und eines hellodernden Kaminfeuers, in dessen Nähe ich in Hut und Mantel sitze.* (Brontë 1847, S. 146 f.)

Die fiktive Erzählerin Jane Eyre flicht in ihre Erzählung einen poetologischen Exkurs ein, in dem sie beschreibt, was wir als fiktionales Erzählen ohne fiktiven Erzähler bezeichnen: Wir stellen uns nicht jemanden vor, der etwas erzählt, sondern wir stellen uns lediglich das Erzählte vor (hier: wie es in dem Gasthaus aussieht). (Auf eine weitere narratologische Besonderheit der zitierten Passage, die *Metalepse*, wird in Kap. 3.2.2 eingegangen.)

Ein Beispiel für fiktionales Erzählen *ohne* fiktiven Erzähler ist die Erzählung *Sterben* von Arthur Schnitzler, deren Anfang wir hier zitieren:

> *Die Dämmerung nahte schon, und Marie erhob sich von der Bank, auf der sie eine halbe Stunde lang gesessen hatte, anfangs in ihrem Buche lesend, dann aber den Blick auf den Eingang der Allee gerichtet, durch die Felix zu kommen pflegte. Sonst ließ er nicht so lange auf sich warten. Es war etwas kühler geworden, dabei aber hatte die Luft noch die ganze Milde des entschwindenden Maitages.* (Schnitzler 1894, S. 5)

Der Anfang der Erzählung gibt uns keinen Anhaltspunkt für die Annahme, dass wir uns vorstellen sollen, ein fiktiver Erzähler berichte von Marie im Stadtgarten. Vielmehr lädt der Text zu der Vorstellung ein, dass die Dämmerung schon naht, dass »Marie [...] sich von der Bank [erhebt], auf der sie eine halbe Stunde lang gesessen« hat, usw. Allerdings weist der Beginn der Erzählung eine Reihe interessanter Erzähltechniken auf, die in den Kapiteln 3.1.1 (Handlung) und 5.1 (Figur) sowie 8.1 (Fokalisierung) näher erläutert werden. Die Anwendung keiner dieser Erzähltechniken setzt jedoch voraus, dass der Erzähltext über einen fiktiven Erzähler verfügt; und wir können sowohl die Kategorien erläutern als auch die fraglichen Erzähltextpassagen analysieren, ohne auf Annahmen über eine Erzählinstanz zurückgreifen zu müssen. Fragen zur Erzählinstanz erübrigen sich im Fall dieser Passage.[3]

3 Welche Funktion hat das Präteritum in der zitierten Passage? Hier können die Meinungen auseinandergehen: Einerseits können wir annehmen, der Text fordere zu der Vorstellung auf, dass das Erzählte in Wien (dort befinden sich Marie und Felix) *geschah*. Der fiktionale Erzähltext lädt uns ein, uns etwas (nämlich das, wovon die Geschichte handelt) aus der Vergangenheit eines (realen) Ortes vorzustellen (vgl. dazu auch Kap. 4, S. 95 f.). (Und das beinhaltet nicht, dass wir uns vorstellen sollen, *jemand erzähle uns* von dem vergangenen Geschehen an jenem Ort!) Andererseits ist argumentiert worden, das Präteritum im Erzähltext habe typischerweise gar nicht die Funktion, Vorzeitigkeit anzuzeigen, sondern fungiere als ein Fiktionssignal (neben anderen); in diesem Fall können wir annehmen, dass der Text uns zu der Vorstellung auffordert, das Beschriebene *geschehe*. (Auf den von Käte Hamburger eingeführten

Kriterien zur Erkennung eines fiktiven Erzählers

Ein generelles Kriterium zur Beantwortung der Frage, *wann* eine fiktionale Erzählung über einen fiktiven Erzähler verfügt, existiert allerdings nicht. Wir können nur mehr oder weniger gute Gründe für die Annahme haben, dass wir eingeladen werden, uns vorzustellen, dass eine fiktive Vermittlungsinstanz den von uns gelesenen Text der Erzählung (jetzt oder zu einem früheren Zeitpunkt) spricht oder schreibt. Einfach liegen die Dinge zumeist dann, wenn, wie in Herman Melvilles *Moby-Dick*, im Text jemand einleitend »ich« sagt oder wenn, wie im Briefroman (z. B. Goethes *Die Leiden des jungen Werther*) oder Tagebuchroman (z. B. Kazuo Ishiguros *Was vom Tage übrig blieb*), klar ist, dass wir uns von dem Text der Erzählung vorstellen sollen, es handle sich um die Aufzeichnungen einer bestimmten Person (vgl. Walton 1990, S. 117 und Kap. 9).

Auch mit diesen Formen können Autoren allerdings spielen, wie das Beispiel von Ernst Weiß' *Die Feuerprobe* belegt: Hier wird die (vermeintliche) fiktive Tatsache, dass eine bestimmte Person Erlebtes protokollarisch aufzeichnet, im Verlauf der Erzählung systematisch in Frage gestellt. Am Schluss des experimentellen Romans ist weitgehend unklar, von welchen Dingen wir uns vorstellen sollen, dass sie in der fiktiven Welt des Romans der Fall sind, und von welchen Dingen nicht. In Henry James' *Die Gesandten* wird auf der ersten Seite augenscheinlich eine Erzählerfigur eingeführt – und dann gibt es auf über vierhundert Seiten kaum noch eindeutige Hinweise darauf, dass eine fiktive Vermittlungsinstanz berichtet, wovon im Text die Rede ist (vgl. den Analysevorschlag in Watt 1960; Köppe 2016, Kap. 3.2.2). In der Erzähltheorie wird dieses Phänomen manchmal als *fading narrator* (etwa: ›verschwindender Erzähler‹) bezeichnet. (Das ist aber insofern missverständlich, als es in der Erzählwelt gewiss nicht der Fall ist, dass ein Erzähler in irgendeinem Sinne verschwindet!) Anstelle dieser metaphorischen Redeweise empfiehlt es sich, genau am Text aufzuzeigen, welche Gründe dafür sprechen, dass der Text zu der Vorstellung einlädt, jemand erzähle. Ob diese Gründe hinreichend sind für die Annahme, es gebe einen Erzähler oder nicht, kann dann oft offenbleiben. Wir verweisen an dieser Stelle nochmals auf den in Kapitel 1.2 vorgestellten *Zweck* der erzähltheoretischen Analyse: Die Kategorien sollen uns helfen, den Text präzise zu beschreiben. Klassifikationen sind kein Selbstzweck, und oft ist alles gesagt, wenn man festgestellt hat, dass nicht klar ist, ob eine Kategorie auf

Begriff des ›epischen Präteritums‹ verzichten wir, weil wir Hamburgers theoretische Auffassungen zum fiktionalen Erzählen nicht teilen; vgl. dazu Kap. 6, S. 125 f. Es steht aber zu vermuten, dass der Begriff das hier genannte Phänomen bezeichnen soll; vgl. auch Chatman 1978, S. 80–82; Vogt 1998, S. 29 f.)

den Text zutrifft oder nicht. Die Kategorie des Erzählers ist hier keine Ausnahme.

Manchmal markiert die Frage, ob wir es mit einer Erzählerfigur zu tun haben oder nicht, einen wichtigen ästhetischen Effekt des Textes. Das ist etwa in Weiß' *Die Feuerprobe* der Fall, einem Text, in dem die personale und praktische Identität des Berichtenden thematisch ist. Manchmal kann diese Frage aber auch offenbleiben, weil oder insofern keine wichtige interpretatorische Beobachtung an sie anschließbar ist. Erzählinstanzen kann und muss man nur dann analysieren, wenn man sich einen signifikanten Aufschluss über den Erzähltext davon versprechen kann – und das ist eben nicht immer der Fall. Nicht zuletzt aus diesem Grund verzichten wir auch auf die Rede von ›verdeckten‹, ›nicht-figürlichen‹ oder ›nicht-personalen‹ Erzählern, für deren Existenz als fiktive Entität es keinen Anhaltspunkt gibt. Die Annahme, dass es solche Instanzen gibt, verdankt sich dem Vorurteil, dass es sie eben geben *müsse.* Wir sind dagegen der Auffassung, dass die Annahme bzw. Stipulation solcher Instanzen den Blick auf den Erzähltext eher verstellt als klärt und dass man auf sie getrost verzichten kann und sollte.

Der fiktive Erzähler: ein Dogma der Erzähltheorie

Dass jeder fiktionale Erzähltext über einen fiktiven Erzähler verfügt, ist ein Dogma der Erzähltheorie. An dieser Stelle wollen wir kurz auf vier Argumente eingehen, die für dieses Dogma zu sprechen scheinen – und sie entkräften (vgl. ausführlicher die Zusammenfassung in Köppe/Stühring 2011).

(1) ›Der Erzähler bringt den Erzähltext hervor, und ohne Erzähler gibt es keinen Erzähltext.‹ Dieses Argument kann nicht korrekt sein. In Rede steht die Existenz eines *fiktiven* Erzählers. Konkrete fiktive Entitäten gibt es in unserer Welt nicht. Etwas, das es in unserer Welt nicht gibt, *kann* in unserer Welt nicht kausal wirksam werden. Ein realer Erzähltext (und damit etwa die Auswahl und Anordnung seiner sprachlichen Elemente) kann nur von einer realen Person (dem Autor oder der Autorin) hervorgebracht werden.

(2) ›Der Erzähler bringt die Erzählwelt hervor, und ohne Erzähler gibt es keine Erzählwelt.‹ Auch dies kann nicht richtig sein. Erzählwelten sind von Erzähltexten (logisch und ontologisch) abhängig (vgl. S. 114–116). Eine Änderung der Erzählwelt (und damit etwa die Auswahl und Anordnung der erzählten Ereignisse) setzt also eine Änderung des Erzähltextes voraus. Dies ist aber, wie in (1) dargelegt, einem fiktiven Erzähler nicht möglich.

(3) ›Jede Erzählung ist *per definitionem* von jemandem erzählt.‹ Das ist zunächst einmal richtig. Es folgt daraus jedoch nicht, dass jede *fiktionale* Erzählung von ei-

nem *fiktiven* Erzähler erzählt wird. Die Implikation ›Wenn es eine Erzählung gibt, dann gibt es auch jemanden, der sie erzählt‹ besagt nur, dass jede fiktionale Erzählung von mindestens einem (realen) Autor oder einer (realen) Autorin hervorgebracht wird. Für die Etablierung der These, dass damit notwendig auch ein fiktiver Erzähler hervorgebracht wird, leistet die Implikation nichts.

(4) ›Nur ein fiktiver Erzähler kann Zugang haben zur fiktiven Erzählwelt, daher benötigen wir ihn, um etwas über die Erzählwelt zu erfahren.‹ Auch dieses Argument kann nicht das leisten, was es soll. Falls es richtig sein sollte, dass nur ein fiktiver Erzähler Zugang zu Fiktivem haben kann, so könnten wir nämlich auch keinen Zugang zu dem haben, was ein fiktiver Erzähler sagt oder schreibt – der Zugang zu diesen fiktiven Äußerungen wäre einem ebenfalls fiktiven Erzähler vorbehalten (für dessen fiktive Worte wiederum das Gleiche gelten würde – und immer so weiter).

Wir können an dieser Stelle nicht näher auf die *empirische* Frage eingehen, ob sich Leser *de facto* immer vorstellen, dass ein fiktiver Erzähler spricht, wenn sie einen fiktionalen Erzähltext lesen; hier ist sicherlich noch einige Forschungsarbeit zu leisten, und es ist mit interindividuellen Unterschieden zu rechnen (vgl. auch Bortolussi/Dixon 2003, Kap. 3). Die von uns vertretene Auffassung, dass es nicht immer einen fiktiven Erzähler gibt, stützt sich darauf, dass es keinen Grund gibt anzunehmen, dass fiktionale Erzählertexte immer zu der Vorstellung auffordern müssen, es gäbe einen (fiktiven) Erzähler.

Eine Zusammenfassung von Argumenten gegen die Ubiquität fiktiver Erzähler findet sich in Kania 2005; vgl. auch Margolin 2011. Für die ›erzählerlose‹ Analyse konkreter Beispieltexte vgl. Köppe/Stühring 2015 sowie Klauk/Köppe 2018 und Klauk/Köppe 2020. Eine Sammlung aktueller theoretischer Texte zum Thema ist Patron 2021. Zur Erzählerproblematik im Film vgl. zusammenfassend Gaut 2004; Carroll 2013, Kap. 8.

Attribute der Erzählinstanz

Falls uns ein fiktionaler Erzähltext zu der Vorstellung auffordert, dass jemand etwas erzählt (kurz gesagt: falls es einen fiktiven Erzähler gibt), so können wir die Attribute dieser Erzählinstanz näher bestimmen. Jede fiktive Erzählinstanz verfügt mindestens über diese eine Eigenschaft: etwas zu erzählen. (Wäre dies nicht der Fall, so wäre die Rede von einem Erzähler oder einer Erzählinstanz natürlich sinnlos.) Darüber hinaus sind den Ausgestaltungsmöglichkeiten fiktiver Erzählinstanzen aber kaum Grenzen gesetzt: Wir können beispielsweise über die Lebensform (Mensch oder nicht?), den personalen Status (Person oder nicht?), das Geschlecht, die sozialen Beziehungen, die Auffassungen oder Absichten oder auch den Zeitpunkt und Ort des Erzählens (immer: in der fiktiven Welt) informiert werden – oder auch nicht. Grundsätzlich gilt von den fiktiven Eigenschaften fiktiver Erzählinstanzen alles, was in Kapitel 5.1 über die Eigenschaften von Figuren herausgearbeitet werden wird.

Eine Unterscheidung ist dagegen an dieser Stelle interessant, weil sie nur in Bezug auf fiktive Erzählinstanzen (und nicht in Bezug auf sonstige Figuren) angewendet wird. In der Erzähltheorie wird im Anschluss an Gérard Genette unterschieden zwischen Erzählern, die Teil der von ihnen erzählten Welt sind (›homodiegetische Erzähler‹), und solchen, die nicht Teil der von ihnen erzählten Welt sind (›heterodiegetische Erzähler‹; vgl. Genette 1972, S. 175). Der Ausdruck ›Teil der erzählten Welt‹ kann dabei allerdings Unterschiedliches bedeuten: Ein Erzähler kann etwa deshalb nicht Teil der von ihm erzählten Welt sein, weil er diese Welt im Rahmen eines fiktionalen Erzählaktes erfunden hat, oder er kommt deshalb nicht in der von ihm erzählten Geschichte vor, weil sie vor 500 Jahren spielt, oder auch lediglich deshalb, weil er beim Erzählen vergessen hat, sich selbst zu erwähnen. Im ersten Fall ist die Abwesenheit des Erzählers in der erzählten Welt logisch notwendig, im zweiten notwendig unter den Bedingungen unserer Naturgesetze, und im dritten Fall haben wir es mit einer bloß kontingenten (zufälligen) Nicht-Erwähnung zu tun. Es ist deshalb bei der Bestimmung eines Erzählers als ›heterodiegetisch‹ oder ›homodiegetisch‹ sinnvoll, die Nicht-Teilnahme des Erzählers an der erzählten Welt genauer zu bestimmen. Genette geht bei der Unterscheidung zwischen homo- und heterodiegetischen Erzählern ferner strenggenommen von zwei Kriterien aus, die nicht miteinander zur Deckung kommen: Ob in einer Erzählung ›Homodiegese‹ oder ›Heterodiegese‹ vorliegt, macht er bald an der ›Weltzugehörigkeit‹ und bald an der ›Geschehensbeteiligung‹ von Erzählern fest (vgl. Genette 1972, S. 175 f.). Hierbei handelt es sich allerdings um zwei Aspekte der Gestaltung fiktiver Erzählinstanzen, die es auseinanderzuhalten gilt. Dies lässt sich schon daran ablesen, dass die Frage nach der ›Weltzugehörigkeit‹ von Erzählern auf ein ›Entweder-oder‹ hinausläuft, während die nach ihrer ›Geschehensbeteiligung‹ ein ›Mehr-oder-weniger‹ zulässt. (Zu Typologien von Erzählern auf der Basis ihrer Geschehensbeteiligung vgl. Lanser 1981, S. 160.)

Homodiegetischer Erzähler

Heterodiegetischer Erzähler

Typen fiktiver Erzähler

Für die meisten der in der Erzähltheorie vorgeschlagenen Unterscheidungen von grundlegenden Typen fiktiver Erzählinstanzen ist die angeführte Frage zentral, ob der Erzähler Teil der erzählten Welt ist oder nicht. Dass sich diese Frage – wie gerade erläutert – in verschiedener Weise verstehen lässt, bleibt in den betreffenden Vorschlägen in der Regel unbemerkt. Zwei einflussreiche Ansätze seien hier erwähnt:

(1) Franz K. Stanzel unterscheidet grundsätzlich drei »typische«, d. h. häufig genutzte »Erzählsituationen« in epischen Texten – die »Ich-Erzählsituation«, die »personale Erzählsituation« und die allwissende bzw. »auktoriale Erzählsituation«. Um die konkrete Erzählsituation in einem literarischen Werk zu bestimmen, sind ihm zufolge drei Fragen zu klären: zum Ersten die, wie in der betreffenden Erzählung das Verhältnis von »Außen-« und »Innenperspektive« gestaltet ist (›Perspektive‹); zum Zweiten die Frage, ob die erzählte Welt eher über die Wahrnehmungen, Gedanken o. Ä. einer Figur oder über die Ausführungen eines Erzählers vermittelt wird (›Modus‹); und zum Dritten schließlich die Frage, ob »Identität« bzw. »Nicht-Identität der Seinsbereiche« von Figuren und Erzähler vorliegt (›Person‹; vgl. Stanzel 1979, Kap. 3, 4 und 5; zu einer eingehenden Rekonstruktion und Diskussion von Stanzels Position vgl. Cohn 1981). Stanzels Erläuterungen zu dieser letzten Frage, auf deren Betrachtung wir uns hier beschränken, können aus zwei Gründen nicht überzeugen: Erstens verbindet er bei der Bestimmung von Erzählsituationen ein Kriterium der Zugehörigkeit der Erzählinstanz zum Erzählten mit perspektivbezogenen Fragestellungen und unterstellt so einen Zusammenhang zwischen der Perspektivgestaltung und der Modellierung von Erzählinstanzen in literarischen Erzählwerken, der nicht zwangsläufig besteht (vgl. dazu schon Genette 1983, S. 269 und 274). Und zweitens liefert Stanzel eine unzureichende Erläuterung des ›ontologischen‹ (die ›Seinsbereiche‹ betreffenden) Kriteriums, wenn er die »Identität« bzw. »Nicht-Identität der Seinsbereiche« von Figuren und Erzähler an »das Maß der ›Leiblichkeit‹ des ›ich‹-sagenden Erzählers« bindet, denn die Frage, welchem »Seinsbereich« eine Figur zuzuordnen ist, ist von der Frage zu unterscheiden, wie es um die figürliche Ausgestaltung der Figur bestellt ist (Stanzel 1979, S. 125).

(2) Eine trennscharfe ontologische Gegenüberstellung verschiedener Typen fiktiver Erzähler hat Kendall Walton eingeführt: Er unterscheidet *reporting* und *storytelling narrators* (etwa: ›berichtende‹ und ›Geschichten erfindende Erzähler‹); der erste Fall liegt dann vor, wenn ein Text seine Leserinnen und Leser zu der Vorstellung eines Erzählers auffordert, der für diesen *reale* Ereignisse schildert, der zweite Fall dann, wenn ein Text seine Leser zur Vorstellung eines Erzählers auffordert, der für diesen *fiktive* Ereignisse präsentiert (vgl. Walton 1990, S. 368–372).

2.3 Erzählungen und Medialität

In diesem Unterkapitel diskutieren wir einige Besonderheiten, die sich der medialen Präsentationsform von Erzählungen verdanken: Erzählt werden kann in allen Medien, die Ereignisse als temporal geordnet und sinnhaft verknüpft repräsentieren können. Dazu gehören natürlich Texte, aber auch visuelle und audiovisuelle Medien wie Comics oder Filme. Letztlich sind alle Kunstformen, die als ›darstellende‹ Künste Ereignisse repräsentieren können, Kandi-

Medien

daten für erzählende Ereignisrepräsentationen – also etwa auch Tanz oder *Stand-up-Comedy*. In unserer Einführung beziehen wir uns primär auf das Erzählen in (im engeren Sinne sprachlicher, vgl. Infokasten unten) Textform; an dieser Stelle konzentrieren wir uns – notgedrungen ausblickshaft – auf Besonderheiten, die sich aus der Anwendung der Definition von erzählender Ereignisverknüpfung auf bestimmte visuelle und audiovisuelle Medien ergeben.

Textualität und Medialität

Text

Der Ausdruck ›Text‹ bezeichnet sprachliche Äußerungen, die bestimmte Bedingungen erfüllen: Texte zeichnen sich durch Kohärenz und Geschlossenheit aus, die durch grammatische Mittel (etwa Strukturen der Wiederaufnahme wie anaphorische Bezugnahmen) sowie inhaltlich-thematisch oder pragmatisch erzeugt werden (vgl. Shusterman 1992; Brinker 2001). Da gemäß der oben vorgestellten Definition Erzählungen von mindestens zwei Ereignissen handeln, die in sinnhafter Weise verknüpft sind, erfüllen Erzählungen *per definitionem* die Bedingungen für Textualität. Das Erzählen stellt mithin eine Weise (neben anderen) dar, Textualitätsbedingungen zu erfüllen.

Manchmal wird der Textbegriff in einem erweiterten Sinne gebraucht (vgl. etwa Chatman 1990, S. 7), und auch der Begriff der Sprache wird manchmal entsprechend weit verwendet, so dass z. B. auch bildliche Ausdrucksmittel als eine Sprache verstanden und analysiert werden (vgl. etwa Nelson Goodmans Rede von *Sprachen der Kunst* in Goodman 1968). Wenn wir hier von ›Text‹ sprechen, so meinen wir ausschließlich natürlichsprachliche Texte (also Texte etwa des Deutschen oder Englischen).

Bildliche Darstellungen

Beginnen können wir mit ausschließlich visuellen Repräsentationen, also insbesondere bildlichen Darstellungen. Manche Bilder repräsentieren Ereignisse. Damit wir in Bezug auf solche Darstellungen von einer erzählenden Ereignisverknüpfung sprechen können, müssen mindestens *zwei* Ereignisse chronologisch dargestellt werden. Typischerweise ist das bei Bildern nicht der Fall: Dargestellt ist vielmehr nur *eine* statische ›Momentaufnahme‹ als ein Ausschnitt aus einer Ereignisfolge. Ein Beispiel dafür ist die Darstellung einer Szene der griechischen Mythologie auf einem Gefäß (Abb. 3).

Allerdings gibt es mehrere Möglichkeiten, eine solche Darstellung zum Erzählen in Beziehung zu setzen. Erstens können wir *anhand* des Bildes eine Erzählung in Textform rekonstruieren; wer das Bild betrachtet, ergänzt dann die weiteren (früheren und späteren) Ereignisse und ihre Verknüpfung. Die bildli-

Abb. 3: Phineus wird von den Boreaden vor den Harpyien gerettet. Attische rotfigurige Vase, um 460 v. Chr. – Wikimedia Commons / Jastrow

che Darstellung können wir so als den *Anlass* und den *Stoff* einer (anhand des Bildes konstruierten) Erzählung einordnen. Zweitens könnte man die Darstellung auch als *Fragment* einer visuellen Erzählung bezeichnen (die bildliche Darstellung wäre damit ein Teil einer ausführlicheren Bilderzählung). Drittens ist die Kenntnis einer bestimmten Erzählung (hier: aus dem Erzählstoff der griechischen Mythologie) auch eine *Voraussetzung* für ein *Verständnis* des Dargestellten. Wer auf der Darstellung zu sehen ist (nämlich Phineus) und was in der gezeigten Szene passiert, ist durch den Gehalt einer Erzählung bestimmt, die der bildlichen Darstellung wiederum als Stoff zugrunde liegt.

Dass ein Bild mehrere Ereignisse repräsentiert, ist allerdings nicht ausgeschlossen. Ein Historiengemälde wie Albrecht Altdorfers *Alexanderschlacht* (1528–1529) kann als der Versuch gesehen werden, mehrere Ereignisse im Sinne einer Zusammenschau simultan zu repräsentieren. Das Gemälde zeigt das Aufeinandertreffen der Heere ebenso wie die Flucht des Darius und dessen Verfolgung durch Alexander; gemäß unserer Bestimmung der erzählenden Ereignisverknüpfung könnte es sich hier um zwei nacheinander (oder auch gleichzeitig) ablaufende Ereignisse handeln. Im Sinne dieser Interpretation repräsentieren unterschiedliche *Bildausschnitte* unterschiedliche Ereignisse; d. h., das Gemälde verfügt über unterschiedliche Bereiche, die als eigenständige Ereignisrepräsentationen interpretiert werden. (Altdorfers *Alexander-*

schlacht zeigt im Übrigen eine Tafel am oberen Bildrand, die das zeitliche Nacheinander des Geschehens sprachlich erläutert. Ohne diese Erläuterung wüssten wir strenggenommen nicht, ob die Ereignisse gleichzeitig oder nacheinander ablaufen: die Chronologie-Bedingung wäre mithin nicht erfüllt.) Möglich ist im Bereich rein visueller Repräsentation auch die Kombination mehrerer aufeinander bezogener Gemälde als ein Ensemble: Man kann hier etwa an aus Mitteltafel und Flügeln bestehende, manchmal klappbare Altarbilder denken, die biblische Szenen als Bestandteile einer Erzählung abbilden.

Abb. 4: Richard McGuire: Schere, Stein, Papier. In: McGuire 2016, S. 128. –
© Richard McGuire

Ereignisse involvieren Gegenstände, die man in vielen (wenngleich nicht in allen) Fällen sehen und daher auch bildlich darstellen kann. Weniger klar ist das in Bezug auf Chronologie und sinnhafte Ereignisverknüpfungen. Zeit kann man ebenso wenig sehen wie Kausalität; direkte bildliche Äquivalente sprachlicher Konnektoren wie ›nachdem‹ oder ›weil‹ gibt es nicht. Sollen entsprechende Phänomene bildlich repräsentiert werden, so geht dies zum einen indirekt; das Vergehen der Zeit kann etwa dargestellt werden, indem Stadien des Alterungs- oder Zerfallsprozesses eines Gegenstandes repräsentiert werden; in Richard McGuires Vignette (vgl. Abb. 4) deuten die Schnipsel an, dass die Schere schon eine Weile ihr zerstörerisches Werk getrieben hat, und die Fluchtbewegung der noch unversehrten Papierfiguren deutet an, dass es damit noch weitergehen wird. Zum anderen können teils konventionalisierte Darstellungsmittel oder zusätzliche sprachliche Mittel zum Einsatz kommen. So

Abb. 5: Buster Bunny (Nr. 14, 1953, Ned Pines, S. 4). Ausschnitt aus *Which ist Witch?*

Comic, Graphic Novel

wird etwa im Comic oder in der Graphic Novel das Nebeneinander der Bildtafeln eines Panels konventionell als zeitliches Nacheinander interpretiert; kausale Zusammenhänge können z. B. dargestellt werden, indem Ausschnitte aus Bewegungsabfolgen repräsentiert werden, die auf kausale Verursachung schließen lassen, und es gibt neben Darstellungsmitteln wie Piktogrammen oder Aktionslinien bzw. *speedlines* vielfältige Möglichkeiten der Text-Bild-Kombination, etwa durch Sprechblasen, Satzzeichen, Bildüberschriften, Symbole oder das Seitenlayout (vgl. Abb. 5).

Mit bildlichen Mitteln lässt sich auch das oben als besondere Weise der sprachlichen Bezugnahme bezeichnete Merkmal typischer Erzählungen realisieren (vgl. S. 36). Ein Beispiel dafür ist wiederum die Vignette Richard McGuires (vgl. Abb. 4): Die Darstellung vermittelt einen guten Eindruck davon, wie den dargestellten Figuren zumute ist.

Kann eine bildliche Darstellung über einen Spannungsbogen und *tellability* verfügen? Beide Eigenschaften setzen die Repräsentation mehrerer (verknüpfter) Ereignisse voraus. Vermittels der *simultanen* Darstellung zeitlich geordneter (gleichzeitig oder nacheinander ablaufender) Ereignisse lässt sich keine Spannung erzeugen, weil auf diese Weise Informationen kaum vorenthalten werden können – man hat stets die Möglichkeit, alles zugleich bzw. in beliebiger Reihenfolge zu sehen. Dass eine erzählende Bildfolge einen kommunikativen Zweck oder ›Witz‹ hat, können wir dagegen annehmen; Comics können u. a. in unterhaltender oder auch in belehrender Absicht präsentiert und auch rezipiert werden. Für bestimmte, unter Umständen rein visuelle Genres, z. B. die (bildliche) Karikatur, ist ein bestimmter kommunikativer Zweck sogar wesentlich.

Audiovisuelle Medien

Wie steht es mit den erzählerischen Möglichkeiten audiovisueller Medien? Spielfilme, Dokumentationen und weitere audiovisuelle Medien können Ereignisse in erzählender Verknüpfung darstellen. Zwar wird man die unter Umständen langwierige Produktion eines Spielfilms nicht als ›Erzählakt‹ bezeichnen wollen; typische Produktionsstufen beim Spielfilm sind etwa die Erstellung des Drehbuchs, die filmische Aufnahme der Schauspielerinnen und Schauspieler im Rahmen einer bestimmten Inszenierung sowie schließlich die Postproduktion (Auswahl des Materials, Vertonung, Schnitt usw.). Insofern ist es natürlicher zu sagen, dass dem Film ein Drehbuch zugrunde liegt, das aus einem Erzählakt hervorgegangen ist – und ein Drehbuch ist ein Text im engeren Sinne (zur filmischen Urheberschaft vgl. Gaut 2003, S. 632–634). Auch der Produktion eines Spielfilms dürfte jedoch in vielen (wenn nicht in allen) Fällen die Absicht zugrunde liegen, eine Geschichte zu erzählen und entsprechend bestimmte Ereignisse als chronologisch und sinnhaft verknüpft zu präsentieren. Dass dazu die technischen Mittel und die ›Formensprache‹ des Films verwendet werden, wäre eher nachrangig und würde für sich genommen nicht rechtfertigen, dem Spielfilm den Status als erzählendes Medium abzusprechen. Nicht zuletzt steht gerade dem Spielfilm ein besonders breites Repertoire von Möglichkeiten der Verknüpfung sprachlicher und visueller Darstellungsmittel zur Verfügung: Der Film kann u. a. jemanden zeigen, der etwas erzählt, eine Erzählstimme implementieren (*voiceover*) oder auch einen erzählenden Vor- oder Abspann in Textform präsentieren.

Spielfilme (und andere audiovisuelle Medien) können erzählende Ereignisverknüpfungen in unterschiedlich ausgeprägter Form und Anzahl einsetzen; im oben erläuterten Sinne kann es mehr oder weniger leichtfallen, anhand des Dargestellten eine Erzählung zu rekonstruieren (vgl. Carroll 2013, Kap. 7). Das deutet darauf hin, dass die Bezeichnung einer filmischen Darstellung als ›erzählend‹ eine potentiell interessante (jedenfalls nicht selbstverständliche) Eigenschaft identifiziert. Denn nicht immer, wenn etwas filmisch aufgezeichnet wird, wird etwas erzählt; das Montieren einer Wildtierkamera ist kein Erzählakt und die ›zufälligen‹ Aufnahmen einer solchen Kamera sind keine Erzählung – auch dann nicht, wenn es (zur Freude der Tierfilmerin) zu ereignisreichen Aufnahmen kommt. Für das Erzählen ist die (intentionale) *Darstellung* von etwas *als* sinnhaft verknüpft wesentlich.

Gerade komplexe Filme präsentieren ihren Zuschauern schließlich ein vielschichtiges Geschehen, das den *Stoff* vieler unterschiedlicher Erzählungen bieten kann. Hier kann es dann naheliegen zu sagen, dass sich anhand des Filmes (genauer: auf der Basis des im Film Gezeigten) mindestens eine Erzählung rekonstruieren lässt (vgl. dazu den folgenden Abschnitt). Diese Rekonstruktionen sind dann Erzählungen, die das filmisch Gezeigte zum Gegenstand haben bzw. denen das filmisch Gezeigte als Stoff zugrunde liegt. George Wilson hebt schließlich hervor, dass ein Typ der Interpretation fiktionaler Spielfilme darin besteht, die Handlungen der Figuren in erklärende Beziehungen einzubetten (vgl. Wilson 1997, insbes. S. 230–232). Solche Erklärungen haben die Struktur erzählender Ereignisverknüpfungen; sie machen einen wichtigen Teil der *game world* – d. h. der individuell ausgestalteten Imaginationstätigkeit der Rezipientinnen und Rezipienten (vgl. S. 44) – aus.

Wie steht es mit den weiteren Merkmalen ›vollgültiger‹ Erzählungen in Bezug auf Filme – also mit der Darstellung von Ereignissen, die diese zu den Belangen von Personen in Beziehung setzt, mit Spannungsbögen und *tellability*? Für diese Eigenschaften gilt im Wesentlichen das für sprachliche Erzählungen Gesagte. Auch im Film können Ereignisse so aufgezeichnet werden, dass sie Hinweise auf die Einstellungen von Personen – ihre ›subjektive‹ Sicht auf die

Dinge – geben (zu einigen filmischen Mitteln vgl. Wilson 2006). Und natürlich können Filme über einen Spannungsbogen verfügen (das dürfte beim Hollywoodkino sogar die Regel sein), und in gewisser Weise kann ein Film auch über einen kommunikativen ›Witz‹ verfügen, etwa im Sinne einer thematischen Botschaft, die in Aufführungskontexten vermittelt werden soll. Man sollte sich allerdings darüber im Klaren sein, dass das dem Bereich des konversationellen (mündlichen) Erzählens entstammende Konzept der *tellability* hier in einem erweiterten Sinne verwendet wird; eine solche erweiterte Verwendungsweise gilt allerdings nicht allein für das filmische Erzählen, sondern auch für komplexe literarische Erzählungen (vgl. Kap. 2.4); es handelt sich also nicht um eine der Medialität des Films geschuldete Besonderheit der Begriffsverwendung.

Zur Vertiefung: Zum Verfahren der Klassifikation

Die Frage, ob Bilder, Comics oder Spielfilme Erzählungen sind, verweist auf ein typisches Problem in der Erzähltheorie: Wir stellen fest, dass ein Begriff (hier: der des Erzählens) nur in bestimmten Hinsichten auf eine neue Gruppe von Gegenständen zutrifft und dies in anderen Hinsichten nicht tut. In solch einem Fall kann man grundsätzlich zwei Intuitionen folgen: Man kann einerseits die *Gemeinsamkeiten* zwischen jenen Gegenständen, auf die der Begriff ursprünglich zutraf (hier: die natürlichsprachlichen Erzählungen), und den Mitgliedern der neuen Gegenstandsgruppe (hier: Filme, Comics usw.) betonen wollen und sich entsprechend für eine Ausweitung der Anwendungsbedingungen des ursprünglichen Begriffs entscheiden (hier: es wird ein Begriff der Erzählung definiert, der auch auf nicht-sprachliche Medien zutrifft). Andererseits kann man aber auch die *Unterschiede* zwischen den Mitgliedern der alten und der neuen Gegenstandsgruppe für so wichtig halten, dass man sich dagegen entscheidet, sie unter einen gemeinsamen Begriff fassen zu wollen. Beide Verfahrensweisen können sinnvoll sein.

Wir haben uns in diesem Unterkapitel allein um die Frage gekümmert, ob die mediale Vermittlungsform eines Artefakts einen Einfluss auf die Frage hat, ob wir es mit einer erzählenden Ereignisverknüpfung oder einer Erzählung zu tun haben oder nicht. Zur *Analyse* von nicht im engeren Sinne oder nicht exklusiv sprachlichen Medien wurden in den letzten Jahren eine Reihe medienspezifischer Erzähltheorien entwickelt (vgl. etwa Mahne 2007; Hühn/Sommer 2009; Kuhn 2011). Da die verschiedenen Medien über eigene Darstellungsmöglichkeiten verfügen, kann man erzähltheoretische Analysekategorien nicht ohne weiteres wechselseitig übertragen. Zum Beispiel bedeutet ›Perspektive‹ im Film etwas anderes als in der Erzählung – und wird völlig anders medial realisiert (vgl. Kap. 8). Eine medienspezifische Erzähltheorie kann Anregungen von einer auf Texte bezogenen Erzähltheorie nehmen, muss jedoch in Bezug auf jede einzelne Analysekategorie fragen, inwiefern sich im in Rede stehenden Medium tatsächlich ein Äquivalent findet und wie es realisiert werden kann. Umgekehrt kann natürlich auch eine auf Texte bezogene Erzähltheorie Anregungen von einer auf andere Medien spezifizierten Erzähltheorie erhalten.

2.4 Literarische Erzählungen

Den Begriff der erzählenden Ereignisverknüpfung haben wir vornehmlich anhand sehr kurzer Beispiele eingeführt. Die Erzähltextanalyse, zumal wenn sie im Rahmen der Literaturwissenschaft vorgenommen wird, hat dagegen meist komplexe (fiktionale) literarische Erzählungen zum Gegenstand. In diesem Unterkapitel geht es deshalb um Beziehungen zwischen der erzählenden Ereignisverknüpfung, der Erzählung (*simpliciter*) und der literarischen Erzählung oder, wie wir auch sagen werden, dem (komplexen, literarischen) Erzählwerk.

Erzählwerk

Behauptet man, eine Erzählung sei *literarisch*, so soll damit oft oder sogar meistens ihr künstlerisch anspruchsvoller Charakter hervorgehoben werden. Erzählungen, so wurde in Kapitel 1.1 herausgearbeitet, kommen ja keinesfalls nur im künstlerischen Raum vor; vielmehr erfüllen sie eine wichtige Funktion für die Strukturierung des für uns Erfahrbaren in vielen Lebensbereichen. Viele dieser Erzählungen sind keineswegs künstlerisch anspruchsvoll.

Was aber macht eine Erzählung ›künstlerisch anspruchsvoll‹ oder eben ›literarisch‹? Es gibt kein allgemein akzeptiertes Set von Eigenschaften, das ein Text aufweisen muss, um als ›literarisch‹ zu gelten. Zu den Eigenschaften, die hier in Frage kommen, gehören etwa eine besondere sprachliche Oberflächenstruktur (ein kompliziertes bzw. elaboriertes Sprachregister, Metrum, Stilistik, Bildlichkeit usw.), eine besondere kompositionelle Komplexität, Fiktionalität, Mehrdeutigkeit, Anspielungsreichtum, die Zugehörigkeit zu einem bestimmten Genre oder zum Œuvre eines anerkannten Künstlers oder einer anerkannten Künstlerin, die Unabhängigkeit von pragmatischen Funktionen (etwa einer referentiellen oder Mitteilungsfunktion) oder ästhetische Eigenschaften wie Ausgewogenheit, Harmonie, Schönheit usw. Texte, die über zumindest einige dieser Eigenschaften verfügen, gelten als besonders wertvoll;

der Literaturbegriff wird entsprechend oft in evaluativer, d. h. auszeichnender Weise gebraucht (vgl. Beardsley 1973, S. 58 f.; Stecker 1996).

Literarische Texte

Literaturbegriff

Interessant ist nun, dass viele der eben aufgezählten Eigenschaften in einem bestimmten Sinne beschreibungsabhängig zu sein scheinen. Ob man in einem literarischen Text beispielsweise Anspielungen entdeckt oder ihm ästhetische Eigenschaften zuschreibt, hat etwas damit zu tun, ob man nach Anspielungen und ästhetischen Eigenschaften *gesucht* hat. Gegen die Definition des Literaturbegriffs anhand bestimmter sprachlicher, struktureller oder ästhetischer Eigenschaften ist dementsprechend öfter eingewandt worden, dass man einschlägige Eigenschaften letztlich in vielen Texten finden kann (vgl. die Diskussion in Olsen 1978, insbes. Kap. 1 und 4); auch eine Telefonbuchseite hat eine bemerkenswerte sprachliche Struktur (man kann etwa Alliterationen und eine Kolumnen-Gliederung finden). Entscheidend ist offenbar, dass es nicht immer *angemessen* ist, solche Eigenschaften zu suchen, zu beschreiben oder auf andere Weise zu thematisieren. Beobachtungen wie diese legen die Annahme nahe, dass es primär unser *Umgang* ist, der bestimmte Texte zu literarischen Texten macht. Da die in Rede stehende Umgangsweise nicht bei jeder Auseinandersetzung mit einem als ›literarisch‹ eingestuften Text neu erfunden wird, sondern vielmehr eine gewisse Stabilität zu besitzen scheint, liegt der Schluss nahe, dass ein Text dadurch zur Literatur wird, dass er in Übereinstimmung mit bestimmten Konventionen behandelt wird. Und man kann hinzufügen, dass einige Texte einer solchen Behandlung mehr entgegenkommen als andere – etwa deshalb, weil sie für andere Umgangsweisen, z. B. pragmatische, schlicht nicht geeignet sind. Auch ›Literatur‹ wird in dieser Perspektive zum institutionellen Begriff erklärt (wie der Begriff der ›Fiktionalität‹, vgl. Kap. 2.2): Literarisch sind demnach genau die Texte, deren sozial anerkannte Funktion es ist, auf literaturtypische Weise rezipiert zu werden. Die Aufgabe einer Theorie des institutionellen Literaturbegriffs liegt dann darin, die Konventionen oder Regeln zu spezifizieren, nach denen wir einen Text ›als literarisch‹ behandeln (vgl. Lamarque 2009, Kap. 4).

Vertiefendes zum Literaturbegriff

Um die Struktur des Literaturbegriffs werden erstens ähnliche Kontroversen geführt wie um den Begriff der Erzählung (vgl. Hirsch 1978; Winko [u. a.] 2006; Strube 2009). So wird aus dem weitgehend anerkannten Scheitern von Versuchen, eine ›Essenz‹ des Literarischen zu finden (d. h. notwendige und zusammen hinreichende Bedingungen dafür zu finden, dass ein Text zur Literatur zählt), beispielsweise geschlossen, dass der Begriff eine Prototypenstruktur haben müsse (vgl. S. 22). Zweitens ist öfter argumentiert worden, dem evaluativ aufgeladenen und daher restriktiven Begriff der Literatur müsse ein ›erweiterter‹ Literaturbegriff an die Seite gestellt werden, unter den beispielsweise auch populäre Literatur, Unterhaltungsliteratur usw. fallen. Im Hintergrund stehen dabei nicht selten ideologiekritische Motive oder auch wissenschaftsstrategische Überlegungen, die zum Ziel haben, der Literaturwissenschaft ein neues Aufgabenfeld zu erschließen.

Für die Erzähltheorie ist nun wichtig, dass literarische Erzählwerke oft umfangreich und auch besonders komplex sind. Ein Roman kann mehrere hundert Seiten umfassen und ein vielschichtiges Gefüge unterschiedlichster Figurenkonstellationen, Handlungsstränge, Rahmen- und Binnenerzählungen usw. enthalten (vgl. dazu im Einzelnen Kap. 3.1). Humoristisch auf die Spitze getrieben wird eine gewisse Abschweifungskunst etwa in Laurence Sternes *Leben und Meinungen von Tristram Shandy, Gentleman*, dessen Erzähler über sich selbst wissen lässt:

> *Er wird Anblicke und Ausblicke haben, die sein Auge ständig zum Betrachten veranlassen, vor denen stillzustehen, um sie anzuschauen; er ebenso wenig umhinkann, wie ihm das Fliegen unmöglich ist: er hat überdies verschiedene / Berichte in Einklang zu bringen: / Anekdoten zu sammeln: / Inschriften zu entziffern: / Geschichten einzuflechten: / Sagen zu sichten: / Personen zu besuchen: / Panegyriken an diese Tür zu kleben: / Pasquille an jene: [. . .].* (Sterne 1759–67, S. 44)

Was aber hat ein solcher Roman mit erzählenden Ereignisverknüpfungen oder einer Erzählung zu tun, wie sie oben vorgestellt wurde? Natürlich steht es einer Autorin oder einem Autor frei, in welchem Umfang sie oder er dem Muster der erzählenden Ereignisverknüpfung oder der vollgültigen Erzählung folgt, d. h. die definitorischen Eigenschaften der fraglichen Begriffe umsetzt – und ob sie oder er es überhaupt tut. Zum Beispiel kann ein Text, um eine recht konventionelle Abweichung zu benennen, über ein offenes Ende verfügen; Ishiguros *Was vom Tage übrig blieb* endet, ohne dass wir erfahren würden, ob es Stevens gelingt, seinen Kummer über den Verlust von Mrs. Benn zu verwinden und sein Dasein als Butler weiterhin als sinnerfüllt zu erleben. Dieser Roman verfügt über einen Spannungsbogen (vgl. Kap. 2.1), der jedoch nicht geschlossen wird. In der avantgardistischen oder experimentellen Literatur sind noch weit größere Abweichungen vom Schema der einfachen Erzählung möglich (vgl. Chatman 1993, Kap. 9). Ob in solchen Texten überhaupt noch eine Erzählung vorliegt, muss dann im Einzelfall geprüft werden (zur Diskussion des Erfordernisses einer Anpassung erzähltheoretischer Begrifflichkeiten an solche Texte vgl. Klauk/Köppe 2013).

Aber auch ein konventioneller, durchschnittlich umfangreicher und komplexer Roman ist normalerweise keine Erzählung in dem Sinne, wie sie oben bestimmt wurde. Vielmehr enthält der Roman neben erzählenden z. B. auch beschreibende Passagen. In dieser Weise beginnt Gottfried Kellers Roman *Der grüne Heinrich*:

> *Zu den schönsten vor Allen in der Schweiz gehören diejenigen Städte, welche an einem See und an einem Flusse zugleich liegen, so, dass sie wie ein weites Tor am Ende des Sees unmittelbar den Fluss aufnehmen, welcher mitten durch sie hin in das Land hinauszieht. So Zürich, Luzern, Genf; auch Konstanz gehört gewissermaßen noch zu ihnen. Man kann sich nichts Angenehmeres denken, als die Fahrt auf einem dieser Seen, z. B. auf demjenigen von Zürich.* (Keller 1854/1855, S. 7)

In solchen Fällen müssen wir uns oft erst verständlich machen bzw. rekonstruieren, wie es in dem Text um die in der Definition der ›erzählenden Ereignisverknüpfung‹ genannten (notwendigen und hinreichenden) Bedingungen steht: Wir müssen also Ereignisse identifizieren (gegebenenfalls rekonstruieren) und auf ihre (chronologische und sinnhafte) Verknüpfung befragen. In solchen Fällen kann man auch sagen, dass sich *anhand* des Romans eine Erzählung rekonstruieren lässt. In vergleichbarer Weise hatten wir schon davon gesprochen, dass sich anhand eines Films eine Erzählung rekonstruieren lässt: Wir nehmen das Dargestellte als den Stoff einer konzisen Erzählung. Eine solche rekonstruierte Erzählung nennen wir den *Plot* oder die *Handlung* des Erzählwerkes (z. B. eines Romans). Es handelt sich dabei um die wesentlichen (und auf bestimmte Weise verknüpften) Ereignisse, von denen das Werk handelt (vgl. dazu Kap. 3.1.1). Der Begriff des Plots ist nicht nur wichtig, um in einem komplexen Roman wesentliche von nicht wesentlichen Ereignissen zu unterscheiden und die Verknüpfungen zwischen den wesentlichen Ereignissen aufzuzeigen. Der Plot stellt die Ereignisse auch in der chronologischen Abfolge ihres Geschehens dar, was im Roman keinesfalls immer der Fall sein muss.

Plot / Handlung

Erzählend im Sinne der erzählenden Ereignisverknüpfung können schließlich auch Passagen von Werken sein, die nicht der Großgattung der erzählen-

Epik

den Literatur (oder Epik) zugeordnet werden. Auch Dramen können von Ereignissen handeln, die als chronologisch und sinnhaft verknüpft dargestellt werden. Und natürlich gibt es auch Gedichte, die unter den Gattungsbegriff der Erzählung fallen, weil sie alle definitorisch relevanten Kriterien erfüllen. (Dass solche Gedichte in Versform vorliegen mögen, spielt dafür keine Rolle.)

3 Handlung und Ebenen

In diesem Kapitel geht es um die nähere Erläuterung einiger Kategorien, die uns bei der vorstehenden Auseinandersetzung mit den Fragen »Was ist Erzählen?«, »Was ist Fiktionalität?« und »Was ist eine literarische Erzählung?« bereits begegnet sind. Unterkapitel 3.1 beleuchtet die *Handlung* von Erzählwerken sowie Möglichkeiten ihrer Kategorisierung; Unterkapitel 3.2 widmet sich mit der Vorstellung des Konzepts der *Erzählebene* weiteren Formen der Ausgestaltung narrativer Komplexität.

3.1 Die Handlung von Erzählwerken

Wesentlich für Erzählungen ist, so wurde in Kapitel 2 gezeigt, dass sie von Ereignissen handeln, die als in bestimmter Weise miteinander verknüpft dargestellt werden. Im Folgenden soll dem Gehalt von Erzählwerken noch etwas weiter nachgegangen und das Konzept der *Handlung* bzw. des *Plots* in den Blick genommen werden. Beginnen werden wir mit einigen Hinweisen zum Verständnis des Konzepts, anschließend wird es um Aspekte der Verbindung mehrerer Handlungsstränge in einem Erzählwerk (d. h. um die Plotstruktur des Erzählwerkes) und abschließend um das Phänomen der Handlungsmuster (bzw. Plottypen) gehen.

3.1.1 Handlung

Wie der Ausdruck ›Erzählung‹, so ist auch ›Handlung‹ mehrdeutig. Um dies festzustellen, braucht man nicht seiner Verwendung in unterschiedlichen Kontexten nachzugehen; bereits dann, wenn man betrachtet, wie der Term im Zusammenhang mit fiktionalen Erzählungen – aber etwa auch mit Dramen oder Spielfilmen – genutzt wird, lassen sich mindestens drei verschiedene Gebrauchsweisen voneinander unterscheiden: Als ›Handlung‹ wird erstens das intentionale Verhalten einer Figur bezeichnet (vgl. S. 111 f.). Der Ausdruck dient zweitens zur Bezugnahme auf die »Summe des Geschehens in einem [...] Erzählwerk« (Asmuth 2000, S. 6). Und ›Handlung‹ steht drittens für eine Teilmenge dieser »Geschehenssumme«, nämlich für den wesentlichen Ereigniszusammenhang einer Erzählung (vgl. Prince 1987, S. 71 f.). Handlung

Unsere Nutzung des Terms schließt, wie sich bereits angekündigt hat (vgl. Kap 2.4), an die letztgenannte Verwendungsweise an: ›Handlung‹ soll hier die

Rekonstruktion *der chronologischen Abfolge und sinnhaften Verknüpfung der zentralen Ereignisse eines Erzählwerkes* (also etwa eines Romans) bezeichnen. Alternativ sprechen wir von dessen ›Plot‹ (vgl. schon Forster 1927, Kap. 5; Ronen 1994, S. 820–830; Gutenberg 2000, Kap. 2.1). Gelegentlich werden wir ›Handlung‹ auch im ersten der oben unterschiedenen Verständnisse nutzen, das ebenso in alltäglichen wie in wissenschaftlichen Zusammenhängen verbreitet ist; auf den Gebrauch des Terms im Sinne des zweiten Verständnisses werden wir zugunsten von ›erzählte Welt‹ oder ›Diegese‹ verzichten (vgl. Kap. 4, S. 91).

Plot

Die Begriffscharakterisierung lässt bereits erahnen, dass die Bestimmung der Handlung von Erzählwerken mit Schwierigkeiten verbunden sein kann: Methodisch betrachtet, ist die Handlung eines Erzählwerkes das Ergebnis einer Rekonstruktion auf der Grundlage des Textes. Warum entsprechende Rekonstruktionen sich nicht selten als kompliziert und kontrovers erweisen, verdeutlicht eine genauere Betrachtung ihrer beiden zentralen Aspekte.

Plotrekonstruktion

(1) Schon die Klärung der zeitlichen und sinnhaften Zusammenhänge zwischen den Ereignissen eines Erzählwerkes kann schwierig sein. Das liegt einerseits – wie bereits erläutert wurde – darin begründet, dass beispielsweise Romane nicht all das, von dem sie handeln, ausdrücklich entwickeln. Viele Ereignisse fiktiver Welten und viele der zwischen ihnen bestehenden Verknüpfungen müssen als semantische Implikationen oder pragmatische Implikaturen aus dem explizit Gesagten erschlossen werden (vgl. Kap. 2.2, S. 28 f., und auch Kap. 8.1, S. 138–142). Kompliziert kann eine Handlungsbestimmung andererseits aber auch deshalb sein, weil Erzählwerke Vorkommnisse nicht immer in der Reihenfolge präsentieren, in der sie in der dargestellten Welt stattfinden. Jede Plotrekonstruktion steht darum vor der Aufgabe, aus der narrativen Ereignisdarstellung die chronologische Ereignisabfolge zu gewinnen (vgl. Kap. 6); sie muss – in den Begriffen der traditionellen Rhetorik formuliert – ausgehend von der ›künstlichen‹ Anordnung (dem *ordo artificialis*) der Elemente einer erzählten Welt ihre ›natürliche‹ Anordnung (den *ordo naturalis*) ermitteln (vgl. Lausberg 1990, § 447–452). Ob und wie vollständig diese Aufgabe im Fall eines fiktionalen Erzählwerkes zu bewältigen ist, hängt von den Angaben ab, die es im Hinblick auf die Zeitverhältnisse innerhalb der fiktiven Welt enthält. Nicht immer reichen die fraglichen Hinweise aus, um genau zu klären, wie die zeitlichen Beziehungen zwischen zwei oder mehr Ereignissen beschaffen sind (vgl. hierzu Kap. 6, S. 123).

Künstliche Anordnung und natürliche Anordnung

(2) Wer einen Plot bestimmen will, hat nicht allein die temporalen und sinnhaften Beziehungen zwischen den präsentierten Ereignissen zu erfassen, sondern muss zudem *zentrale* Vorkommnisse von *marginalen* unterscheiden.

In der Erzähltheorie sind einige Versuche gemacht worden, eine solche Klassifikation der Elemente des Erzählten genauer zu erfassen (vgl. Busse 2004, S. 28–33). So hat etwa Seymour Chatman in Anknüpfung an Roland Barthes vorgeschlagen, die dargestellten Ereignisse in »Kerne« und »Satelliten« zu unterteilen, d. h. in solche Vorkommnisse, die den Plot vorantreiben und für sein Verständnis entscheidend sind, und solche, für die das nicht gilt; Letztere sind nach Chatman daran zu erkennen, dass sie sich ohne Konsequenzen für den Handlungsgang tilgen lassen (vgl. Chatman 1978, S. 53 f.; ferner Barthes 1966 und bereits Tomaševskij 1925).

Kerne und Satelliten

Mit Blick auf Vorschläge wie denjenigen Chatmans ist vor einem Missverständnis zu warnen: Sie liefern zwar differenzierte Umschreibungen für die Gegenüberstellung von zentralen und marginalen Ereignissen, sind aber nicht als Verfahren zu verstehen, mit deren Hilfe sich die Handlung einer Erzählung rekonstruieren lässt. Wer beurteilen will, welche Vorkommnisse einen Plot voranbringen und auf welche Vorkommnisse ohne Konsequenzen verzichtet werden kann, der muss bereits über ein Verständnis des Plots der Erzählung verfügen (vgl. Busse 2004, S. 31). Einen neueren Vorschlag zur Explikation der Unterscheidung zentraler und marginaler Ereignisse enthält Noël Carrolls Theorie *erotetischer Narrationen* (vgl. Carroll 2007). Carroll zufolge werfen Erzähltexte ereignisbezogene Fragen auf; manche dieser Fragen, sogenannte *macro questions*, strukturieren den Text als Ganzes, d. h., sie werden (wenn überhaupt) erst am Ende des Textes beantwortet. In einer typischen Detektivgeschichte wird in diesem Sinne etwa die Frage aufgeworfen, wer das aufzuklärende Verbrechen begangen hat. Der Plot des Erzähltextes besteht demnach nur aus den Ereignissen, die einen Beitrag zur Beantwortung einer solchen übergreifenden Frage leisten (vgl. auch Klauk/Köppe/Onea 2016).

Theorie erotetischer Narrationen

Wie weit Verständnisweisen und damit Handlungsbestimmungen schon im Fall einfacher Erzählungen voneinander abweichen können, veranschaulicht Woody Allens Kurzgeschichte *Der oberflächlichste Mensch, der mir je begegnet ist*, in der ein lebhaftes Restaurantgespräch zum Thema Oberflächlichkeit geschildert wird. Koppelmann, einer der Teilnehmer der Unterhaltung, trägt zu ihr die Geschichte von Lenny Mendel bei, der zum Sterbebegleiter eines entfernten Bekannten wird, weil er sich in dessen Krankenschwester verliebt hat. Nach Koppelmanns Bericht streiten die im Restaurant versammelten Freunde über die Pointe und damit zugleich über den Plot der Erzählung:

> *»Das ist ja ne dolle Geschichte«, sagte Moskowitz [. . .]. »Das zeigt wieder mal, wie schlecht doch manche Leute sind.«*
> *»So hab ich das nicht verstanden«, sagte Jake Fischbein.*

> *»Ganz und gar nicht. Die Geschichte zeigt, wie die Liebe zu einer Frau einen Mann dazu befähigen kann, seine Todesängste zu überwinden, und wenn auch bloß für eine Zeitlang.«*
> *»Worüber redest du eigentlich«, mischte sich Abe Trochmann ein. »Der springende Punkt ist doch, dass ein Sterbender der Nutznießer der plötzlichen Leidenschaft seines Freundes für eine Frau wird.«*
> *»Aber sie waren nicht Freunde«, wandte Lupowitz ein.*
> *»Mendel ging aus Pflichtgefühl hin. Und aus Egoismus ist er immer wieder hingegangen.«* (Allen 1975, S. 463)

Je nachdem, welcher der vorgeschlagenen Verständnisweisen der Geschichte Lenny Mendels man zuneigt, wird man verschiedene ihrer Ereignisse für wesentlich und andere für tilgbar halten.

Die Handlung bzw. der Plot eines komplexen Erzählwerkes lässt sich, so ist festzuhalten, oftmals erst im Zusammenhang seiner Interpretation rekonstruieren (vgl. auch Kap. 1.2.1, S. 15 f.). Strenggenommen ist ein Plot daher auch kein *Element* eines Erzähltextes, sondern, wie Alexander Nehamas hervorgehoben hat, vielmehr eine bestimmte (wertende, interpretierende, abstrahierende) Weise, einen Erzähltext zu beschreiben (vgl. Nehamas 1983). Entsprechend ist es wenig erstaunlich, dass diese Beschreibungen kontrovers sein und mehrere Beschreibungen miteinander konkurrieren können.

Terminologische Alternativen

Zur Bezugnahme auf das oder auf zentrale Aspekte dessen, was wir als ›Erzählung‹ und ›Handlung‹ bzw. ›Plot‹ bezeichnen, kommt in der Erzähltheorie eine ganze Reihe sehr uneinheitlich verwendeter Terme zum Einsatz – Begriffe etwa wie *récit, discours, histoire, discourse, story, fabula* oder *sjužet*. Wir verzichten hier auf eine detaillierte Übersicht, in der die konkurrierenden Ausdrücke im Einzelnen aufgelistet und zueinander ins Verhältnis gesetzt werden. Entsprechende tabellarische Darstellungen liegen bereits vor und dienen weniger der Begriffsklärung als vielmehr der Veranschaulichung der terminologischen Uneinigkeit, die in einigen Bereichen der Erzähltheorie zu beobachten ist (vgl. etwa Lahn/Meister 2008, S. 215).

3.1.2 Handlungsstränge

Insbesondere im Fall von Romanen lassen sich oftmals mehrere Handlungsstränge voneinander unterscheiden, d. h. mehr oder weniger eigenständige, sinnhaft miteinander verknüpfte Ereignisfolgen. Dass die Ereignisse in dieser Weise als verbunden aufzufassen sind, kann unterschiedlich realisiert sein: Oft ergibt sich der Zusammenhang daraus, dass Ereignisse in der einen oder anderen Weise an die Handlungen und Erlebnisse einer Figur gebunden sind (vgl. schon Lämmert 1955, S. 44). Dies gilt etwa für Paul Austers *Sunset Park*; hier haben wir es mit den zunächst nacheinander, dann abwechselnd erzählten Geschichten von fünf Figuren zu tun, wobei die Namen in den Abschnittsüberschriften anzeigen, welcher Handlungsstrang im betreffenden Kapitel verfolgt wird (vgl. Auster 2010). Für die Zurechnung von Vorkommnissen zu einem Handlungsstrang oder mehreren Handlungssträngen kann es freilich noch andere Signale geben, beispielsweise, dass sie sich an einem bestimmten Schauplatz zutragen, oder auch, dass sie sämtlich mit einem weiteren Ereignis innerhalb der erzählten Welt im Zusammenhang stehen – zu denken ist hier etwa an das Projekt einer gemeinsamen Feier der deutsch-österreichischen Krönungsjubiläen, das im Zentrum eines der Handlungsstränge in Robert Musils *Der Mann ohne Eigenschaften* steht (vgl. Musil 1930/32/42).

Handlungsstränge

Von *Handlungssträngen* zu sprechen bedeutet, dass in einem Erzähltext mehrere Plots angelegt sind. Oftmals sind die Handlungsstränge einer Erzählung über einzelne Ereignisse miteinander verbunden oder über bestimmte Fragestellungen aufeinander bezogen (vgl. auch Kap. 3.2.2, S. 83). Ein Beispiel: Daniel Kehlmanns Roman *Die Vermessung der Welt* setzt sich im Wesentlichen aus drei Strängen zusammen; eingehend erzählt er die Lebensgeschichte von (1) Carl Friedrich Gauß und (2) Alexander von Humboldt, knapp schildert er (3) einige Erlebnisse des Gauß-Sohnes Eugen (vgl. Kehlmann 2005). Auf der Ebene der Ereignisse sind die drei Plotstränge durch ein Treffen ihrer Hauptfiguren im Berlin des Jahres 1828 miteinander verzahnt; thematisch-motivlich bestehen vor allem zwischen den Lebensläufen von Gauß und Humboldt markante Parallelen, im Mittelpunkt beider Ereignisfolgen stehen neben Vermessungsvorgängen das Altern und das Deutschsein (vgl. Kindt 2012, S. 367–370).

Dass Handlungsstränge in Erzählungen – anders als bei Kehlmann – wesentlich oder sogar ausschließlich durch einen geteilten Handlungsort miteinander verbunden sein können, veranschaulichen Episodenromane wie John Dos Passos' *Manhattan Transfer*, Leo Perutz' *Nachts unter der steinernen Brücke* oder Helmut Kraussers *Einsamkeit und Sex und Mitleid* (vgl. Dos Passos

Geteilter Handlungsort

1925; Perutz 1953; Krausser 2009). In den drei Romanen sind die verschiedenen eigenständigen Ereignisfolgen vor allem darum als verbunden erkennbar, weil sie sich jeweils in einer Stadt zutragen, bei Dos Passos in New York, bei Perutz in Prag und bei Krausser in Berlin.

Erzählebenen

Perutz' Roman ist zudem in zwei *Erzählebenen* untergliedert, in eine Rahmenerzählung und eine Reihe von Binnenerzählungen, so dass hier grundsätzlich *Rahmen-* und *Binnenhandlung* zu unterscheiden sind (vgl. Kap 3.2.1, S. 78 f.). In der Rahmenerzählung berichtet ein Erzähler von seinem Hauslehrer Jakob Meisl, der ihn im Prag der Wende zum 20. Jahrhundert mit Legenden aus der Stadt um 1600 unterhält; im Zentrum der Rahmenhandlung steht also die Präsentation von Binnenerzählungen, deren Ereignisfolgen zunächst ohne Zusammenhang zu sein scheinen, sich aber schließlich als Stränge einer Binnenhandlung erweisen (vgl. Müller 2007, S. 346 f.).

Mehrere Plots

Wenn von einem ›Erzählwerk mit mehreren Plots‹ die Rede ist, dann geht es oftmals um eines, das – wie Perutz' Roman – über verschiedene Handlungsstränge verfügt. Mit der Formulierung kann aber auch gemeint sein, dass eine Erzählung divergierende Versionen *einer* Ereignisfolge oder einzelner ihrer Abschnitte präsentiert. Mitunter wird in solchen Fällen deutlich signalisiert, dass einer der dargestellten Handlungsverläufe in der fiktiven Welt des Erzählwerkes tatsächlich stattgefunden hat. Dies gilt beispielsweise für Jurek Beckers Roman *Jakob der Lügner*, dessen Erzähler nach der Schilderung der tatsächlichen Handlung erklärt, er wolle deren letzte Ereignisse noch einmal erzählen, nun aber anders, als sie sich zugetragen haben: »Ich habe mir gesagt, eigentlich jammerschade um eine so schöne Geschichte, daß sie so armselig im Sande verläuft, erfinde ihr ein Ende, mit dem man halbwegs zufrieden sein kann, eins mit Hand und Fuß ...« (Becker 1969, S. 258). Häufig werden in komplexen Erzählwerken aber auch einfach mehrere alternative Ereignisfolgen als mögliche Handlungsverläufe nebeneinander gestellt. In John Fowles' *Die Geliebte des französischen Leutnants* präsentiert der Erzähler beispielsweise eine Geschichte mit drei einander ausschließenden Enden (vgl. Fowles 1969), und in Max Frischs *Mein Name sei Gantenbein* tritt ein Erzähler auf, der ausgehend von einzelnen Ereignissen mehr oder weniger ausgefeilte Ereigniszusammenhänge imaginiert: »Ich probiere Geschichten an wie Kleider« (Frisch 1964, S. 20). Die Romane von Becker, Fowles und Frisch lassen sich zudem als Texte beschreiben, in denen das Fehlen einer ausgestalteten Binnenhandlung das Augenmerk auf eine Rahmenhandlung lenkt, in der das Erzählen selbst zum Thema wird (vgl. Kap. 9.3, S. 167).

Was ist ein Thema?

Thema

Das Thema einer Erzählung erfasst knapp, worum es in der Erzählung geht. Im Unterschied zur Bestimmung des Plots ist man bei der Bestimmung des Themas aber nicht an einer Rekonstruktion zentraler (und chronologisch geordneter) Ereignisse interessiert, sondern vielmehr an einer abstrakteren, zusammenfassenden Charakterisierung (vgl. Beardsley 1981, S. 401–409; Lamarque 2009, S. 150 f. u. ö.). Idealerweise geht das im Rahmen weniger Stichworte oder Phrasen. Vladimir Nabokovs Roman *Lolita* thematisiert etwa das moralisch ebenso zweifelhafte wie unstillbare Verlangen eines einseitig und unglücklich Verliebten (vgl. Nabokov 1955), Charles Dickens' *Große Erwartungen* thematisiert die Schwierigkeiten des Einzelnen, seinen Platz in der Gesellschaft zu finden (vgl. Dickens 1860/61), und William Faulkners *Licht im August* thematisiert Rassismus (vgl. Faulkner 1932). Diese Beispiele zeigen bereits, dass auch die Bestimmung des Themas eines Erzähltextes von Interpretationen abhängt, in deren Rahmen man u. a. rekonstruieren, gewichten und werten muss. Man kann vielen Texten darum, je nach zugrunde gelegter Interpretation, mehrere verschiedene Themen zuordnen. Das Thema einer Erzählung gehört, wie auch die behandelte Ereignisfolge sowie der Plot, zu den *semantischen* Eigenschaften einer Erzählung. Entsprechend kann man auch sagen, dass eine Erzählung von einem Thema *handelt* bzw. ein Thema *behandelt*. Für die Rekonstruktion eines Themas sind jedoch vergleichsweise starke Abstraktionsschritte erforderlich. In vielen Fällen dürfte die Bestimmung eines Themas voraussetzen, dass man Ereignisse und Plotstrukturen bereits rekonstruiert hat. Zugleich legen Beispiele wie Woody Allens Kurzgeschichte *Der oberflächlichste Mensch, der mir je begegnet ist* (vgl. S. 71 f.) nahe, dass Annahmen über die thematische Pointe einer Erzählung ihrerseits die Suche nach zentralen Ereignisfolgen – und mithin dem Plot – beeinflussen können.

3.1.3 Handlungsmuster

Handlungsmuster / Plottyp

Ist im angloamerikanischen Raum vom ›Plot‹ einer Erzählung die Rede, so geht es oftmals nicht um das, was wir als ›Handlung‹ oder eben ›Plot‹ erläutert haben, sondern um das, was wir ›Handlungsmuster‹ oder ›Plottyp‹ nennen wollen. Mit diesen Begriffen sollen hier *die gemeinsamen Grundstrukturen der Handlungen verschiedener Erzähltexte* bezeichnet werden, also abstrakte Modelle von Ereignisfolgen, die sich durch eine vergleichende Betrachtung konkreter Plots gewinnen lassen (vgl. Prince 1987, S. 73).

Die Rekonstruktion solcher Handlungsmuster in volkskundlichen Untersuchungen zu Märchen ist eine der Unternehmungen gewesen, denen die Erzählforschung ihre Formierung und Etablierung als eigenständiger Wissenschaftsbereich in der Zeit um 1900 zu verdanken hat (vgl. Anhang, S. 173 f.). Der Sache nach wird mit der Frage nach Plottypen bei Märchenforschern wie Antti Aarne oder Vladimir Propp freilich nur das weitergeführt, was schon in Aristoteles' *Poetik* zu beobachten ist, nämlich die Bestimmung und Unterscheidung von Gattungen wie der Tragödie und der Komödie nicht zuletzt über einzelne Plotaspekte (vgl. Aristoteles, *Poetik* 1447b–1448a, sowie allgemein Spörl 2010).

Bestimmung von Handlungsmustern

Die Bestimmung der Handlungsmuster, die als gemeinsame Grundlage der Plots verschiedener Erzählungen angesehen werden, hängt wesentlich davon ab, welche Elemente von Handlungsverläufen bei der Mustererfassung in den Blick genommen werden: Ronald S. Crane etwa hat in einer frühen Plottaxonomie vorgeschlagen, die Handlungen epischer Texte anhand der in ihrem Zentrum stehenden thematischen Gegenstände zu differenzieren, was ihn zur grundsätzlichen Einteilung von Plots in »Figurenhandlungen«, »Schicksalshandlungen« und »Ideenhandlungen« geführt hat (vgl. Crane 1952). Norman Friedman ist auf der Grundlage dieser Taxonomie für eine noch feinere Unterscheidung von Plottypen eingetreten, die sich nicht nur auf die Frage nach dem zentralen Gegenstand von Ereignisfolgen stützt, sondern auch deren genauen Verlauf, innerfiktionales Zustandekommen und potentielle Wirkung berücksichtigt; so grenzt er beispielsweise mit Blick auf den Crane'schen Typ der Figurenhandlung vier Subtypen voneinander ab, die »Reifungshandlung«, die »Läuterungshandlung«, die »Versuchungshandlung« und die »Niedergangshandlung« (Friedman 1955). Weitere einflussreiche Beiträge zur Plottypologisierung haben Autoren wie Northrop Frye, Rachel Blau DuPlessis und Marie-Laure Ryan vorgelegt, wobei sie im Einzelnen von unterschiedlichen Plotkonzepten ausgehen, die dem hier erläuterten nicht entsprechen (für einen Überblick vgl. Dannenberg 2005).

Die Analyse von Handlungen und die Theorie möglicher Welten

In den vergangenen Jahrzehnten sind verschiedene Versuche unternommen worden, das aus der philosophischen Modallogik entlehnte Konzept ›möglicher Welten‹ für die Literaturtheorie und hier vor allem für die Narratologie fruchtbar zu machen (vgl. Ryan 1991; Ronen 1994; Surkamp 2002). Großes Interesse hat im Rahmen entsprechend orientierter Ansätze nicht zuletzt die Analyse der Handlungen fiktionaler Erzählungen gefunden. Die in diesem Kontext entstandenen Ansätze laufen, so unterschiedlich sie im Detail sein mögen, einhellig auf die Forderung hinaus, bei der Plotrekonstruktion nicht allein die ›tatsächliche Welt‹ (*actual world*) einer Erzählung, sondern auch die in ihr gestalteten ›möglichen Welten‹ (*possible worlds*) in den Blick zu nehmen, also beispielsweise auch vom Erzähler nahegelegte, aber ausbleibende und von einzelnen Figuren gewünschte oder befürchtete, aber nicht eintretende Entwicklungen in der Handlungswelt (vgl. Dannenberg 1995; Gutenberg 2000).

Es muss hier auf eine eingehende Präsentation und Diskussion entsprechender Vorschläge verzichtet werden, es soll aber zumindest kurz angedeutet werden, weshalb sie in den Überlegungen des vorliegenden Kapitels keine Rolle gespielt haben: Hierfür gibt es zunächst den pragmatischen Grund, dass die *Possible-worlds*-Ansätze der Handlungsanalyse von einem Plotbegriff ausgehen, der dem von uns vorgeschlagenen nicht entspricht. Entscheidend für die Vernachlässigung der ›Mögliche-Welten‹-Modelle ist aber der systematische Einwand, dass es sich bei ihnen letztlich nur um Terminologien zur Benennung einzelner Aspekte erzählter Welten handelt, zu deren Beschreibung die herkömmliche Narratologie bereits hinreichend ausgefeilte begriffliche Ressourcen zur Verfügung stellt. Problematisch erscheinen die betreffenden Terminologien dabei nicht zuletzt, weil sie durch die Übernahme von Begriffen aus der Modallogik den irreführenden Eindruck nahelegen, sie seien mehr als bloße Terminologien, nämlich Theorien mit explanativer Kraft (vgl. Heydrich 2000, S. 90–94; Klauk/Köppe 2010).

In diesem Teilkapitel, so können wir zusammenfassen, haben wir die Untersuchung bestimmter Ausgestaltungsmöglichkeiten des übergreifenden Gehalts komplexer literarischer Erzählungen (›Erzählwerke‹) vorgestellt. Literarische Erzählwerke können von musterhaften Erzählungen, wie wir sie in Kapitel 2.1 eingeführt haben, unter anderem darin abweichen, dass wir in ihnen mehrere chronologisch geordnete und sinnhaft verknüpfte Ereignisfolgen, d. h. ›Handlungsstränge‹ oder ›Plots‹, unterscheiden können. Solche Handlungsstränge können in unterschiedlicher Form miteinander verbunden – oder nicht verbunden – sein, und sie können auf zahlreiche Weisen (z. B. anhand inhaltlicher Gesichtspunkte) typisiert werden.

3.2 Ebenen des Erzählens

In diesem Unterkapitel werden Strukturen beschrieben, die sich durch die Einbettung von Erzählungen in Erzählungen ergeben und im Anschluss an Gérard Genette zumeist als *›Ebenen‹ des Erzählens* bezeichnet werden (vgl. Genette 1972, S. 162–169; vgl. auch Bal 1981; Lanser 1981; Nelles 1997). Der Begriff der narrativen Ebene oder Erzählebene entspricht ganz einfach der Ereignisfolge, von der eine Erzählung handelt. Wir können dementsprechend definieren: *Eine narrative Ebene ist die durch eine Erzählung identifizierte Ereignis-*

Einbettung von Erzählungen in Erzählungen

Narrative Ebene / Erzählebene

folge. Der Begriff der Ebene ist deshalb sinnvoll, weil ein Erzählwerk aufgrund von Einbettungsstrukturen über mehr als eine Ebene verfügen kann. Dabei gilt: *Zwischen einer Erzählung E1 und einer Erzählung E2 besteht genau dann ein Verhältnis der Einbettung, wenn E2 Bestandteil des Erzählten von E1 ist.*

Nebenordnung von Einbettungen

Unterordnung von Einbettungen

Sind in eine Erzählung *E1* mehrere Erzählungen eingebettet, beispielsweise *E2* und *E3*, so werden oft und auch im Folgenden zwei Fälle der Beziehung zwischen diesen Einbettungen unterschieden: Falls *E2* und *E3* allein Bestandteil des Erzählten von *E1* sind (und also weder *E2* noch *E3* dem Erzählten der jeweils anderen eingebetteten Erzählung zuzurechnen ist), sprechen wir von einer *Nebenordnung von Einbettungen*. Falls *E2* und *E3* nicht allein Bestandteil des Erzählten von *E1* sind, sondern entweder *E2* dem Erzählten von *E3* zuzurechnen ist oder *E3* dem Erzählten von *E2* (falls zwischen ihnen also ihrerseits ein Einbettungsverhältnis besteht), so sprechen wir von einer *Unterordnung von Einbettungen* (für eine Veranschaulichung und Beispiele vgl. S. 79 f. und 87 f.).

Ausgehend von diesen Bestimmungen lässt sich mit Blick auf die Ebenen in Erzählungen festhalten: Jede Erzählung verfügt bereits aufgrund ihres semantischen Gehalts – also aufgrund des in ihr Erzählten – über mindestens eine narrative Ebene. Dient diese Erzählebene der Einbettung einer weiteren Erzählung, kommt eine weitere Ebene hinzu, also eine weitere erzählte Ereignisfolge; dient diese wiederum der Einbettung einer weiteren Erzählung, kommt noch eine weitere Ebene hinzu usf. Die Zahl der narrativen Ebenen einer Erzählung hängt damit von der maximalen Tiefe ihrer Unterordnungen von Einbettungen ab.

3.2.1 Rahmen- und Binnenerzählung

Rahmen- und Binnenerzählung

Vor weiteren Hinweisen zum skizzierten Ebenenmodell müssen einige terminologische Festlegungen getroffen werden. Seit Genettes *Diskurs der Erzählung* sind verschiedene Nomenklaturen vorgeschlagen worden, die wir hier nicht aufgreifen und darum auch nicht näher beleuchten werden (vgl. dazu etwa Lahn/Meister 2008, S. 81–83). Sprechen wir im Folgenden über die Ebenen von Erzählungen, so werden wir uns auf die ebenso alte wie einfache Unterscheidung zwischen Rahmen- und Binnenerzählung stützen. Gegenüber konkurrierenden Vorschlägen der Bezeichnung, die wir in dem Exkurs »Terminologische Alternativen« vorstellen (vgl. Infokasten S. 85), haben diese Ausdrücke insbesondere den Vorzug der leichten Verständlichkeit (vgl. Abbott 2002, S. 25 f.; Stocker 2003, S. 215; Duyfhuizen 2005, S. 186 f.).

Unter einer *Rahmenerzählung* wird eine *allein einbettende Erzählung* verstanden, d. h. eine Erzählung, die mindestens eine weitere einbettet, ohne selbst in eine andere eingebettet zu sein. Als *Binnenerzählung* begreifen wir eine *Erzählung, die in eine andere eingebettet ist.* Handelt es sich bei der einbettenden um eine Rahmenerzählung, sprechen wir mit Blick auf die eingebettete von einer ›Binnenerzählung‹; handelt es sich bei der einbettenden ihrerseits um eine Binnenerzählung, sprechen wir mit Blick auf die eingebettete von einer ›Binnenerzählung zweiten Grades‹ usw. Da prinzipiell jede eingebettete Erzählung selbst wiederum als einbettende Erzählung dienen mag, kann die Unterordnungstiefe von Einbettungen, und d. h. die Zahl der Ebenen in Erzählungen, theoretisch unbegrenzt hoch sein.

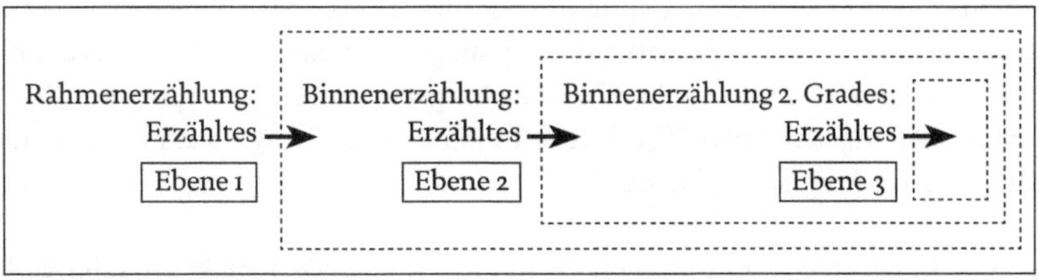

Abb. 6: Die Erzählebenen

Das bisher gewonnene Verständnis von Erzählebenen soll nun in drei Hinsichten ausgearbeitet und anhand von Beispielen verdeutlicht werden, nämlich in Bezug auf Ausgestaltungsmöglichkeiten von (a) Rahmenerzählungen und (b) Binnenerzählungen sowie (c) deren Beziehung zueinander.

(a) Soll das Konzept der *Rahmenerzählung* erläutert werden, so wird gemeinhin auf Texte wie die Märchensammlung *Tausendundeine Nacht* oder Novellenzyklen in der Nachfolge von Giovanni Boccaccios *Decameron* verwiesen. Ein Erzähltext, der entsprechend gebaut ist und insofern das vorherrschende Begriffsverständnis zu erhellen vermag, ist Ludwig Tiecks *Phantasus* aus dem Jahr 1812. Das Werk ist in eine Rahmenerzählung und eine Reihe nebengeordneter Binnenerzählungen (also eine Reihe solcher Erzählungen, die auf derselben Ebene liegen) untergliedert, die ihrerseits mitunter noch weitere Einbettungen aufweisen. Die Rahmenerzählung umreißt eine Handlung, die dazu dient, die Präsentation der Binnenerzählungen zu motivieren und Reflexionen zu deren Bedeutung und Zusammenhang zu initiieren: Berichtet wird von einem Kreis von Freunden, der sich auf einem brandenburgischen Landgut zusammenfindet, um Gedichte, Märchennovellen und Theaterstücke vorzutragen und sich über deren Konzeption und Qualität auszutauschen. Die eingebetteten Erzählungen werden jeweils einer der Figuren der Rahmenhandlung ausdrücklich zugeordnet und in der einbettenden Erzählung durch Formulierungen wie die folgenden angekündigt: *»Anton fing an zu lesen«*, *»Friedrich las«* oder *»Willibald [...] fing sogleich ohne Einleitung [zu lesen] an«* (Tieck 1812, S. 28, 151, 234).

Ausprägungen von Rahmenerzählungen

Ausgehend von Werken wie Tiecks *Phantasus* wird oft übersehen, dass Rahmenerzählungen auch noch viele andere Ausprägungen haben können. So lassen sich in einem Erzähltext etwa schon dann Rahmen- und Binnenerzählung und damit zwei narrative Ebenen voneinander unterscheiden, wenn der Erzähltext die Fiktion eines Erzählers entwirft. Dass beispielsweise der Erzähler in Thomas Manns *Der Zauberberg* einleitend über den Gegenstand und die Form seiner Ausführungen spricht, lässt eine Erzählebene entstehen, in die sein Bericht über Hans Castorps siebenjährigen Aufenthalt im Lungensanatorium »Berghof« als weitere Erzählebene eingebettet ist. Der Beginn der Rahmenerzählung, der einige Überlegungen zur Erzählwürdigkeit und -weise der Binnenerzählung bietet, lautet:

> *Die Geschichte Hans Castorps, die wir erzählen wollen, nicht um seinetwillen [...], sondern um der Geschichte willen, die uns im hohen Grade erzählenswert erscheint [...]: diese Geschichte ist sehr lange her [...].*
>
> *Wir werden sie ausführlich erzählen, genau und gründlich, – denn wann wäre je die Kurz- oder Langweiligkeit einer Geschichte abhängig gewesen von dem Raum oder der Zeit, die sie in Anspruch nahm? Ohne Furcht vor dem Odium der Peinlichkeit, neigen wir vielmehr der Ansicht zu, daß nur das Gründliche wahrhaft unterhaltend sei.* (Mann 1924, S. 9 f.)

Ausgestaltungsmöglichkeiten von Binnenerzählungen

(b) Auch die Ausgestaltungsmöglichkeiten von Binnenerzählungen sind beträchtlich. Um dies verständlich zu machen, ist ein Blick auf eine der bekanntesten eingebetteten Erzählungen der deutschen Literatur hilfreich, nämlich auf das sechste Buch von Goethes Roman *Wilhelm Meisters Lehrjahre*, die »Bekenntnisse einer schönen Seele«. Der Rahmenerzählung ist grundsätzlich zu entnehmen, dass es sich bei diesen Bekenntnissen um Aufzeichnungen einer Tante Lotharios und Natalies handelt und dass Wilhelm sie seiner erkrankten Bekannten Aurelie auszugsweise vorliest. Versucht man nun allerdings zu klären, wer der ›Erzähler‹ oder die ›Erzählerin‹ der »Bekenntnisse« ist, so zeigt sich weiterer Differenzierungsbedarf. Bevor die Aufzeichnungen ohne Überleitung eingefügt werden, heißt es:

> *Kurz darauf kam das vom Arzt versprochene Manuskript an. Sie [Aurelie] ersuchte Wilhelmen, ihr daraus vorzulesen, und die Wirkung, die es tat, wird der Leser am besten beurteilen können, wenn er sich mit dem folgenden Buche bekannt gemacht hat. Das heftige und trotzige Wesen unserer armen Freundin ward auf einmal gelindert. [. . .] Von dieser Zeit an ward sie sehr still und schien sich nur mit wenigen Ideen zu beschäftigen, die sie sich aus dem Manuskript eigen zu machen suchte, woraus ihr Wilhelm von Zeit zu Zeit vorlesen musste.* (Goethe 1794/95, S. 444)

Die »Bekenntnisse« haben in der Erzählwelt von Goethes *Wilhelm Meister* eine Autorin (die »schöne Seele«), und sie haben zudem in nicht näher bestimmten Passagen einen Vorleser (Wilhelm) und eine Zuhörerin (Aurelie). Einem ›Erzähler‹ oder einer ›Erzählerin‹ lassen sich die Aufzeichnungen aber nur um den Preis zuschreiben, dass die genauen Einbettungsverhältnisse im Roman oder die Konturen des Erzählerbegriffs ungenau beschrieben werden (vgl. hierzu auch Lanser 1981, S. 137).

Eine Binnenerzählung kann, daran erinnert das betrachtete Beispiel, in vielfältiger Weise in eine Rahmenerzählung eingebunden sein: Es kann sich bei einer solchen Erzählung beispielsweise um das handeln, was eine Figur liest, hört oder tatsächlich erzählt, aber auch um eine Schilderung, die der Erzähler der einbettenden Erzählung in diese einbettet, oder schließlich um eine Schilderung, von der sich nicht viel mehr sagen lässt, als dass sie Teil der erzählten Welt des Erzählrahmens ist.

Ein im vorliegenden Zusammenhang ebenfalls aufschlussreicher Text ist Helmut Kraussers *Der große Bagarozy* von 1997. Der Roman erzählt von der Beziehung zwischen der Psychiaterin Cora Dulz und ihrem rätselhaften Patienten Nagy, der zunächst nur unter einer Obsession für Maria Callas zu leiden scheint, dessen Behandlung aber zusehends den Verdacht erhärtet, dass es sich bei ihm um den leibhaftigen Teufel handelt. Die Rahmenhandlung von *Der große Bagarozy* ist ein Beispiel für das oben eingehend betrachtete fiktionale Erzählen ohne fiktiven Erzähler (vgl. Kap. 2.2.1, S. 50 f.). Wie der Beginn des Romans, der das erste Therapiegespräch zwischen Cora und Nagy schildert, so lädt der Text insgesamt dazu ein, sich vorzustellen, dass bestimmte Dinge in der fiktiven Welt der Fall sind, nicht jedoch dazu, sich vorzustellen, dass die betreffenden Sachverhalte von einem Erzähler präsentiert werden:

> *»Alle meine Freunde waren da, hockten im Garten, aus dem Recorder kam Gitarrenmusik. Mein Geburtstag ist im August, um Mitternacht wurde ich zwanzig.«*

Der Mann sah kurz von seinen Knien auf, als erwarte er Zustimmung.
Cora Dulz spendete ein Wegwerfnicken und konzentrierte sich auf die noch weiße Fläche ihres Notizblocks.
»Ich war wie die anderen. [...] Keine sehr harte Kindheit, keine sehr reichen Eltern. Keine harten Drogen, kaum Neurosen, wenig Talent. Vorstadt eben. Darf man hier rauchen?« (Krausser 1997, S. 7)

Bei *Der große Bagarozy* handelt es sich allerdings nicht nur um eine erzählerlose, sondern zudem um eine mehrschichtige Erzählung. Wie sich bereits in den angeführten ersten Sätzen des Romans ankündigt, sind in die Schilderungen über das Verhältnis zwischen Cora und Nagy, der hier aus ihrer Perspektive als »der Mann« eingeführt wird, immer wieder Erzählungen eingebettet, durch die der Text eine weitere Ebene hinzugewinnt. Dabei sind zwei Varianten von eingelagerten Erzählungen voneinander zu unterscheiden: Einerseits treten die Figuren als Erzähler in Erscheinung, so wie beispielsweise Nagy in der zitierten Passage von seinem zwanzigsten Geburtstag berichtet. Andererseits werden die Schilderungen immer wieder durch Kurzerzählungen der folgenden Art unterbrochen, die im Stile von Zeitungsmeldungen über merkwürdige Todesfälle berichten:

Toter Taucher auf dem Gipfel
München – Wie kam der tote Taucher auf den Berg? Die Leiche des Münchner Hobbytauchers Noah L. war nach Waldbränden auf der griechischen Insel Thassos gefunden worden. Mysteriös: Der Tote lag auf der Bergspitze zwischen verkohlten Baumstämmen – in voller Tauchermontur! Monatelange Ermittlungen ergaben: Noah L. hatte vor der thassischen Küste getaucht – genau zu dem Zeitpunkt, als die Wasserlöschflugzeuge auftankten. Der Taucher wurde in die Wasserkammern eingesogen. Die Piloten merkten nichts, öffneten die Luken über dem Waldbrandgebiet im Gebirge. (Ebd., S. 42 f.)

Was es mit den Erzählungen dieses Typs auf sich hat, wird im Roman erst spät erhellt, als über einen eigentümlichen Zeitvertreib von Coras Mann, dem Steuerberater Robert, berichtet wird: *»Er sammelte kuriose Anekdoten des Todes, die er aus Zeitungen und Illustrierten ausschnitt und in Quarthefte klebte«* (ebd., S. 67). Damit wird deutlich, dass die verstreuten Todeserzählungen eine Rolle im Rahmen des Erzählten der Haupterzählung spielen. Die Form ihrer Einbettung lässt aber zugleich keinen Zweifel daran, dass sie nicht von einer der Figuren erzählt werden. Der Geschichte vom toten Taucher geht z. B. der folgende Dialog voraus, zu dem es zwischen Cora und Robert vor dem Zubettgehen, aber nach dem Ausschalten des Lichts kommt: »*›Liebst du mich?‹ Cora stellte die Frage flüsternd ins Dunkel, wo sie unsicher herumstand. ›Ichdichauch ...‹*« (ebd., S. 42).

Die kurzen Betrachtungen zu *Der große Bagarozy* machen anschaulich, dass die Ebenendifferenzierung in Erzählungen nicht an das Auftreten von Figuren als Erzählerinstanzen gebunden werden sollte: Erstens gibt es in *Der große Bagarozy* keinen fiktiven Erzähler der Ereignisse um Nagy, Cora und Robert. Zweitens gibt es in das Erzählte eingebettete Erzählungen, für die gilt, dass der Akt des Erzählens, aus dem sie hervorgegangen sind, im Dunkeln bleibt. Die Kurzerzählung »Toter Taucher auf dem Gipfel« hat – so müssen wir annehmen – einen Journalisten oder eine Journalistin als Autor, aber diese tauchen im Roman nicht als Erzähler neben den Figuren auf. *Dass* die Erzählungen an der fraglichen Stelle im Roman stehen, ist *keiner* der fiktiven Figuren zuzurechnen – und damit auch keinem fiktiven Erzähler. Es handelt sich vielmehr um eine kompositorische Entscheidung, für die Helmut Krausser als Autor des Romans verantwortlich ist. Die Frage ›Warum steht die Kurzerzählung an just dieser Stelle?‹ erlaubt keine Antwort vom internen, sondern nur vom externen Standpunkt dem Roman gegenüber. (Für diese wichtige Unterscheidung vgl. Kap. 5.1–5.2, S. 99–110; unten in Abschnitt 3.2.2 wird die Frage nach möglichen Funktionen von Einbettungen vertieft werden.)

Ebenendifferenzierung

Die Rolle des fiktiven Erzählers

Wird in der Erzähltheorie das Konzept der narrativen Ebene erläutert, so geschieht dies meist unter Bezugnahme auf die Kategorie des fiktiven Erzählers. Anknüpfend an Genettes Einführung des Begriffs werden Ebenendifferenzierungen in Erzählungen im folgenden Sinne als Ergebnis des Auftretens von Erzählerinstanzen verstanden: Der fiktive Erzähler schafft durch seinen Ereignisbericht eine Erzählung mit zwei narrativen Ebenen, nämlich der des Erzählens selbst und der des Erzählten; wenn auf der letztgenannten Ebene eine Figur auftritt, die ihrerseits eine Erzählung hervorbringt, entsteht eine weitere Ebene; wenn auf dieser Ebene wiederum eine Figur auftritt, die eine Erzählung hervorbringt, entsteht noch eine weitere Ebene usw. (vgl. Genette 1983, S. 250; außerdem Nelles 2005, S. 134 f.; Lahn/Meister 2008, S. 79–83; Coste/Pier 2009, S. 295 f.).

Nimmt man weiterhin mit dem Großteil der Erzähltheoretiker an, dass jede fiktionale Erzählung über einen fiktiven Erzähler verfügen muss, so muss man annehmen, dass jede fiktionale Erzählung über eine entsprechende Einbettungsstruktur verfügt: die Ebene des fiktiven Erzählers und die des (von diesem) Erzählten. In der

Eingangspassage von *Der Große Bagarozy* gäbe es mithin drei Ebenen: (1) die des fiktiven Erzählers, der von Nagy erzählt, also die Ebene seines Erzählaktes; (2) die Ebene, auf der Nagy erzählt; und (3) die Ebene, von der er erzählt.

Die Annahme, jede fiktionale Erzählung müsse über einen fiktiven Erzähler verfügen, wurde in Kapitel 2.2.1 zurückgewiesen. Wir können daher festhalten:

Erstens verfügt jede fiktionale Erzählung nur über mindestens *eine* Erzählebene, nicht über zwei (vgl. S. 78).

Zweitens sind Autor oder Autorin für die Komposition des Erzählwerkes verantwortlich – und damit auch für die Frage, ob es im Text Einbettungsstrukturen gibt oder nicht.

Drittens kann die *fiktive* Einbettungssituation unterschiedlich – und unterschiedlich klar – ausgestaltet sein: Manchmal kennen wir den fiktiven Autor einer eingebetteten Erzählung und manchmal nicht (Letzteres ist der Fall bei den Zeitungsschnipseln in *Der Große Bagarozy*, vgl. oben, S. 82), manchmal werden in der Rahmenerzählung Zeit und Ort des Erzählens der Binnenerzählung spezifiziert und manchmal nicht, manchmal haben wir es mit einem mündlichen Erzählakt zu tun und manchmal nicht usw.

(c) Da die bislang betrachteten Beispiele andere Schlüsse nahelegen könnten, sei betont, dass einbettende Erzählungen die eingebetteten natürlich nicht im buchstäblichen Sinne einrahmen müssen. Der Unterscheidung zwischen Rahmen- und Binnenerzählung liegt nicht die Frage nach der Erzählreihenfolge, sondern die nach den Einbettungsverhältnissen in Erzählungen zugrunde. Dass diese beiden Aspekte nicht miteinander zur Deckung kommen müssen, zeigen Texte, die mit Erzählungen einsetzen, von denen sich später herausstellt, dass sie Bestandteil des Erzählten anderer, übergeordneter Erzählungen sind. Ein Beispiel ist E. T. A. Hoffmanns berühmtes Werk *Der Sandmann* aus seiner 1816/17 erschienenen Erzählungssammlung *Nachtstücke*. Der Text beginnt mit einem kurzen, ohne einleitende Hinweise dargebotenen Briefwechsel zwischen den Figuren Nathanael, Clara und Lothar. Erst im Anschluss an drei Briefe, die von beunruhigenden früheren und jüngeren Erlebnissen Nathanaels handeln, meldet sich ein Erzähler zu Wort, der erläutert, dass er die Schreiben und die in ihnen entwickelten Erzählungen seinem Bericht vorangestellt hat, um einen *»Umriss des Gebildes«* zu vermitteln, *»in das ich nun erzählend immer mehr und mehr Farbe hineinzutragen mich bemühen werde«* (Hoffmann 1816, S. 19).

Erzählreihenfolge

Einbettungsverhältnisse

Bei manchen Texten besteht die entscheidende Pointe gerade darin, dass erst ganz am Ende das Vorhandensein einer Rahmenerzählung erkennbar wird, durch die sich alle vorangegangenen Schilderungen als Binnenerzählungen erweisen und in neuem Licht erscheinen. In entsprechender Weise ist etwa Ian McEwans Roman *Abbitte* von 2001 aufgebaut (vgl. McEwan 2001): Hier wird erst im kurzen Schlussteil offengelegt, dass es sich bei der zuvor erzählten Dreiecksgeschichte um Liebe, Verrat und Abbitte nicht, wie es zunächst den Anschein hat, um einen neutralen Bericht handelt, sondern um die Darstellung einer der drei Hauptfiguren, in der von den tatsächlichen fiktiven Ereignissen in signifikanter Weise abgewichen wird.

Terminologische Alternativen

Weite Verbreitung haben innerhalb der Narratologie die Ausdrücke gefunden, die Genette im *Diskurs* zur Ebenenbezeichnung eingeführt hat. Er unterscheidet zwischen der *extradiegetischen, intradiegetischen* und *metadiegetischen Ebene* von Erzählungen (vgl. Genette 1972, S. 163 f.). Hält man sich an die vorherrschende Verwendung der Terme, so lässt sich festhalten: Die extradiegetische Erzählung entspricht dem, was wir als Rahmenerzählung bezeichnen, die intradiegetische dem, was wir als Binnenerzählung bezeichnen, und die erste metadiegetische Ebene dem, was wir als Binnenerzählung zweiten Grades bezeichnen.

Mieke Bal hat im Rahmen ihrer Auseinandersetzung mit Genettes Modell vorgeschlagen, statt von einer *metadiegetischen* besser von einer *hypodiegetischen Ebene* zu sprechen, um so anzuzeigen, dass es sich um eine untergeordnete narrative Ebene handelt. Dieser Vorschlag ist immer wieder aufgegriffen worden (vgl. Bal 1981; Rimmon-Kenan 1983, S. 92–96).

Wolf Schmid unterscheidet zwischen der *Ebene des primären Erzählers*, der des *sekundären*, der des *tertiären* usw. Bei diesen Ebenen handelt es sich nach Schmid um Schichten der *Diegesis* (also der erzählten Welt), die er grundsätzlich von der *Exegesis* (also dem Erzählen) abgrenzt (vgl. Schmid 2005, S. 83–85).

William Nelles hat Genettes Sicht narrativer Ebenen zu differenzieren versucht und dabei unter anderem angeregt, zwischen *vertikaler* und *horizontaler* sowie zwischen *verbaler* und *modaler Einbettung* zu unterscheiden (vgl. Nelles 1997, S. 132 und 134). Seine Gegenüberstellung von vertikaler und horizontaler Einbettung entspricht unserer von unter- und nebengeordneter Einbettung. Seine Unterscheidung zwischen verbaler und modaler Einbettung erinnert an die oben angesprochene Möglichkeit, dass nicht alle eingelagerten Erzählungen in der fiktiven Welt eines Werks als Präsentationen eines tatsächlichen Geschehens verstanden werden müssen, sondern etwa auch geträumt, erdacht, gelesen o. Ä. sein können.

3.2.2 Verhältnisse zwischen den Erzählebenen

Größeres Interesse als die Frage, was unter Erzählebenen im Allgemeinen zu verstehen ist, hat in der Narratologie die Frage gefunden, wie sich die Beziehungen zwischen einbettenden und eingebetteten Erzählungen im Einzelnen ausgestalten und beschreiben lassen. Seit Eberhard Lämmerts *Bauformen des Erzählens* (vgl. Anhang, S. 174) sind zur Bestimmung der Möglichkeiten, Schichten oder Stränge von Erzählungen aufeinander zu beziehen, verschiedene Modelle entwickelt worden, die vor allem den Funktionen nachgehen, die Einbettungen in Erzählungen zukommen können (vgl. etwa Genette 1972, S. 166 f.; 1983, S. 254 f.; Barth 1981; Nelles 1997, Kap. 5). Das Verhältnis zwischen eingebetteten und einbettenden Erzählungen soll hier etwas allgemeiner betrachtet und abschließend sollen einige wesentliche Hinsichten und Spielarten seiner Ausgestaltung vorgestellt werden. Der Einfachheit halber sprechen wir dabei zumeist nur vom Verhältnis zwischen Binnen- und Rahmenerzählung.

Ontologische Beziehung zwischen Binnen- und Rahmenerzählung

(a) Grundlegend für eine Bestimmung des Verhältnisses zwischen narrativen Ebenen ist die Frage nach der ontologischen Beziehung zwischen Binnen- und Rahmenerzählung, also die Frage, ob sich beide auf dieselbe oder auf unterschiedliche Welten beziehen. Von derselben Welt handeln Binnen- und Rahmenerzählung etwa in den betrachteten Fällen aus *Wilhelm Meisters Lehrjahre* oder *Der große Bagarozy*. Auf eine ontologisch anders geartete Welt als die der Rahmenerzählung beziehen sich demgegenüber die Binnenerzählungen in Tiecks *Phantasus* wie beispielsweise die Märchennovelle *Der blonde Eckbert*, über die ihr fiktiver Verfasser Anton stolz anmerkt: *»Ich darf sie [...] wohl für meine Erfindung ausgeben, da ich mich nicht erinnere, eine ähnliche Geschichte anderswo gelesen zu haben«* (Tieck 1812, S. 50).

Zeitliches und handlungsbezogenes Verhältnis

Sofern die Binnen- und Rahmenerzählung von derselben Welt handeln, liegen zwei Anschlussfragen nach der genauen Natur der Beziehung nahe, die zwischen den in ihnen dargestellten Ereignissen besteht, nämlich die nach deren zeitlichem und die nach deren handlungsbezogenem Verhältnis.

In *zeitlicher* Hinsicht ist es sinnvoll, im Anschluss an Genette drei Grundformen der Verhältnisgestaltung zu unterscheiden (vgl. Genette 1972, S. 154–159):

Erstens kann das Geschehen der Binnenerzählung dem der Rahmenerzählung vorausliegen. Dies gilt beispielsweise für den *Zauberberg*, wo die Handlung der eingebetteten Erzählung in der einbettenden ausdrücklich als »lange her« (vgl. Kap. 3.2.1, S. 80) eingestuft wird.

Zweitens können die Ereignisse, von denen die Binnenerzählung berichtet, gleichzeitig mit denen stattfinden, die in der Rahmenerzählung geschildert werden. Entsprechend ist das zeitliche Verhältnis der beiden Erzählebenen etwa in der folgenden Passage aus Ernst Weiß' Roman *Der arme Verschwender* gestaltet; hier wechselt der fiktive Erzähler zunächst von der Binnenerzählung, in der er seine Lebenserinnerungen ausbreitet, zur Rahmenerzählung, in der er über das Schreiben seiner Lebenserinnerungen spricht, um anschließend wieder zur Binnenerzählung zurückzukehren:

> *Ich schlief nicht. [...] Ich dachte an alles, ich dachte auch an diese Aufzeichnungen. Ich bin jetzt am Beginn des siebenten Kapitels. Ich überlegte, wieviel ich noch zu schreiben, das heißt zu leben hätte, und glaubte, es müssen zumindest noch fünf sein, also zwölf im ganzen. [...] Ich wurde aber müde, die Gedanken verschwammen ...* (Weiß 1936, S. 382)

Drittens schließlich kann das Geschehen der Binnenerzählung dem der Rahmenerzählung auch nachfolgen. In diesem Fall entwickelt die eingebettete Erzählung eine mögliche Zukunft der Handlung der einbettenden Erzählung. Dies geschieht z. B. in Hölderlins Roman *Hyperion*; hier berichtet der titelgebende Held von einem Gespräch mit seiner Geliebten Diotima, in dem diese ausruft: »*Ich fürchte für dich, du hältst das Schicksal dieser Zeiten schwerlich aus. Du wirst noch mancherlei versuchen, wirst – / O Gott! Und deine letzte Zufluchtsstätte wird ein Grab sein!*« (Hölderlin 1798, S. 84 f.).

Zusammenhang zwischen dem Erzählten von Binnen- und Rahmenerzählung

Wenn sich Binnen- und Rahmenerzählung auf dieselbe Welt beziehen, bedeutet das natürlich nicht notwendigerweise, dass das in ihnen jeweils Dargestellte miteinander sinnhaft verknüpft ist (vgl. Kap. 3.1.2). Oftmals lässt sich aber ein handlungsbezogener Zusammenhang zwischen dem Erzählten von Binnen- und Rahmenerzählungen erkennen, der im Einzelnen unterschiedlich auszusehen vermag. Zumeist tragen die Ereignisse der Binnenerzählung zur Erklärung und damit zum Verständnis der Vorkommnisse der Rahmenerzählung bei: So kann eine eingebettete Erzählung zur Geschichte der einbettenden Erzählung beispielsweise eine mehr oder weniger direkte Vorgeschichte und insofern eine kausale Erklärung liefern. Ein entsprechender Fall findet sich in Tiecks erwähntem *Phantasus*-Märchen *Der blonde Eckbert*: Hier berichtet Eckberts Frau Bertha in einer Binnenerzählung zweiten Grades von ihrer Jugendzeit und so zugleich – ohne es zu ahnen – von den Hintergründen des unglücklichen Endes der Geschehnisse, die in der Binnenerzählung geschildert werden. Ganz entsprechend können eingebettete Erzählungen vernachlässigte Stränge der Handlung der einbettenden Erzählung darstellen. Ein handlungsbezogener Zusammenhang liegt aber auch dann vor, wenn in einer Binnenerzählung die Überzeugungen, Wünsche und Befürchtungen von Figuren der Rahmenerzählung präsentiert und so intentionale Erklärungen für ihr Agieren in deren Handlung entwickelt werden. In diesem Sinne trägt die erwähnte Kurzerzählung Diotimas dazu bei, dass sich ihre anschließende Trennung von Hyperion nachvollziehen lässt.

Thematischer Zusammenhang

(b) Unabhängig davon, ob Binnen- und Rahmenerzählung in einem Werk von derselben Welt handeln oder nicht, kann zwischen ihnen ein thematischer Zusammenhang bestehen. Und wie ein Blick in die Geschichte des literarischen Erzählens lehrt, machen mehrschichtige Erzählungen vielfach von dieser Möglichkeit Gebrauch, d. h., sie behandeln in ihren Einbettungen in korrespondierender bzw. kontrastierender Weise die gleichen oder verwandte Fragestellungen. Zur Veranschaulichung sei noch einmal auf Goethes *Wilhelm Meisters Lehrjahre* verwiesen: Hier wird in der Binnenerzählung wie in der Rahmenerzählung das Problem der Bildung ins Zentrum gestellt, Letztere schildert die männliche Entwicklung Wilhelms, Erstere die weibliche Entwicklung der »schönen Seele«. Ähnliche Beispiele finden sich in vielen Novellenzyklen in der Nachfolge von Boccaccios *Decamerone*.

Abb. 7: Winsor McCay: Little Sammy Sneeze. 1905.

Spiele mit den Erzählebenen

In der modernen Literatur werden Ebenenuntergliederungen in Erzählungen oft zum Bezugspunkt für Erzählweisen, die mit den Möglichkeiten der Vorstellungsbildung von Rezipientinnen und Rezipienten spielen. Die meistbeachtete dieser Erzählweisen ist eine narrative Figur, die mit Genette als ›Metalepse‹ bezeichnet wird (vgl. Genette 1972, S. 167 f.; zur Analyse des Konzepts vgl. Klauk/Köppe 2017c). Eine Metalepse liegt dann vor, wenn ein Zusammenhang zwischen zwei narrativen Ebenen hergestellt wird, der mit der zunächst etablierten Beziehung zwischen ihnen nicht vereinbar ist. In der Erzählforschung spricht man darum auch von einem »narrativen Kurzschluss« oder einer »transgressiven Grenzverletzung« (vgl. z. B. Herman 1997; Wolf 2005; Pier 2009).

Metalepse

Entsprechende Verletzungen von zunächst etablierten Ebenengrenzen können ebenso von einer übergeordneten wie von einer untergeordneten Erzählebene aus erfolgen: Mit Metalepsen hat man es beispielsweise dann zu tun, wenn sich in Flann O'Briens Roman *In Schwimmen-Zwei-Vögel* die verschiedenen Figuren eines Schriftstellers treffen, um eine Rebellion gegen ihren Erfinder zu beginnen (vgl. O'Brien 1939), oder wenn sich in Daniel Kehlmanns Roman *Ruhm* eine todkranke Figur plötzlich an den Erzähler ihrer Geschichte wendet, um die Möglichkeit eines Happy Ends zu erörtern: »*Gibt es keine Chance, fragt sie mich. Es liegt doch alles in deiner Hand. Laß mich leben!*« (Kehlmann 2009, S. 64) Eine metaleptische Struktur ergibt sich aber auch, wenn der Autor bzw. Erzähler einer erfundenen Geschichte mit seinen Figuren in Verbindung tritt, wie etwa in Helmut Kraussers Roman *UC*, in dem einem der Charaktere von seinem Erfinder am Telefon mitgeteilt wird, er dürfe ihn »Helmut« nennen (Krausser 2003, S. 475).

Die Metalepse ist ein im literarischen Erzählen seit den 1960er Jahren ausgesprochen populäres Verfahren. Als narrative Figur hat sie freilich eine schon in der Antike einsetzende Geschichte (vgl. Matzner/Trimble 2020) und kommt auch in visuellen oder audiovisuellen Medien vielfach zum Einsatz (vgl. dazu etwa Wolf 2005). Ein frühes Beispiel für eine Metalepse in einer Bildergeschichte findet sich in der Reihe *Little Sammy Sneeze* (1904–06) des Comic-Pioniers Winsor McCay. Die kurzen Episoden der Reihe erzählen in immer neuen Varianten davon, wie ein Junge namens Sammy niesen muss und hierdurch mehr oder weniger großen Schaden anrichtet. In der abgebildeten Episode (Abb. 7) betrifft dieser Schaden allerdings nicht nur die Ebene der Handlung, sondern auch die ihrer Darstellung – die Niesattacke lässt die Panelrahmung des Comics zerbrechen und auf den bekümmert dreinblickenden Sammy stürzen.

Eine weitere populäre Form des Spiels mit Ebenen und Ebenenbeziehungen in Erzählungen besteht in der narrativen Ausgestaltung einer Figur, die im Anschluss an André Gide als *mise en abyme* (etwa: ›In-den-Abgrund-Setzen‹) bezeichnet wird. Von einer Mise en abyme wird allgemein dann gesprochen, wenn sich markante

Mise en abyme

Merkmale, die ein sprachliches, bildliches oder anderes Artefakt im Ganzen aufweist, auch in einzelnen seiner Teile wiederfinden lassen (vgl. Wolf 2001, S. 442 f.). So handelt etwa Ludwig Tiecks Stück *Der gestiefelte Kater* von der – im heillosen Durcheinander endenden – Aufführung eines Stücks mit dem Titel *Der gestiefelte Kater* (vgl. Tieck 1797). Eine besonders abgründige narrative Variante des In-den-Abgrund-Setzens ergibt sich, wenn sich in einem Text zwei Erzählungen wechselseitig einzubetten scheinen. Ein Beispiel hierfür liefert Paul Austers Roman *Reisen im Skriptorium*: Die Rahmenerzählung des Romans handelt von einem alten Mann, Mr. Blank, der ohne Erinnerung in einem verschlossenen Raum sitzt. Hier liest und schreibt er und bekommt gelegentlich Besuch von Personen, die behaupten, für ihn gefährliche Aufträge ausgeführt zu haben (es handelt sich durchweg um Figuren aus anderen Auster-Romanen). Am Ende der Handlung beginnt Blank ein Manuskript zu lesen, das er auf seinem Tisch findet; die Binnenerzählung, die nun folgt, entspricht wörtlich dem Anfang der Rahmenerzählung, die den Roman eröffnet, also dem Beginn seiner eigenen Geschichte: *»Der alte Mann sitzt auf der Kante des schmalen Betts, die Hände gespreizt auf den Knien, den Kopf gesenkt [...]«* (Auster 2006, S. 169).

4 Fiktive Erzählwelten

In Kapitel 2.2 haben wir bereits auf die Unterscheidung zwischen fiktionalen Erzähltexten einerseits und fiktiven Erzählwelten andererseits aufmerksam gemacht. Die Rede von einer fiktiven Erzählwelt ist eine sprachliche Abkürzung dafür, dass man im Umgang mit fiktionaler Literatur dazu aufgefordert wird, sich Gegenstände, Sachverhalte, Ereignisse usw. vorzustellen. Kendall Walton folgend haben wir unterschieden zwischen jenen vorzustellenden Dingen, die den ›Kern‹ des Dargestellten ausmachen (*work world*), und der weitergehenden (u. a. diesen Gehalt näher ausgestaltenden) Imaginationstätigkeit individueller Leserinnen und Leser (*game world*). Den Ausdruck fiktive Erzählwelt reservieren wir für den erstgenannten ›Kern‹ des Gehalts eines fiktionalen Erzählwerks. Im Anschluss an Gérard Genettes Arbeiten wird dieser Gehalt auch als ›Diegese‹ bezeichnet.

Fiktive Erzählwelt

Diegese

In diesem Kapitel nehmen wir die für die Erzähltextanalyse wichtige Unterscheidung verschiedener Standpunkte fiktionalen Texten gegenüber (Kap. 4.1) sowie bestimmte Aspekte fiktiver Erzählwelten (Kap. 4.2) noch genauer in den Blick.

4.1 ›Interner‹ und ›externer‹ Standpunkt

Beim Lesen fiktionaler Erzählwerke kann man zwei grundsätzlich voneinander verschiedene Standpunkte einnehmen: Man kann sie einerseits als *Texte* betrachten, die es in unserer Welt gibt, die über bestimmte sprachliche (syntaktische, stilistische, semantische, intertextuelle u. a.) Eigenschaften verfügen und die uns zu einer regelgeleiteten Vorstellungsaktivität einladen. (Analoges gilt für andere Medien wie etwa den Film, insofern diese fiktional sind.) Andererseits können wir uns in unserer Vorstellung den von diesen Texten behandelten Sachverhalten in vielerlei Hinsicht genauso widmen, als handele es sich um reale Sachverhalte. Peter Lamarque folgend unterscheiden wir entsprechend zwischen einem *internen* und einem *externen* Standpunkt (*point of view*) dem Erzählwerk gegenüber (vgl. Lamarque 1996, S. 2).

Interner und externer Standpunkt

Ein Beispiel kann veranschaulichen, was es mit dieser Unterscheidung in Bezug auf die Erzähltextanalyse auf sich hat. Das 1910 veröffentlichte Buch *Die Aufzeichnungen des Malte Laurids Brigge* von Rainer Maria Rilke beginnt folgendermaßen:

11. September, rue Toullier.

> *So, also hierher kommen die Leute, um zu leben, ich würde eher meinen, es stürbe sich hier. Ich bin ausgewesen. Ich habe gesehen: Hospitäler. Ich habe einen Menschen gesehen, welcher schwankte und umsank. Die Leute versammelten sich um ihn, das ersparte mir den Rest.* (Rilke 1910, S. 7)

Nehmen wir gegenüber Rilkes Text einen ›externen‹ Standpunkt ein, so können wir beispielsweise fragen, welche eigenen Erfahrungen Rilkes in *Die Aufzeichnungen des Malte Laurids Brigge* verarbeitet wurden, wie der Text komponiert ist, über welche sprachlichen Besonderheiten er verfügt, welcher Gattung er zugehört, welche literaturgeschichtliche Bedeutung er hat und dergleichen mehr. Wenden wir uns Rilkes *Aufzeichnungen des Malte Laurids Brigge* dagegen vom ›internen‹ Standpunkt aus zu, so können wir beispielsweise fragen, welche Erfahrungen Malte in der Großstadt macht oder in welcher Weise sich in den fragmentarischen Aufzeichnungen die Persönlichkeit Maltes ausdrückt. Wir behandeln den Protagonisten aus der internen Perspektive also als eine Person, die ebenso real ist wie wir selbst und entsprechend über personentypische Eigenschaften verfügt. Und da die zitierte Passage aus *Die Aufzeichnungen des Malte Laurids Brigge* die Form eines fiktiven Tagebuchs hat, können wir natürlich auch vom internen Standpunkt aus Überlegungen zu sprachlichen Besonderheiten anstellen – und uns fragen, über welche stilistischen Eigenschaften Maltes Tagebucheintrag verfügt. (Wohlgemerkt: In der fiktiven Erzählwelt von *Die Aufzeichnungen des Malte Laurids Brigge* gibt es Rainer Maria Rilke nicht; Autor des Tagebuchs ist Malte Laurids Brigge.) Tagebuchfiktionen wie diese zeichnen sich allgemein dadurch aus, dass wir die Sätze des fiktionalen Erzähltextes nicht nur zum *Anlass* nehmen, uns bestimmte Dinge vorzustellen, sondern dass wir uns auch *von* den Sätzen des Textes vorstellen, es handele sich um die Aufzeichnungen des Tagebuchschreibers (vgl. Walton 1990, S. 354).

Wie das Beispiel von Rilkes *Die Aufzeichnungen des Malte Laurids Brigge* zeigt, sind sowohl die ›interne‹ als auch die ›externe‹ Perspektive auf fiktionale Erzähltexte für ein Verständnis fiktionaler Erzählliteratur wesentlich. Ein großer Teil der affektiven und volitiven, also willentlichen, Anteilnahme an fiktionalen Erzählungen verdankt sich der internen Perspektive: Wer Mitleid hat mit Butler Stevens aus Kazuo Ishiguros Roman *Was vom Tage übrig blieb* oder von Entsetzen gepackt wird angesichts des Schicksals Iwan Iljitschs (aus Tolstois *Der Tod des Iwan Iljitsch*) oder wer das Bedürfnis verspürt, Gregor Samsa aus Kafkas *Die Verwandlung* zu helfen, hat in seiner Vorstellung nicht allein

Affektive und volitive Anteilnahme

Kenntnis der Schicksale von Stevens oder Iwan oder Gregor, sondern ist berührt bzw. emotional bewegt, vielleicht zum Handeln motiviert usw. Solche Beispiele mögen auch zeigen, dass vorgestellte Sachverhalte (ein bedauerliches Schicksal, ein schrecklicher Tod, ein Leben in Unterdrückung) in ihrer Wirkung auf uns in manchen Hinsichten kaum weniger intensiv sein mögen als für real gehaltene Sachverhalte (vgl. Walton 1990, Kap. 7.5).

Narratologische Analysen verdanken sich bald der ›internen‹ und bald der ›externen‹ Perspektive. Im Rahmen der Figurenanalyse etwa kann sowohl untersucht werden, mit Hilfe welcher (narrativer) Strategien eine Figur entworfen ist, als auch, ob ihr Verhalten moralisch richtig ist oder auch Mitleid rechtfertigt (vgl. Kap. 5); die erstgenannte Frage betrifft den ›externen‹ Standpunkt, die letztere den ›internen‹.

4.2 Was ist der Fall in einer fiktiven Erzählwelt?

Kein Erzähltext kann alle Eigenschaften fiktiver Gegenstände, Personen, Situationen und Sachverhalte spezifizieren. Damit ergibt sich die Frage, was genau in der fiktiven Welt eines Werkes der Fall ist, wenn eine explizite (und zuverlässige) Beschreibung des in Rede stehenden Gegenstands oder Sachverhalts fehlt. Diese Frage können wir einerseits in Bezug auf triviale Sachverhalte stellen (›Welche Haarfarbe hat Sherlock Holmes?‹) und in der Folge getrost vernachlässigen. Andererseits bleiben in fiktionalen literarischen Texten auch zentrale und wichtige Aspekte der fiktiven Welt unbestimmt, d. h. solche, mit denen sich Interpreten typischerweise auseinandersetzen. So wurde beispielsweise diskutiert, ob Nathanael in E. T. A. Hoffmanns Erzählung *Der Sandmann* die ihn so erschreckenden Vorgänge als Symptome psychischer Instabilität nur imaginiert oder nicht (vgl. Detel 2016, Kap. 2.1). Die Beantwortung dieser Frage hat einen wesentlichen Einfluss beispielsweise darauf, als wie realistisch der Text eingeschätzt wird (vgl. unten Kap. 5.2), wie Motivstruktur und Handlung aufzufassen sind (vgl. Kap. 3.1), ob Nathanaels Bericht als zuverlässig gelten kann (vgl. Kap. 9) oder was die thematische Aussage der Erzählung ist.

Gibt es eine allgemeine Regel, nach der fiktive Welten auszugestalten sind? In Narratologie, Literaturtheorie und philosophischer Ästhetik sind insbesondere die folgenden zwei Prinzipien zur Beantwortung der Frage diskutiert worden, was in einer fiktiven Welt über das explizit im Text Genannte hinaus der Fall ist. Diese Positionen werden hier in möglichst allgemeinen Formulierungen wiedergegeben (vgl. New 1999, S. 108–114; Zipfel 2001, S. 84–88; die eingehendste Diskussion findet sich in Walton 1990, Kap. 4):

Realitätsprinzip

Das sogenannte Realitätsprinzip (*reality principle*) besagt, dass wir uns bei der imaginativen Ausgestaltung einer fiktiven Welt an Annahmen über unsere Welt orientieren: Wir fragen uns, was in unserer Welt der Fall wäre, wenn diese so aussähe wie vom fiktionalen Text beschrieben. (Ein verwandtes Prinzip ist in der Narratologie auch als *principle of minimal departure* populär geworden: Die fiktive Welt sollen wir uns so vorstellen, dass sie von unserer Welt so wenig wie möglich ›abweicht‹; vgl. Ryan 1980; grundlegend Lewis 1978.) Mit Bezug auf Nathanael aus *Der Sandmann* müssten wir uns also fragen, ob wir eine (reale) Person, auf die die Beschreibungen des Erzähltextes zutreffen, als psychisch gesund bezeichnen würden; bejahen wir dies, so würden wir dem Realitätsprinzip folgend auch Nathanael geistige Gesundheit attestieren.

Prinzip der geteilten Überzeugung

Das Prinzip der geteilten Überzeugung (*mutual belief principle*) besagt, dass in einer fiktiven Welt neben den vom Text explizit benannten auch die Dinge der Fall sind, von denen in der Entstehungszeit des Textes im Allgemeinen angenommen wurde, dass sie der Fall sind. Hier müssten wir uns also fragen, ob Nathanael zur Zeit Hoffmanns als geistig gesund bezeichnet worden wäre: Was immer zur Entstehungszeit des Werkes als der Fall angenommen wäre, wenn jemand oder etwas die (expliziten) Beschreibungen des Erzähltextes erfüllt, wäre dann auch in der fiktiven Erzählwelt der Fall.

Allgemeingültigkeit der beiden Prinzipien?

Beide Prinzipien haben gewisse Vorzüge. Sie haben jedoch auch bestimmte Schwächen, die an ihrer *Allgemeingültigkeit* – also an ihrer Eignung als allgemeingültige Prinzipien zur Ausgestaltung fiktiver Welten – zweifeln lassen. Schon die Tatsache, dass wir es mit zwei unterschiedlichen Prinzipien zu tun haben, die in Bezug auf ein fiktionales Werk unterschiedliche Empfehlungen machen können, lässt an der Allgemeingültigkeit zweifeln. Wir begnügen uns hier mit der Wiedergabe zweier Gegenbeispiele: Taucht in einem Märchen eine alte Frau mit Schlapphut auf, die ein merkwürdig riechendes Gebräu in einem Kessel zubereitet, so handelt es sich mit großer Wahrscheinlichkeit um eine Hexe (vgl. Walton 1990, S. 161). Das *reality principle* würde aber etwas anderes sagen: Da es in der Wirklichkeit keine Hexen gibt, wäre die fragliche Person lediglich jemand, der aussieht wie eine Hexe im Märchen und sich entsprechend verhält (vielleicht, weil sie vorhat, auf einen Maskenball zu gehen). Auch gegen die allgemeine Geltung des *mutual belief principle* lassen sich leicht Gegenbeispiele anführen: So können wir etwa annehmen, dass Personen, die in einer (unter realistischen Darstellungskonventionen konstruierten) fiktiven Welt leben, über ungefähr dieselben körperlichen Merkmale verfügen wie wir; ebendiese Annahme ist aber unvereinbar mit dem *mutual belief principle*, wenn es sich um Annahmen über Merkmale handelt, die zur Entstehungszeit des Textes unbekannt waren (etwa: dass wir eine bestimmte genetische Ausstattung haben). Wir stehen damit vor dem widersprüchlichen Befund, dass wir einerseits annehmen sollen, die fiktive Welt sei von fiktiven ›wirklichen‹ Personen bevölkert, das *mutual belief principle* diese Annahme aber blockiert.

Ästhetische Wertschätzung

Ein dritter Weg zur Bestimmung nicht explizit genannter fiktiver Tatsachen nimmt seinen Ausgang von der Annahme, dass fiktionale Erzählwerke Gegenstand ästhetischer Wertschätzung sein können (vgl. Bruhns/Klauk/Köppe 2020). Wenn wir die Konturen fiktiver Erzählwelten untersuchen, so die Grundidee, dann sind wir nicht in der Weise an der Aufdeckung von Tatsachen interessiert, wie das bei einer Untersuchung der Wirklichkeit der Fall sein mag. Vielmehr geht es darum, den Kunstcharakter des Werkes zu würdigen: Man bemüht sich darum, den Text so zu lesen, dass dessen ästhetische (Wert-)Eigenschaften deutlich hervortreten (und dies heißt: dass der Text als Gegenstand ästhetischer Wertschätzung erscheint). Am Beispiel von *Der Sandmann* kann das beispielsweise heißen, dass wir die Konturen der fiktiven Erzählwelt so beschreiben, dass im Text eine thematische Aussage – dies ist ein ästhetisch bedeutsamer Aspekt des Werkes – erkennbar wird. Von verschiedenen, angesichts des Textes möglichen Annahmen über fiktive Tatsachen sind also solche zu bevorzugen, die einen Beitrag zur Ausgestaltung eines solchen Themas leisten (vgl. Klauk/Klenner/Köppe 2020).

Die Suche nach einem übergeordneten, wirklich *allgemeingültigen* Prinzip, anhand dessen sich einwandfrei feststellen ließe, was in einer bestimmten fiktiven Welt der Fall ist, kann als gescheitert gelten (vgl. Walton 1990, S. 169; vgl. auch Köppe 2005). Bei der Beantwortung der Frage, was in einer fiktiven Welt der Fall ist, verlässt man im Übrigen – der oben entwickelten Konzeption von Narratologie entsprechend (vgl. Kap. 1.2) – das Feld der narratologischen Analyse im engeren Sinne und begibt sich auf das Gebiet einer allgemeineren Interpretation des Erzähltextes.

In der Fiktionstheorie wird manchmal die Frage aufgeworfen, ob es in fiktiven Erzählwelten so etwas wie eine Mischung fiktiver und realer Elemente gibt (vgl. Zipfel 2001, Kap. 3.4). Wenn Arthur Conan Doyles *Sherlock Holmes*-Geschichten in einer Stadt namens ›London‹ spielen – ist das dann jenes London, das wir als Hauptstadt Großbritanniens *in unserer Welt* kennen? Eine mögliche Antwort auf diese Frage besagt, dass uns die Geschichten zum einen dazu einladen, uns von London (der realen Stadt) vorzustellen, dass eine Person namens Holmes (jetzt oder in der Vergangenheit) in ihr lebt und wirkt. Der Autor nutzt für die Ausgestaltung der Erzählwelt zum anderen unser Wissen über London – indem er uns dazu auffordert, uns *von London* vorzustellen, dass sich an diesem Ort jene Ereignisse zutragen oder zugetragen haben, von denen der Erzähltext handelt. London tritt damit an die Seite des Erzähltextes als reales ›Requisit‹, das unsere Vorstellungsaktivität anleitet (vgl. Walton 1990, S. 106–117). Zu sagen, dass es reale Entitäten (wie London) ›in‹ fiktiven Welten ›gibt‹, ist dagegen wenig sinnvoll, insofern diese Formulierung suggeriert, eine fiktive Welt sei so etwas wie eine Box, in der sich außer Dingen, die es nicht gibt (Sherlock Holmes), auch Dinge, die es gibt (London), befinden könnten. Eigentlich geht es bei der Frage nach realen Elementen ›in‹ fiktiven Welten jedoch um Fragen nach dem Gegenstand dieser Vorstellungen (Sollen wir uns von einem realen Objekt etwas vorstellen?) sowie nach den Ursprüngen des Vorzustellenden (Ist ein reales Objekt verantwortlich dafür, dass wir uns bestimmte Dinge vorstellen sollen?).

Identität und Ontologie fiktiver Gegenstände

Philosophie der Literatur

In der Philosophie der Literatur (und in der allgemeinen Kunstphilosophie) werden eine Reihe spezifischer Fragen über die Natur und den Status fiktiver Gegenstände diskutiert, die hier zumindest erwähnt werden sollen.

Identität

Unter den Stichworten *Individuation* und *Identität* werden die Fragen behandelt, wann genau wir davon sprechen können, dass zwei fiktive Gegenstände miteinander identisch sind, d. h., wann es sich um denselben Gegenstand handelt (vgl. Lamarque 2010, S. 190–201; Reicher 2010). Diese Frage kann sich in Ausnahmefällen in Bezug auf einen einzelnen Erzähltext stellen; so werden in verschiedenen Episoden von Ernst Weiß' *Die Feuerprobe* Figuren dargestellt, von denen nicht klar ist, ob es sich um dieselbe fiktive Person handelt oder nicht (vgl. Müller/Tatzel 1998). Häufiger dürfte der Fall sein, dass wir uns beispielsweise fragen, ob die Figur in einer Verfilmung (noch) dieselbe Figur ist wie in der Romanvorlage. Eine Antwort hängt davon ab, was genau wir als Identitätsbedingungen von Figuren annehmen wollen; mögliche Kandidaten sind einerseits Eigenschaften, die sich dem ›internen‹ Standpunkt verdanken, und andererseits Eigenschaften, die sich dem ›externen‹ Standpunkt verdanken (vgl. Kap. 4.1). Zu den Problemen, die eine Theorie der Identität von Figuren lösen muss, gehört beispielsweise, dass es einerseits wünschenswert erscheint, der Identitätsrelation einen gewissen Spielraum zuzugestehen: Harry Potter im ersten Film der Reihe ist identisch mit Harry Potter im letzten Film, obwohl die fiktive Person eine bedeutende Entwicklung durchgemacht hat und keineswegs noch über dasselbe (interne oder externe) Eigenschaftsset verfügt; noch kniffliger sind Fälle, in denen zwei verschiedene Schauspieler die Rolle einer bestimmten fiktiven Person verkörpern (eine ganze Reihe von Schauspielern hat die Rolle des Geheimagenten James Bond verkörpert). Allerdings scheint es gewisse Grenzen zu geben, jenseits derer wir nicht mehr zu akzeptieren bereit sind, dass wir es mit ein und derselben (fiktiven) Person zu tun haben. Bei der narratologischen Analyse interessieren wir uns gleichwohl in aller Regel nicht für abstrakte Prinzipien der Figurenidentität, sondern vielmehr für konkrete Fragen, die etwa die Entwicklung einer Figur betreffen, oder für intermediale oder intertextuelle Vergleiche der Gestaltung von Figuren (vgl. Kap. 5).

Die *Ontologie* fiktiver Gegenstände befasst sich mit der Frage, um was für eine Art von Gegenständen es sich handelt. (Etwas präziser ausgedrückt lautet die Frage z. B.: Von was für Arten von Gegenständen muss man annehmen, dass es sie gibt, wenn man annimmt, dass es fiktive Personen gibt?) Dass diese Frage nicht trivial ist, geht aus der einfachen Beobachtung hervor, dass es sowohl (in einem jeweils bestimmten Sinne) plausibel ist, zu behaupten, dass es eine fiktive Person wie Hans Castorp gibt, als auch, dass es sie nicht gibt: Sowohl der Satz »Hans Castorp hat nie existiert« als auch der Satz »Hans Castorp hat mehrere Jahre im Sanatorium verbracht« scheint *prima facie* wahr zu sein. In der philosophischen Diskussion werden unter anderem die folgenden Optionen kontrovers diskutiert (vgl. Bruhns 2017):

Ontologie

- Es gibt unterschiedliche Arten von Existenz, und fiktiven Gegenständen kommt eine Art von Existenz zu, die gewissermaßen zwischen derjenigen von Gegenständen wie Menschen oder Autos und solchen Dingen liegt, die gar nicht existieren.
- Fiktive Personen existieren nicht.
- Fiktive Personen existieren als abstrakte Gegenstände (wie dies etwa auch Zahlen tun).

Jede dieser Optionen hat bestimmte Vor- und Nachteile. Diese Diskussion gehört jedoch eher in die Philosophie der Literatur als in die Narratologie; sie behandelt die (logischen oder ontologischen) *Voraussetzungen* unseres Sprechens über narrative Texte und nicht die Kategorien oder Begriffe selbst, die wir dabei benutzen.

In der Sprachphilosophie ist darauf hingewiesen worden, dass sich aus der Ontologie fiktiver Gegenstände knifflige Probleme für das Verständnis der Rede *über* Fiktionen (bzw. genauer: über Fiktives) ergeben (für eine Übersicht vgl. Werner 2014; für eine Diskussion am Beispiel der Motivierung vgl. Koch 2015, Kap. 4).

5 Figurenanalyse

Fiktionale Erzählmedien handeln meist in der einen oder anderen Weise von menschlichen (oder quasi-menschlichen) Akteuren. Das ist immer dann der Fall, wenn der Text eine Erzählinstanz repräsentiert (wenn es also einen fiktiven Erzähler gibt, vgl. Kap. 2.2.1); aber auch, wenn sich das Erzählte ohne vermittelnde ›Erzählstimme‹ gleichsam vor unserem geistigen Auge ausbreitet, haben wir es meist in der einen oder anderen Weise mit Menschen, ihren Erfahrungen und ihren Handlungen zu tun. Es ist auch plausibel anzunehmen, dass sich unser Interesse an fiktionalen Erzählwerken nicht zuletzt dem internen Standpunkt verdankt und, genauer, auf einem Interesse an den Schicksalen der in ihnen dargestellten fiktiven Personen beruht. Leserinnen und Leser haben zu allen Zeiten in den Anliegen und Problemen von Figuren ihre eigenen Probleme wiedererkannt. Figurendarstellungen werden in diesem Sinne bisweilen als ein Simulations- oder Experimentierfeld angesehen, in dem allgemeinmenschliche Möglichkeiten dargestellt werden (vgl. Lamarque/Olsen 1994, S. 265 f.; Klauk/Köppe 2010; Klauk 2011).

Figur

In diesem Kapitel stellen wir Grundzüge der Figurenanalyse dar. Der Ausdruck ›Figur‹ soll der Tatsache Rechnung tragen, dass uns die ›Bewohner‹ fiktiver Erzählwelten grundsätzlich auf zweierlei Weise gegeben sind (vgl. Kap. 4.1): Aus der ›externen‹ Perspektive betrachtet, haben wir es mit den auf bestimmte Weise konzipierten Darstellungsmitteln eines fiktionalen Mediums (Erzähltext, Spielfilm usw.) zu tun; aus der ›internen‹ Perspektive betrachtet, haben wir es dagegen mit realen Personen zu tun. Um das oben angeführte Beispiel erneut aufzurufen: »Malte« ist einerseits ein fiktionaler Eigenname aus Rilkes Erzähltext *Die Aufzeichnungen des Malte Laurids Brigge*; andererseits ist »Malte« aber auch der Name der Person, die am 11. September in der Pariser Rue Toullier ihre Aufzeichnungen beginnt.

Definition von ›Figur‹

Die folgende Definition versucht, dieser Unterscheidung von internem und externem Standpunkt Rechnung zu tragen: *Ein fiktionales Medium beschreibt genau dann eine Figur, wenn es zu der Vorstellung einlädt, dass das Beschriebene ein Mensch (oder ein quasi-menschlicher Gegenstand) ist.* Diese Definition lässt eine Reihe von Dingen offen: So können Figuren Bestandteile unterschiedlicher fiktionaler Medien sein (u. a. Texte, Filme, Hörspiele), und die Formulierung »beschreibt« lässt unbestimmt, auf genau welche Weise das Medium die Figur charakterisiert (vgl. Eder [u. a.] 2010, S. 30–38). Ferner bleibt offen, genau welche Attribute Menschen oder Personen auszeichnen (bzw. genau welche Attribute eine Beschreibung zu einer Menschen- oder Personen-Beschreibung machen). Den Verweis auf quasi-menschliche Gegenstände haben wir aufgenommen, weil in fiktionalen Medien natürlich nicht nur Menschen auftreten können, sondern auch sprechende und handelnde Tiere, Pflanzen, Roboter, Dämonen oder Ähnliches. Ist dies der Fall, so verfügen diese Wesen aber über Attribute (wie etwa das Sprechen oder Handeln), die sie als quasi-menschlich auszeichnen (vgl. auch Margolin 1995; Eder 2008, S. 61–69; Eder [u. a.] 2010, S. 6–10).

Das folgende Teilkapitel 5.1 stellt Grundzüge einer Figurenanalyse dar, die sich dem ›internen‹ Standpunkt verdankt, insofern es um die Beschreibung und Analyse personentypischer Merkmale geht; in Kapitel 5.2 erörtern wir Aspekte der Figurendarstellung, die sich dem ›externen‹ Standpunkt verdanken. Kapitel 5.3 widmet sich abschließend Funktionen von Figurendarstellungen.

5.1 Der ›interne‹ Standpunkt: Figuren als lebendige Wesen

Vom internen Standpunkt aus gesehen sind Figuren Lebewesen. Meist handelt es sich um Menschen, häufig um Personen, denen im Großen und Ganzen Eigenschaften zugesprochen werden können, wie wir sie auch uns selbst und unseren Mitmenschen zuerkennen. Dazu gehört insbesondere ein breites Spektrum äußerlicher und innerer (geistiger) Charakteristika, wie etwa die Fähigkeiten zu denken und zu empfinden, bestimmte Bedürfnisse und Absichten, daraus hervorgehendes (intentionales) Handeln, soziale Beziehungen usw. Fiktive Personen beschreiben und analysieren wir dementsprechend auch, aber nicht nur oder ausschließlich, mit denselben Begriffen und Verfahren, die wir heranziehen, wenn wir Personen in der Wirklichkeit verstehen wollen.

Diegetische Figurenanalyse

Da fiktive Figuren vom internen Standpunkt aus gesehen Bewohner einer fiktiven Welt sind und diese auch als ›Diegese‹ bezeichnet wird (vgl. Kap. 4), kann man die Untersuchung von Figuren als Personen auch als *diegetische Figurenanalyse* bezeichnen. Eine ausführliche Liste von Aspekten der diegetischen Figurenanalyse, aus der wir nachstehend wichtige Aspekte wiedergeben, hat Jens Eder in seinem Buch *Die Figur im Film* zusammengetragen (vgl. Eder 2008, Kap. 6; für eine Zusammenfassung analyseleitender Fragen vgl. ebd., S. 317–321):

- *Psychische Konstitution, Charakter:* Über welche Persönlichkeitsstruktur verfügt die Person? Was sind ihre Bedürfnisse, Prinzipien, Verhaltensdispositionen? Ist ihr Charakter eher statisch oder entwickelt er sich usw.?

- *Äußeres, Verhalten:* Wie sieht die Person aus? Über welche körperlichen Merkmale, welches Aussehen usw. verfügt sie? Wie agiert sie habituell und situativ usw.?
- *Mentales:* Was glaubt, denkt, fühlt, wünscht, plant, fürchtet usw. die Person in Bezug auf sich selbst und die Welt? Warum verfügt sie über diese Einstellungen? Was hält sie für wichtig, richtig, normal, geboten usw.? Wie ist das Verhältnis von bewussten und unbewussten Anteilen im Mentalen der Person usw.?
- *Soziale Beziehungen:* In welchen sozialen Beziehungen steht die Person? Wie verhält sie sich zu anderen usw.?
- *Sozialer Status, Habitus, Rollenproblematiken:* In welchen Umfeldern bewegt sich die Person? Welchen sozialen Status hat sie innerhalb eines Umfelds? Welche Rollen füllt sie aus, und wie verhält sie sich zu Rollenangeboten oder Rollenzwängen usw.?
- *Kultureller, gesellschaftlicher, historischer Hintergrund:* In welchen gesellschaftlichen, kulturellen und historischen Umfeldern bewegt sich die Person? In welcher Weise prägen oder beeinflussen diese Umfelder ihr Leben usw.?
- *Lebensgeschichtlicher Hintergrund:* Welche Selbst- und Fremdzuschreibungen gibt es in Bezug auf die Vergangenheit, Gegenwart und Zukunft der Person? Gibt es Entwicklungen usw.?

Diese Liste von Fragestellungen der diegetischen Figurenanalyse ist offen. Allgemein gilt, dass u. a. vom jeweils in Rede stehenden Medium abhängig ist, wie prominent Eigenschaften des jeweiligen Typs sind und ob sie überhaupt eine Rolle spielen (im Spielfilm ist das Äußere einer Person naturgemäß bestimmt; im Roman kann es weitgehend unbestimmt bleiben oder muss in seinen visuellen Qualitäten sogar unbestimmt bleiben). Auch Gattungs- und Genre-Konventionen sind wichtig. So wird beispielsweise im Bildungsroman die lebensgeschichtliche Entwicklung eines Individuums betont, im historischen Roman geht es um den Wandel geschichtlicher und gesellschaftlicher Zusammenhänge, bei denen Figurenkonstellationen oft nur einen exemplarischen Wert haben (vgl. dazu Kap. 5.2), und im Detektivroman stehen die psychische Konstitution eines Täters (seine Fähigkeiten zur Ausbildung bestimmter Motive, Pläne, Absichten) sowie die psychologische und kriminologische Kompetenz der Ermittlerin (ihre Kombinationsfähigkeit und ihr Einfühlungsvermögen) im Vordergrund.

Untersuchen wir eine Figur vom ›internen‹ Standpunkt aus (d. h., behandeln wir sie als Mensch bzw. Person), so stellt sich die bereits in Kapitel 4.2 allgemein aufgeworfene Frage nach den Konturen der fiktiven Erzählwelt: Von welchen Eigenschaften dürfen wir über das im Text explizit Gesagte hinaus annehmen, dass die in Rede stehende Person über sie verfügt?

Das *Prinzip der geteilten Überzeugung* (vgl. S. 94) verlangt eine konsequente ›Historisierung‹ der Erzählwelt: Wenn wir das Verhalten fiktiver Personen beschreiben und erklären, so müssen wir uns an die zur Entstehungszeit des Werkes allgemein geteilten Annahmen halten. Das *Realitätsprinzip* gestattet uns dagegen (grob gesagt), die Figur wie eine reale Person zu behandeln und entsprechend zu beschreiben (vgl. ebd.). Entsprechend können wir uns z. B. bei der Erklärung des Verhaltens der Person an den Erkenntnissen der Sozialpsychologie orientieren, denn hier werden allgemeine Erkenntnisse zum menschlichen Denken und Handeln systematisiert (vgl. z. B. Kunda 1999). Im Rahmen verschiedener literaturtheoretischer Strömungen werden bestimmte Bezugstheorien verwendet, in deren Licht bestimmte Aspekte der dargestellten Personen in den Vordergrund gerückt werden. Prominent sind etwa bestimmte Spielarten der psychoanalytischen Figurenanalyse oder Untersuchungen, die das soziale Geschlecht von Figuren oder ethische Gesichtspunkte charakterisieren (vgl. z. B. Lanser 1986; Phelan 2005; Birke/Butter 2010).

Bezugstheorien

Durch die Orientierung an unserem Alltagswissen oder die Wahl einer speziellen Bezugstheorie kann man sich mehr oder weniger weit von der im historischen Entstehungskontext des Textes angelegten Beschreibung der Figur entfernen. Ein plakatives Beispiel ist die Anwendung psychoanalytischer Kategorien auf Texte aus der Zeit vor der Entwicklung der Psychoanalyse. Solchen Interpretationen wird manchmal der Vorwurf gemacht, sie seien anachronistisch (vgl. Beardsley 1981, S. 246). Problematisch ist dieser Vorwurf schon deshalb, weil die Psychoanalyse – oder in neuerer Zeit z. B. Kognitionspsychologie oder Traumaforschung – anthropologische Konstanten zu beschreiben versuchen, die nicht erst ab einem bestimmten Datum gelten sollen. Generell ist zu beachten, dass mit der diegetischen Figurenanalyse unterschiedliche *Absichten* verfolgt werden können: Wenn man rekonstruieren möchte, wie Figuren zu ihrer Entstehungszeit wahrgenommen wurden oder wahrgenommen werden sollten, verfolgt man andere Ziele als mit einer Beschreibung von Figuren, die diese beispielsweise als besonders interessant, lehrreich oder ästhetisch bedeutsam erscheinen lassen. Die Wahl von Bezugstheorie und Beschreibungssprache hängt damit in erster Linie von den Interessen der Interpretierenden ab, und der Vorwurf des Anachronismus ist erst dann gerechtfertigt, wenn man sich einerseits zum Ziel gesetzt hat, das *historisch intendierte Verständnis* einer Figur zu rekonstruieren, und der Figur andererseits Eigenschaften zuschreibt, die nicht historisch verbürgt sind.

Anachronismus?

Affektive Anteilnahme

Fiktive Personen sind nicht nur Gegenstand unseres Nachdenkens und unserer Beurteilungen, sie sind auch Gegenstände affektiver Anteilnahme. Schon während des Lesens/Hörens einer Erzählung bilden wir typischerweise ein reiches Spektrum affektiver Einstellungen gegenüber fiktiven Personen aus, zu denen beispielsweise Bewunderung, Mitleid, Furcht oder Abscheu gehören mögen (für eine Übersicht vgl. Levinson 1997). Dabei kann man die Gefühle der Rezipientinnen und Rezipienten mit denen der Figuren vergleichen. Mögliche Relationen sind etwa *Projektion* (Leser übertragen ihre Gefühle auf Figuren), *Empathie/Simulation* (Leser übernehmen die Gefühle von Figuren) oder auch *Divergenzen* (Leser haben andere Gefühle als Figuren und reagieren z. B. mit Ärger auf deren Freude); zugleich entwickeln Leser normalerweise eine Reihe von Wünschen in Bezug auf das Schicksal der Figuren – etwa, dass es ihnen gut oder aber schlecht ergehen möge (vgl. zu diesen Möglichkeiten ausführlich Eder 2008, Kap. 13; außerdem Eder 2007).

Werden alle Figuren in gleichem Maße vom ›internen‹ Standpunkt aus gesehen und als fiktive Lebewesen wahrgenommen? Diese Frage müssen wir verneinen (vgl. Eder 2008, S. 143–145). Figuren können im Erzähltext nur skizziert sein, so dass unsere Vorstellungen von der Person stark unterdeterminiert sind – das gilt etwa für die Figuren, die im Film bloße Statisten sind oder die in einem Erzähltext die anonymen Mitglieder einer Menschenmenge ausmachen (vgl. die Rede von »Leuten« im oben, S. 92, zitierten Abschnitt aus Rilkes *Die Aufzeichnungen des Malte Laurids Brigge*). Bei manchen Figuren überwiegen symbolische Qualitäten, etwa dann, wenn in einer Erzählung die personifizierte Gerechtigkeit auftritt oder wenn Figuren stark karikiert sind. In Kapitel 9.3 wird auf Daniil Charms' experimentellen Text *Blaues Heft Nr. 10* eingegangen werden, in dem von einem »Rotschopf« die Rede ist, den man sich beim besten Willen nicht als fiktive Person vorstellen kann (wobei allerdings fraglich ist, ob dieser Text überhaupt noch als Erzählung einzustufen ist).

5.2 Der ›externe‹ Standpunkt: Figurendarstellung

Mittel der Figurendarstellung

Vom ›externen‹ Standpunkt aus gesehen ist die Figurenanalyse mit den sprachlichen (bzw. filmischen usw.) Mitteln der Figurendarstellung befasst. Gegenstand der Untersuchung können sowohl die (textuellen, filmischen usw.) Mittel der Figurendarstellung selbst als auch die übergreifende Figurenkonzeption sowie Funktionen der Figuren im Werkzusammenhang sein. Mit Eder unterscheiden wir im Folgenden zwischen übergreifenden Strukturen der Figurendarstellung und komplexen Figurenmodellen (vgl. einleitend zu diesen Unterscheidungen: Eder 2008, S. 322–324):

Übergreifende Strukturen der Figurendarstellung
Autorinnen und Autoren steht bei der Figurendarstellung das gesamte Repertoire unserer sprachlichen Ausdrucksmöglichkeiten zur Verfügung. Grundsätzlich kann wohl so gut wie jedes sprachliche Detail des Erzähltextes einen Beitrag zur Gestaltung einer Figur leisten, und die Systematisierung der Gestaltungsmittel und -strategien ist entsprechend schwierig. Die elementaren Mittel der Figurendarstellung weisen jedoch übergreifende Strukturen auf, die sich nach verschiedenen Kriterien sortieren lassen (vgl. zum Folgenden Eder 2008, S. 360–370; außerdem Jannidis 2004, S. 220 f.):

Grade der Direktheit

- *Grade der Direktheit:* Figuren können im Erzähltext zunächst einmal *direkt beschrieben* werden (*Peter war ein großer Mann von 35 Jahren, der regelmäßig zum Angeln zu gehen pflegte*). Figuren können aber auch *indirekt* charakterisiert werden, indem Dinge dargestellt werden, von denen sich Schlüsse auf die Eigenschaften der fiktiven Person ziehen lassen. So kann das Umfeld der fiktiven Person beschrieben werden, etwa das, was andere fiktive Personen über sie denken, oder das, was die Figur besitzt oder nicht besitzt. Der Vampir Dracula in Bram Stokers gleichnamigem Roman wird beispielsweise dann indirekt als furchteinflößend charakterisiert, wenn eines seiner Opfer bei seinem Anblick aufschreit. Die indirekte Beschreibung, das zeigt dieses Beispiel, erfordert einen mehr oder minder naheliegenden oder auch komplizierten Schluss auf relevante Eigenschaften der fiktiven Person. Liegt eine Person beispielsweise im Krankenhaus, so schließen wir schnell darauf, dass sie gesundheitliche Probleme hat; trägt sie, wie einer der Protagonisten aus Edgar Allan Poes Erzählung *Das Faß Amontillado*, eine Maurerkelle, so müssen wir über bestimmte Wissensbestände (in diesem Fall über das Freimaurertum) verfügen, um der fiktiven Figur bestimmte Eigenschaften zuschreiben zu können. Direkte und indirekte Charakterisierung gehen oft Hand in Hand: Im Fall der Figurenrede beispielsweise erfahren wir einerseits direkt, was die fiktive Person sagt; andererseits lassen sich aus dem Gesagten oft indirekte Schlüsse etwa auf ihre Absichten oder Wünsche oder ihren Charakter ziehen.

Ausführlichkeit

- *Ausführlichkeit:* Figuren können mehr oder minder ausführlich charakterisiert werden, wobei sich ›Ausführlichkeit‹ auf die Menge der Beschreibungen bezieht. Relevant ist dabei auch, ob sich *Aussparungen* (d. h. bestimmte Aspekte, die dezidiert nicht beschrieben werden) oder *Redundanzen* (d. h.

Aspekte, die mehrfach charakterisiert werden) finden; beides sind wichtige Mittel der Charakterisierung, die unsere Aufmerksamkeit auf die fraglichen Aspekte der fiktiven Person lenken.

- *Verteilung/Dichte/Reihenfolge:* Erzählungen schildern eine Abfolge von Ereignissen, die auf bestimmte Weise verknüpft sind. Für die Darstellung fiktiver Personen kann die Verteilung der Charakterisierungen im Erzählverlauf von Bedeutung sein, also etwa, ob eine Figur gleich zu Beginn der Erzählung eingeführt wird und dann nicht mehr in Erscheinung tritt oder ob sie bis zum Schluss präsent bleibt. Die Dichte der Charakterisierung betrifft die Frage, ob die fiktive Person ›geballt‹, d. h. gleichsam auf einmal, charakterisiert wird oder ob wir uns aus vielen Mosaiksteinchen ein Bild zusammensetzen müssen. Die Reihenfolge bestimmt, wie die Beschreibungen der fiktiven Person (nicht in Bezug auf den Erzähltext als Ganzes, sondern lediglich relativ zu anderen Beschreibungen der fiktiven Person) angeordnet sind; so können wir beispielsweise vom Äußeren der Figur zu ihrem Innenleben oder von einer indirekten Charakterisierung zu einer direkten geführt werden. Die Verteilung, Dichte und Reihenfolge der Charakterisierungen kann mehr oder minder markant oder eindeutig angelegt sein, außerdem sind die Charakterisierungsstrategien frei kombinierbar.

Verteilung

Dichte

Reihenfolge

- *Erzählebenen/Mittelbarkeit:* Komplexe Erzählungen können über verschiedene Ebenen verfügen (vgl. Kap. 2.4 und 3.2). Je nachdem, auf welcher Ebene etwas über eine fiktive Person ausgesagt wird, ändern sich der Grad der Mittelbarkeit und gegebenenfalls auch die Genauigkeit, Zuverlässigkeit und Perspektivierung des Mitgeteilten.

Erzählebenen / Mittelbarkeit

- *Perspektivierung:* Die Charakterisierung einer Figur kann sich einer mehr oder weniger klar identifizierbaren Perspektive verdanken (vgl. Kap. 8). In Thomas Manns Erzählung *Tristan* beispielsweise werden die Figuren ironisch dargestellt: Dr. Leander, der Leiter des Sanatoriums Einfried, wird folgendermaßen eingeführt:

Perspektivierung

> *Mit seinem zweispitzigen schwarzen Bart, der hart und kraus ist, wie das Roßhaar, mit dem man die Möbel stopft, seinen dicken, funkelnden Brillengläsern und diesem Aspekt eines Mannes, den die Wissenschaft gekältet, gehärtet und mit stillem, nachsichtigem Pessimismus erfüllt hat, hält auf kurz angebundene und verschlossene Art die Leidenden in seinem Bann […].* (Mann 1924, S. 5)

Für Ironie sorgt hier etwa der Kontrast zwischen dem wissenschaftlich Gebildeten, dessen Äußeres an tierisches »Roßhaar« erinnert, der Reduktion des

Äußeren der Figur auf nur wenige Merkmale und der Andeutung, dass der leitende Mediziner des Sanatoriums die Kranken weniger behandelt als vielmehr »in seinem Bann« hält (was an Magie erinnert und wiederum nicht recht zum Wissenschaftlichen passen möchte). Der Effekt einer Charakterisierung einer fiktiven Person in Abwesenheit lässt sich gut an George Orwells Roman *1984* studieren, in dem die Figur des »Big Brother« in Bildern einerseits omnipräsent und andererseits nie wirklich anwesend ist; das wirkt sich zum einen auf die Bedrohlichkeit der Figur aus, zum anderen werden natürlich auch thematische Aussagen über die Natur von Propaganda nahegelegt (vgl. Orwell 1949).

- *Zuverlässigkeit:* Die Figurencharakteristik kann im Kontext unzuverlässigen Erzählens stehen und insofern unterschiedliche Grade und Typen der Zuverlässigkeit bzw. Unzuverlässigkeit aufweisen (vgl. Kap. 9). Zuverlässigkeit
- *Kontext:* Auch der unmittelbare Kontext, in dem die Figurencharakteristik steht, kann diese beeinflussen. Literarische Erzählungen verfügen oft über einen komplexen Plot, in dem es Schlüsselszenen wie Konflikte oder einen Showdown gibt; andererseits kann es auch Abschweifungen geben, d. h. die Darstellung von Ereignissen oder Sachverhalten ohne Relevanz für den Plot. Durch einen direkten Bezug zum Plot kann die ›Dringlichkeit‹, d. h. Aufmerksamkeitslenkung, der Charakterisierung erhöht werden, während eine Charakterisierung im Kontext eines längeren Exkurses unter Umständen dazu führt, dass man der Figur eine eher unwichtige Rolle in der Handlung zuweist. Kontext

Figurenkonzeptionen

Aus den genannten Mitteln und Strukturen der Charakterisierung entstehen mehr oder weniger komplexe Figurenkonzeptionen, d. h. Weisen, in denen die Figur als Ganzes angelegt ist, und Gesichtspunkte, unter denen diese Konzeptionen beurteilbar sind. Sie lassen sich nach unterschiedlichen Gesichtspunkten klassifizieren, die wir wiederum der umfassenderen Darstellung von Eder entnehmen (vgl. Eder 2008, S. 389–399):

- *Komplexität:* Eine Figur kann mehr oder minder komplex angelegt sein (vgl. bereits Forster 1927, S. 46 f.). Kennzeichen von Komplexität sind u. a. eine große *Menge* von Eigenschaften, die der Figur zugeschrieben werden, aber auch deren *Beschaffenheit*: So wird eine fiktive Person, die über viele Facetten verfügt, von denen einige zudem als diachron (also im Zeitverlauf) *variabel* oder sogar als *inkohärent* oder *inkonsistent* erscheinen, vermutlich als komplexer wahrgenommen als eine fiktive Person, bei der all dies nicht der Komplexität

Fall ist. Die Komplexität einer Figur ist aber immer eine Frage der *Hinsicht* (eine fiktive Person kann in einer Hinsicht als komplex und in einer anderen Hinsicht als simpel erscheinen), des *Grades* (jemand oder etwas kann mehr oder weniger komplex sein), der *Vergleichsgröße* (verglichen mit Person B kann Person A als komplex erscheinen, verglichen mit Person C jedoch nicht) und der *Urteilsinstanz* (aus der Sicht von Person A kann jemand oder etwas als komplex erscheinen, aus der Sicht von Person B jedoch nicht). Entsprechend unscharf ist die Kategorie und entsprechend wenig aussagekräftig ist sie, wenn die genannten Parameter nicht bestimmt sind.

Typisierung / Individualisierung

– *Typisierung/Individualisierung:* Fiktive Personen können mehr oder weniger deutliche Züge einer Typisierung tragen, d. h., in der Konzeption kann ein bestimmtes Eigenschaftsbündel besonders hervorgehoben oder betont werden. Das bedeutet nicht, dass die der typisierten Figurenkonzeption entsprechende diegetische Figur nicht auch über sonstige (also untypische) Eigenschaften verfügen würde. Entscheidend ist, dass auf der Ebene der Darstellung bestimmte Eigenschaften hervorgehoben werden; so ist beispielsweise James Bond in Ian Flemings Romanen ein für das Genre durchaus typischer Agent, der abgesehen davon aber auch noch über weitere Eigenschaften gewöhnlicher Personen verfügt. Entsprechende Typisierungen sind in hohem Maße funktional, denn sie rufen bei Rezipienten schnell einschlägige Wissensbestände ab, was den vom Text erforderten Charakterisierungsaufwand reduziert (vgl. Eder 2008, S. 375). Die Typisierung einer Figur kann sich u. a. dem Genre oder auch unserem Alltag (oder zumindest unserer Welt) entnommenen Kategorisierungen verdanken. Sehr geläufige Fälle einer vom Genre abhängigen Typisierung finden sich etwa in Detektivromanen, in denen sich Kriminelle und Ermittler gegenüberstehen, oder in der Liebesgeschichte, in der die Liebenden trotz allerlei Verwicklungen schließlich zueinanderfinden. Figurenkonzeptionen können sich auch alltagsweltlichen Stereotypisierungen verdanken und beispielsweise Rollenstereotype (›die Hausfrau‹, ›die *femme fatale*‹, ›der zerstreute Professor‹) oder kulturelle, gesellschaftliche oder *gender*-bezogene Stereotype (›die Arbeitslose‹, ›der Macho‹) reproduzieren. Von einer in diesem Sinne ›stereotypen‹ Darstellung sprechen wir dann, wenn das relevante Eigenschaftsbündel der Figur auf Vorurteilen basiert, anscheinend unkritisch übernommen wurde oder kritisch gesehen werden sollte (vgl. Carroll 1998, S. 378). Neben der Reproduktion eines Stereotyps im Rahmen von Figurenkonzeptionen kann ein Erzähltext natürlich auch Typisierungen hinterfragen; in diesem Fall bleibt beispielsweise die Anspielung auf eine Typisierung bestehen, zentrale Elemente oder Eigenschaften derselben werden aber nicht bloß reproduziert, d. h. affirmativ oder als alternativlos dargestellt. Als Gegenpol der Typisierung kann man die *Individualisierung* bezeichnen; d. h. eine Figurenkonzeption, die ganz darauf angelegt ist, unverwechselbare Eigenheiten einer Figur herauszustellen (vgl. Eder 2008, S. 229 f.). Typischerweise entsprechen literarische Figuren weder dem einen noch dem anderen Pol in Reinform. Sie stellen vielmehr Mischformen dar – und wo genau eine Typisierung vorliegt und wo nicht, muss im Zuge einer Analyse herausgestellt werden.

– *Darstellungsbezogene Typisierung/Individualisierung:* Eine andere Form der Typisierung betrifft nicht die fiktiven Eigenschaften fiktiver Personen (und die Frage, woher die Kategorien stammen, unter denen sie erfasst werden können), sondern den Einsatz typischer oder untypischer *Darstellungsweisen* bzw. *-techniken* (vgl. Eder [u. a.] 2010, S. 38 f.). Hier kann man also beurteilen, ob die Figurenkonzeption als Ganzes oder einige ihrer Aspekte innovativ oder konventionell sind, wobei als Vergleichsgrundlage u. a. das Einzelwerk, das Gesamtwerk des Autors, die Gattung oder auch der literaturgeschichtliche Kontext dienen können.

Darstellungsbezogene Typisierung / Individualisierung

– *Bewertung:* Teil einer Figurenkonzeption kann eine bestimmte Bewertung derselben sein, d. h., eine Figur als Ganzes kann positiv oder negativ bzw. sympathisch oder unsympathisch gezeichnet sein (sie kann z. B. als Held oder Schurke angelegt sein) und ihren Rezipientinnen und Rezipienten entsprechende Urteile bzw. Rezeptionsweisen nahelegen.

Bewertung

– *Relevanz für die Handlung:* Figuren können in ihrer Beziehung zur Handlung untersucht werden. Üblich ist beispielsweise die Unterscheidung von Hauptfiguren, die die Handlung in entscheidender Weise beeinflussen, und Nebenfiguren, die dies nicht tun. Auch wird in klassischen formalistischen und strukturalistischen Modellen zwischen Protagonisten (Helden) und Antagonisten (Widersachern) unterschieden.

Relevanz für die Handlung

Hauptfiguren

Nebenfiguren

– *Dynamik:* Figuren können eher dynamisch oder eher statisch angelegt sein, d. h., die fiktive Person kann sich im Laufe einer Erzählung entwickeln oder nicht. Wesentlich für die Frage, ob wir es in einem bestimmten Fall mit einer eher dynamischen oder eher statischen Figur zu tun haben, sind die oben diskutierten übergreifenden Strukturen der Dichte, Verteilung und Reihenfolge der Charakterisierungen. In einem weiteren Sinne kann man auch das *Bild*, das sich Rezipienten im Laufe ihrer Lektüre von der Figur machen, auf seine Dynamik untersuchen (vgl. Eder 2008, S. 393 f.): Zur Konzeption mancher Figuren gehört, dass sich das Bild der Leser von der Figur im Laufe der Lektüre mehr oder minder radikal ändert. Ein Beispiel wird in Kapitel 9.1 diskutiert: In Agatha Christies Roman *Alibi* (*The Murder of Ro-*

Dynamik

ger Ackroyd) erfahren Leserinnen und Leser erst spät, dass Dr. Sheppard der Mörder ist, und damit ändern sich die der fiktiven Person zugeschriebenen Eigenschaften radikal.

Offenheit / Opazität

– *Offenheit/Opazität:* Mit diesen Kategorien soll erfasst werden, ob das Innenleben der Figuren geschildert (und somit unmittelbar zugänglich) ist oder nicht (vgl. Eder 2008, S. 394). Ist das Innenleben keiner der in einer Erzähltextpassage beschriebenen Figuren zugänglich, so ist die Passage *extern fokalisiert* (vgl. Kap. 8.1.2). Zu beachten ist wiederum, dass aus der Opazität nicht folgt, dass die in Rede stehende fiktive Person kein Innenleben hätte; die Kategorie bezieht sich vielmehr lediglich auf die Frage, ob entsprechende Schilderungen Teil der Darstellungsstrategie des *Textes* sind.

Ganzheitlichkeit / Fragment-Charakter

– *Ganzheitlichkeit/Fragment-Charakter:* Eine ganzheitliche Figur verfügt über alle Eigenschaften, die wir Personen normalerweise zuschreiben (vgl. Eder 2008, S. 394 f.). Am Schluss von Kapitel 5.1 haben wir aber bereits darauf hingewiesen, dass nicht alle Erzähltexte die Vorstellung autorisieren, dass wir es mit tatsächlichen Personen zu tun haben (und entsprechend eingeschränkt sind dann die Möglichkeiten einer diegetischen Figurenanalyse). Manche Charaktere sind vielmehr als fragmentarische angelegt und auf einzelne Eigenschaften oder Eigenschaftsbündel reduziert (dies beeinflusst dann wiederum den Realismus der Darstellung, vgl. S. 109 f.).

Figurenkonstellation

– *Figurenkonstellation:* Ein wichtiger Teil der Figurenkonzeption ist die sogenannte ›Figurenkonstellation‹. Erfasst werden damit die Position und der Stellenwert, die bzw. den einzelne Figuren relativ zu anderen Figuren einnehmen, sowie das gesamte System dieser Beziehungen (vgl. Eder 2008, S. 464–484). Auf allgemeinster Ebene arbeiten Figurenkonstellationen mit Korrespondenzen oder Kontrasten (vgl. Pfister 2001, S. 224–232; außerdem Titzmann 1993). Das bedeutet, dass die Figuren in Hinblick auf bestimmte Merkmale als ähnlich oder aber als verschieden konzipiert sind; entsprechend spricht man von Parallel- oder Kontrastfiguren. Wichtige Vergleichspunkte betreffen die Erzählebene, auf der die Figuren angesiedelt sind (vgl. Kap. 3.2); Aufmerksamkeitshierarchien (Wer ist Haupt-, wer Nebenfigur?) und Figurenkonzepte (Welche Figur ist komplexer, realistischer, individueller usw.?). Besonders vielfältig sind die Möglichkeiten des Vergleichs von fiktiven Personen und ihren Eigenschaften. Interessant sind beispielsweise die Werte oder Wertvorstellungen, für die die einzelnen Figuren stehen oder die sie vertreten. Mit Jens Eder (Eder 2008, S. 504 f.; vgl. auch Carroll 2002) können wir hier genauer unterscheiden zwischen der *Eindeutigkeit*, mit der bestimmte Figuren bestimmte Werte vertreten, sowie der *Zentriertheit* (Gibt es eine Zentralfigur, von deren Werten sich diejenigen der

Parallel- oder Kontrastfiguren

anderen Figuren absetzen bzw. um die herum sie angeordnet sind?), der *Bandbreite* der Werte insgesamt (Wie ist es um das Wertespektrum der Figuren bestellt?, Ähneln sie sich in ihren Wertvorstellungen mehr oder minder? usw.) sowie der *Abstufung* (Unterscheiden sich die Figuren in Hinblick auf ihre Werte polar oder graduell?). Weiterhin kann man prüfen, ob die Beziehungen zwischen den Figuren statisch oder dynamisch sind, und zwar wiederum einerseits in Bezug auf ihre Darstellungsweise und in Bezug auf die Wahrnehmung der Beziehungen durch Rezipienten.

Auch diese Liste von Gesichtspunkten zur Beschreibung übergreifender Figurenkonzeptionen ist offen. Deutlich ist zudem, dass die einzelnen Punkte auf der Liste in vielfachen Beziehungen zueinander stehen. Zum Beispiel ist anzunehmen, dass sich die Dynamik einer Figurenkonzeption auf deren Komplexität ebenso auswirkt wie auf den Realismus der Darstellung (vgl. Infokasten unten). Ziel der Figurenanalyse vom ›externen‹ Standpunkt ist es zu rekonstruieren, wie aus dem Einsatz elementarer Mittel der Figurendarstellung übergreifende Strukturen entstehen, die wiederum ein bestimmtes Figurenmodell verwirklichen und bestimmte Funktionen haben. Welche der Gesichtspunkte oder Konzepte für die Analyse der Figuren eines konkreten Erzähltextes brauchbar sind, hängt (natürlich) von der Beschaffenheit des in Rede stehenden Textes ab.

Konzeptionen des Realismus narrativer Darstellungen

Die Konzeption von Figuren als realistisch zu bezeichnen, ist ebenso geläufig, wie meist unklar bleibt, was ›realistisch‹ eigentlich heißen soll. Den Realismus einer narrativen Darstellung kann man an vielen verschiedenen Gesichtspunkten bemessen, und je nach zugrunde gelegter Konzeption kann eine bestimmte Erzählung als mehr oder weniger realistisch erscheinen. Eine erste Gruppe von Gesichtspunkten ist an der Beziehung zwischen fiktiver Welt und der Wirklichkeit orientiert (vgl. Walton 1990, S. 328 f.): Realismus

(a) Eine fiktionale Darstellung kann als realistisch gelten, wenn nichts oder nur weniges von dem, was in der fiktiven Welt der Fall ist, nicht in der Wirklichkeit der Fall ist oder der Fall sein könnte.

(b) Eine fiktionale Darstellung kann als realistisch gelten, weil vieles von dem, was in der Wirklichkeit möglich oder der Fall ist, auch in der fiktiven Welt möglich oder der Fall ist.

Ein Beispiel kann verdeutlichen, dass man anhand der genannten Konzeptionen zu unterschiedlichen Einschätzungen desselben Erzähltextes kommen kann. Die *Harry-Potter*-Romane von Joanne K. Rowling sind unrealistisch im Sinne von (a), dabei aber durchaus realistisch im Sinne von (b): Zauberei gibt es nicht in der Wirklichkeit, und sie ist naturgesetzlich unmöglich; an zentralen Stellen verstoßen die Romane damit gegen die Realismusforderung (a). Zugleich zeichnen sich die Romane jedoch dadurch aus, dass z. B. psychologische Gesetzmäßigkeiten genau beachtet werden. Das Handeln der Figuren ist hinsichtlich ihrer Ziele, Motive, Wünsche, Befürchtungen usw. vor dem Hintergrund ›alltagsweltlicher‹ Annahmen sehr gut verständlich. Damit erscheint eine Realismusforderung im Sinne von (b) durchaus als erfüllt – man kann bei der *Erklärung* der Handlungen vielfach davon absehen, dass es sich um Zauberei handeln mag.

Eine zweite Gruppe von Gesichtspunkten ist an rezipientenseitigen Faktoren orientiert, nämlich an der Vertrautheit mit den verwendeten Darstellungsmitteln oder Qualitäten der imaginativen Auseinandersetzung mit dem Dargestellten:

(c) Eine fiktionale Darstellung kann als realistisch gelten, wenn Rezipientinnen und Rezipienten mit den Darstellungskonventionen vertraut sind (vgl. Eder 2008, S. 388 u. ö.).
(d) Eine fiktionale Darstellung kann als realistisch gelten, wenn Rezipientinnen und Rezipienten zu besonders anschaulichen (u. a. affektiv getönten) Vorstellungsspielen eingeladen werden (vgl. Walton 1990, S. 327 f.).

Auch im Sinne von (c) und (d) können die *Harry-Potter*-Romane als realistisch gelten – und zwar selbst in Bezug auf die Zauberei: Denn die *Darstellung* der Zauberei im Roman folgt vertrauten Darstellungskonventionen und ist z. T. sehr anschaulich.

Realitätseffekt

Der Vollständigkeit halber erwähnen wir an dieser Stelle auch den von Roland Barthes beobachteten sogenannten »Realitätseffekt« (Barthes 1968). Ausführliche Beschreibungen, die nicht der Beförderung der Handlung eines Erzähltextes dienen, haben nach Barthes den Effekt, die Darstellung realistischer erscheinen zu lassen. Gültig ist diese Auffassung jedoch wohl nur mit Einschränkungen (bzw. in qualifizierter Art und Weise); so kommt es sicherlich darauf an, was und wie beschrieben wird und ob dabei etablierten Darstellungskonventionen entsprochen wird oder nicht; zu ausführliche Beschreibungen können (unabhängig davon, ob sie handlungsfunktional sind oder nicht) auch einen Verfremdungseffekt nach sich ziehen (vgl. van Peer 1986).

Verfremdungseffekt

5.3 Funktionen von Figurendarstellungen

Wer sich fragt, über welche Eigenschaften eine fiktive Figur verfügt oder wie die Figur dargestellt ist, möchte oft auch wissen, welchen Zweck bzw. welche Funktion die fraglichen Aspekte im Werkzusammenhang haben. In der Tradition spricht man in diesem Sinne auch (allgemein) von der Motivierung von Werkelementen. Jonas Koch definiert den Motivierungsbegriff wie folgt: »Die Motivierung von Elementen eines fiktionalen Werks (d. h. von Aspekten des fiktionalen Gehalts oder der fiktionalen Darstellung) besteht in denjenigen Faktoren, die zu einer funktionalen trans- oder extrafiktionalen Erklärung dieser Elemente herangezogen werden können (d. h. die wenigstens eine (potentiell) von diesem Element ausgehende Wirkung benennen)« (Koch 2015, S. 162). Mit anderen Worten: Das Dasein oder Sosein eines Elements des fiktionalen Gehalts oder der Darstellungsmittel des Erzählwerks wird erklärt, indem man auf die Funktion verweist, die dieses Element im Werkzusammenhang und damit letztlich in seiner Beziehung zu Leserinnen und Leser hat. ›Transfiktional‹ bedeutet, dass ein Aspekt der fiktiven Welt eine Funktion für nicht-diegetische Werkaspekte hat; ›extrafiktional‹ bedeutet, dass von vornherein nicht-diegetische Werkaspekte in Rede stehen. In diesem Teilkapitel möchten wir zwei Typen solcher Funktionen kurz darstellen: erstens den Zusammenhang zwischen der Figurendarstellung und der Handlung bzw. dem Plot eines Erzählwerkes und zweitens abstraktere semantische Funktionen (Bedeutungen) von Figuren. (Für eine Darstellung weiterer Funktionen vgl. Eder 2008, Kap. 7.2.1; Koch 2015, Kap. 5.2.)

Motivierung

Figurendarstellung und Handlung

Eine besonders wichtige Funktion von Figuren in narrativen Texten liegt in ihrem Zusammenhang mit der Handlung bzw. dem Plot begründet. Anlässlich der Einführung des Plotbegriffs wurde bereits darauf hingewiesen, dass wesentliche Ereignisse eines komplexen Erzählwerkes (etwa eines Romans) in aller Regel durch das Handeln von Figuren herbeigeführt werden. Ein Verständnis der Figuren ist damit zentral auch für die Handlungsanalyse eines Erzähltextes (vgl. Kap. 3.1.1). So können wir von den durch Figuren herbeigeführten Ereignissen fragen, *warum* sie stattgefunden haben. Im Sinne des oben genannten Motivierungsbegriffs können bestimmte Aspekte der Darstellung der Figur oft erklärt werden, indem man auf den damit realisierten Beitrag zur Ausgestaltung des Plots verweist. In Theodor Storms *Der Schimmelreiter* unterlässt es der Protagonist Hauke Haien, die sachgerechte Reparatur eines Schadens im Deich ausführen zu lassen, um stattdessen ineffektive Maßnahmen zu ergreifen. Fragt man nach der Motivierung dieses Aspekts des fiktionalen Gehalts, so liegt es nahe, auf dessen (transfiktionale) Funktion für die Ausgestaltung des Plots zu verweisen: Dass Hauke Haien handelt, wie er es schlussendlich tut, kann durch den Beitrag der Handlung zum in einer Katastrophe mündenden tragischen Plot in *Der Schimmelreiter* erklärt werden – David Jackson spricht in diesem Sinne von einem »Höhe- und Wendepunkt in der Novelle« (Jackson 2017, S. 45). Die Unterlassung Haukes (ein Aspekt der Diegese) hat also eine *dramaturgische* (transfiktionale) Funktion; die Handlung der fiktiven Person Hauke Haien sorgt dafür, dass ein bestimmter (nämlich tragischer) Plot realisiert wird und das Werk *Der Schimmelreiter* bestimmte Genre-Erwartungen erfüllt.

›Interner‹ und ›externer‹ Standpunkt in der Erklärung von Handlungen

Für die Erklärung der Handlungen fiktiver Personen ist die in Kap. 4.1 vorgenommene Unterscheidung von ›internem‹ und ›externem‹ Standpunkt zentral (vgl. Koch 2015, Kap. 4). Fragt man nach der Motivierung fiktionaler Gehalte, wie wir sie oben mit Koch definiert haben, nimmt man einen ›externen‹ Standpunkt ein; Handlungserklärungen, die sich dem ›externen‹ Standpunkt verdanken, stehen den fiktiven Personen selbst natürlich nicht zur Verfügung.

Gründe oder Motive der fiktiven Person

Man kann allerdings auch vom *›internen‹ Standpunkt* aus fragen, welche Gründe oder Motive die fiktive Person für ihre Handlung hat, wie sich die Handlung in das Gesamtbild ihres motivationalen Haushalts einfügt, welche Wünsche oder auch Zwänge sie veranlasst haben usw. Oft (unter den Bedingungen des *reality principle*, vgl. Kap. 4.2) können wir an dieser Stelle alle Erklärungen und Erklärungsmuster anführen, die wir auch auf das Handeln realer Personen anwenden. Einer Typologie von Lubomír Doležel folgend, kann man beispielsweise unterscheiden zwischen *rationalem Handeln* (der Handelnde ist durch Motive bestimmt, die einer rationalen Überprüfung standhalten), *impulsivem Handeln* (der Handelnde ist durch Reflexe, Triebe o. Ä. motiviert), *akratischem Handeln* (der Handelnde tut etwas wider besseres Wissen) und *irrationalem Handeln* (der Handelnde ist nur minimal – oder im Extremfall des Wahnsinns gar nicht mehr – durch rationales Überlegen bestimmt); weiterhin kann man fragen, ob das Handeln eher habituell oder eher situativ bestimmt ist, ob die Motive dem Handelnden vollständig klar sind, wie er selbst zu seinen Motiven steht, d. h., ob er sie begrüßt oder ablehnt usw. (vgl. Doležel 1998, S. 70–72; vgl. ausführlich Eder 2008, S. 434–448).

Figuren als Träger von Bedeutungen

Bedeutungen

Figuren können, wie anderen Aspekten eines (literarischen) Erzähltextes auch, Bedeutungen zugesprochen werden, d. h., die Figuren können für etwas stehen oder auf etwas verweisen; Eder spricht in diesem Sinne von der Figur als »Symbol« (Eder 2008, S. 523 f.). Wir gehen hier nur kurz auf diesen Problemzusammenhang ein, weil die Feststellung der Bedeutungen von Figuren über den Kernbereich der narratologischen Analyse, wie er in Kap. 1.2.1 bestimmt wurde, hinausgeht; die Unterscheidung verschiedener Bedeutungskonzeptionen (im Hinblick auf Texte oder Textelemente) und die Festlegung von Kriterien der Angemessenheit von Interpretationen ist in erster Linie Sache der Interpretationstheorie (vgl. Kindt/Köppe 2008).

Thematische Aussagen

Die Gestaltung einer Figur kann erstens thematische Aussagen *nahelegen*. Typischerweise betrifft ein solches Thema allgemeine menschliche (bzw. allgemeinmenschliche) Sachverhalte. So steht beispielsweise die Figur Joachim von Pasenow im ersten Teil von Hermann Brochs *Die Schlafwandler* für die Schwierigkeiten, die es mit sich bringt, wenn man sich an überkommenen Wertvorstellungen festklammert (vgl. Köppe 2008, S. 138 f.).

Exemplifikation

Eine spezifischere Verweisungsrelation ist zweitens die *Exemplifikation*. Nach Goodman liegt eine Exemplifikation (vereinfacht gesagt) vor, wenn ein Gegenstand eine Eigenschaft zugleich besitzt und auf sie verweist (vgl. Goodman 1968, S. 59–63). Ein einfaches Beispiel dafür ist eine Stoffprobe, die eine bestimmte Farbe einerseits hat und andererseits (als Probe) auf diese Farbe verweist. Auch literarische Figuren können über Eigenschaften verfügen, auf die sie zugleich verweisen: Detlev Spinell aus Thomas Manns Erzählung *Tristan* ist ein lebensuntüchtiger Künstler und steht zugleich für den Typus des lebensuntüchtigen Künstlers; Meursault aus Albert Camus' *Der Fremde* zeichnet sich durch seine umfassende Indifferenz aus und steht (zumindest manchen Interpretationen zufolge) für den indifferenten existentialistischen Helden.

Personifikation, Allegorie

In extremen Fällen spricht man drittens auch von einer *Personifikation* oder *Allegorie*: Hier steht die Figur für ein abstraktes Eigenschaftsbündel (vgl. Pfister 2001, S. 244). Beispiele dafür sind etwa Fabelwesen, die für Habgier, Neid oder Schläue stehen. In manchen Fällen ist dann der diegetische Aspekt der Figur (d. h. ihre Zeichnung und Rolle als fiktives Wesen) sehr eingeschränkt und die Figurenkonzeption eindimensional auf das Anzeigen bestimmter Bedeutungen angelegt.

Aspekte des fiktionalen Gehalts oder der Darstellung eines Erzählwerks können mehr als nur eine Funktion im Werkzusammenhang erfüllen (d. h., sie können auf mehrfache Weise motiviert sein). Figuren können u. a. in bestimmter Weise ausgestaltet werden, um realistisch zu wirken (vgl. S. 109 f.), um Deutungen anzuregen (vgl. S. 108, *Offenheit/Opazität*), um eine emotionale Anteilnahme zu bewirken oder um ein mehr oder minder komplexes Merkmal zu exemplifizieren. Anhand des Beispiels der Exemplifikation lässt sich auch leicht aufzeigen, dass Funktionen verschiedentlich aufeinander aufbauen können: Zum Beispiel kann die Realisierung einer Figur auf konventionelle Darstellungsmittel zurückgreifen, um realistisch zu wirken; dies kann geschehen, damit die Figur ein bestimmtes Wertekonzept exemplifiziert; und dies wiederum kann vom Autor oder der Autorin in belehrender Absicht gestaltet werden, d. h. um eine kognitive Kunstfunktion zu realisieren.

Beziehungen zwischen Figuren und der Wirklichkeit

Fiktive Entitäten (Personen, Ereignisse usw.) sind etwas kategorial anderes als wirkliche Entitäten. In diesem Abschnitt widmen wir uns am Beispiel der Figuren verschiedenen Typen von Beziehungen zwischen Fiktivem und Realem. Wir orientieren uns dabei an einer Unterscheidung verschiedener Beziehungstypen, die Peter Lamarque vorgenommen hat (vgl. Lamarque 1996, S. 40–54):

Welche Ursprünge hat die Figur?

Ursprünge der Figur

Eine erste Form des Wirklichkeitsbezugs betrifft die Ursprünge der Figur. Autorinnen und Autoren fiktionaler Erzähltexte können ihre Figuren nach dem Vorbild realer Personen oder Tiere usw. gestalten; auch kann es sein, dass ein Autor in seiner Darstellung unbewusst einem realen Vorbild folgt. Die hier in Rede stehende Beziehung zwischen fiktiver Welt und Wirklichkeit ist also *genetisch*. Ein gut dokumentiertes Beispiel bildet die Auseinandersetzung zwischen Arthur Holitscher und Thomas Mann: Ersterer hat sich darüber beklagt, von Thomas Mann beobachtet und dann in der Figur des Spinell in der Erzählung *Tristan* porträtiert (und lächerlich gemacht) worden zu sein (vgl. Heine/Schommer 2004, S. 18).

Welchen Personen in der Wirklichkeit ähnelt die Figur?

Die Aussage, dass eine fiktive Person einer wirklichen ähnele, kann auf den ersten Blick verwirren: Wie kann etwas, das es nicht gibt, etwas ähneln, das es gibt? Eine Antwort auf diese Frage liefert eine Bestimmung der relevanten Form von Ähnlichkeit: Auf fiktive Personen und reale Personen können dieselben Eigenschaftsprädikate zutreffen. Sowohl Hans Castorp als auch Barack Obama sind Männer; sie ähneln sich also in Hinblick auf ihr Mannsein (und auch eine große Zahl weiterer Eigenschaften). (Auf Hans Castorp, den Protagonisten aus Thomas Manns Roman *Der Zauberberg*, trifft das Prädikat ›ist ein Mann‹ allerdings genau genommen nicht zu; vielmehr ist es fiktional, dass auf ihn das Prädikat zutrifft; zu diesen von uns hier vernachlässigten Schwierigkeiten vgl. ausführlicher Reicher 2010; Werner 2014.)

Ähnlichkeitsbeziehungen zwischen fiktiven Welten und der Wirklichkeit

Solche Ähnlichkeitsbeziehungen zwischen fiktiven Welten und der Wirklichkeit begegnen uns auf Schritt und Tritt, denn natürlich verwenden wir dieselben sprachlichen Prädikate zur Beschreibung fiktiver Welten und der Wirklichkeit. In manchen Fällen prägen medial erzeugte Eigenschaftsbündel auch unsere alltagsweltlichen Vorstellungen bestimmter Personen oder Personengruppen. Die typisierten Eigenschaftsbündel haben sich dann gewissermaßen von ihrer Quelle, dem Erzähltext, gelöst (vgl. Graham 1996, S. 16). Was ein Geheimagent oder eine Terroristin ist, wissen viele von uns glücklicherweise nur aus dem Kino (und der Grad der Bekanntheit von Agent 007 dürfte den Grad der Bekanntheit sowohl wirklicher Agenten als auch seines Schöpfers deutlich übersteigen). In einigen Fällen wird der Name einer literarischen Figur auch zur typisierenden Kennzeichnung von Personen in der Wirklichkeit verwandt: So können wir beispielsweise Personen als Don Juan, Don Quijote oder Michael Kohlhaas bezeichnen; damit schreiben wir der fraglichen Person ein Eigenschaftsbündel zu, das die literarische Figur auszeichnet (etwa: das des Schwerenöters, des vergeblich kämpfenden Ritters oder des Gerechtigkeitsfanatikers).

Welche Eigenschaften werden der Figur vom Erzähltext zugesprochen?

Logische Beziehung zwischen Text und Figur

Fiktive Entitäten (Figuren, Gegenstände usw.) hängen von fiktionalen Erzähltexten ab (vgl. Kap. 2.2). Genauer: Über welche Eigenschaften eine fiktive Entität verfügt, hängt von den Beschreibungen fiktionaler Erzähltexte ab. Da fiktionale Erzähltexte etwas Reales sind, haben wir es also wiederum mit einer Beziehung zwischen Fiktivem und Realem zu tun. Wir können hier von einer *logischen* Beziehung sprechen. Diese Beziehung zwischen Fiktivem und Realem besteht immer – also auch dann, wenn die Figur kein Vorbild in der Wirklichkeit hat und keine ausgeprägte Ähnlichkeit zwischen ihr und einer wirklichen Person besteht.

Auf welche wirklichen Dinge wird mit einer Figur angespielt?

Anspielungen

Autoren können mit ihren Figuren auf wirkliche Personen, Sachverhalte oder sonstige Dinge anspielen. Das ist programmatisch etwa im Schlüsselroman oder in der Satire der Fall. Martin Walser nimmt in seinem Roman *Tod eines Kritikers* beispielsweise recht eindeutig auf den Literaturkritiker Marcel Reich-Ranicki Bezug. Auch die oben angesprochenen Bedeutungen von Figuren können in vielen Fällen als Anspielungen (und damit als Beziehungen zwischen Fiktivem und Realem) verstanden werden, etwa dann, wenn eine Figur auf einen thematischen Zusammenhang verweist, den es wirklich gibt (so wird in Tolstois Roman *Krieg und Frieden* naheliegenderweise auf die Themen Krieg und Frieden angespielt). Schließlich finden sich in vielen Erzähltexten Anspielungen auf andere Texte; in diesem Fall spricht man von Intertextualität bzw. intertextuellen Anspielungen, von denen es wiederum viele

Unterarten gibt (vgl. Köppe/Winko 2013, Kap. 7.4). – Sind Anspielungen immer Anspielungen des Urhebers der Erzählung, d. h., sind Anspielungen immer *intendiert*? Es gibt Gründe dafür, den Begriff der Anspielung tatsächlich für vonseiten der Autorin oder des Autors intendierte Bezugnahmen zu reservieren (vgl. Hermerén 1992; Irwin 2002). Unabhängig davon können Leserinnen und Leser einer Erzählung nicht-intendierte Ähnlichkeiten zwischen Fiktivem und Realem feststellen (s. o.). Der Normalfall dürfte hier sein, dass die fiktiven Entitäten über Eigenschaftskombinationen verfügen, die sich (fast) in derselben Weise auch in der Realität finden.

Welche Auswirkungen hat die Figur in der Wirklichkeit?

Wirkungen der Figur in der Realität

Schließlich kann man noch danach fragen, welche (individuellen, soziokulturellen, kunstbezogenen usw.) Wirkungen die Figur in der Realität hat (vgl. Eder 2008, Kap. 11.2). Die Darstellung einer Figur in einem Erzähltext kann beispielsweise Nachahmer zu ähnlichen Taten animieren oder Autorinnen und Autoren zu Kopien oder Verfremdungen anregen. Die Beantwortung dieser Frage fällt, zumindest in Bezug auf individuelle und soziokulturelle Wirkungen, in das Gebiet der empirischen Rezeptionsforschung.

Häufig bestehen zwischen einer fiktiven Figur und der Wirklichkeit mehrere der nunmehr genannten Beziehungen. In *Krieg und Frieden* tritt beispielsweise eine Figur mit dem Namen »Napoleon« auf: Tolstoi hat hier den historischen Napoleon zum Vorbild genommen, dem die Figur folglich auch ähnelt, er spielt auf den Russlandfeldzug Napoleons an, *Krieg und Frieden* ist verfilmt worden, was zu einer künstlerischen Wiederaufnahme der Figuren geführt hat, und schließlich dürfte das, was viele Leserinnen und Leser über Napoleon wissen (oder zu wissen meinen) auf Tolstois Ausführungen beruhen. – Wichtig ist jedoch, dass diese unterschiedlichen Beziehungstypen nicht miteinander zusammenfallen müssen. Nicht zuletzt deshalb ist es sinnvoll, sie auseinanderzuhalten.

6 Zeitstruktur von Erzählungen

Die Ereignisse fiktiver Welten ebenso wie die der realen Welt lassen sich im Rahmen von Erzählungen unterschiedlich präsentieren. Die Untersuchung dieser unterschiedlichen Präsentationsformen hat in der Narratologie vielfach zu Auseinandersetzungen Anlass gegeben. Weitgehende Einigkeit besteht allerdings über die Modellierung jener Aspekte der Beziehungen zwischen Erzählungen und erzählten Welten, die mit Gérard Genette unter der Überschrift »Zeit« zusammengefasst werden (vgl. Genette 1972, Kap. 1–3, sowie schon Todorov 1966, S. 139–141). Drei der betreffenden Aspekte wollen wir im Folgenden etwas näher betrachten, indem wir uns mit dem *Tempo*, der *Ordnung* und der *Frequenz* von Erzählungen befassen. Zeit

Das ›Tempo‹ erzählerischer Darstellungen kann auf vielfältige Weise gestaltet werden. Deutlich wird dies bereits darin, wie einzelne Erzählungen mit verschiedenen Ereignissen umgehen: indem sie manche kurz erwähnen, andere eingehend beschreiben, einige mehrfach schildern, wieder andere stillschweigend voraussetzen usw. (vgl. Kap. 2.1, S. 25–27). Noch anschaulicher werden die entsprechenden Gestaltungsspielräume in literarischen Erzähltexten, die das Problem des Erzähltempos selbst zum Thema machen: Man denke etwa an James Joyce' *Ulysses*, der auf mehr als 900 Seiten Vorkommnisse aus 19 Stunden darstellt (vgl. Marsden 2004, S. 98), an Peter Handkes *Der Prozeß*, der die Handlung von Kafkas gleichnamigem Romanfragment auf nur 15 Druckseiten nacherzählt (vgl. Handke 1981, S. 97–112), oder an Helmut Kraussers *Kartongeschichte*, deren Erzähler immer wieder im *»Schnellvorlauf«* berichtet und selbst einräumt: *»Das alles ließe sich liebevoller erzählen«* (Krausser 2007, S. 7 und 11). Tempo

Die metaphorische Rede vom ›Tempo‹, der ›Geschwindigkeit‹ oder – in Genettes Terminologie – der ›Dauer‹ einer Erzählung kann unterschiedlich verstanden werden; in narratologischen Zusammenhängen wird sie über die Unterscheidung zwischen *Erzählzeit* und *erzählter Zeit* erläutert (vgl. grundlegend Müller 1948). Der Ausdruck ›erzählte Zeit‹ bezeichnet dabei die Zeitspanne, während derer die Ereignisse einer Erzählung oder eines ihrer Abschnitte stattfinden; der Term ›Erzählzeit‹ steht für die Zeitspanne, die durch die Lektüre bzw. Präsentation jener Ereignisse in Anspruch genommen wird. Die erzählte Zeit einer Erzählung lässt sich je nach deren konkreter Ausgestaltung verschieden genau und mitunter gar nicht rekonstruieren. Die Erzählzeit einer Erzählung wird aus deren Wort- bzw. Zeichenumfang abgeleitet, da individuelle Lesegeschwindigkeiten voneinander abweichen und insofern keinen stabilen Bezugspunkt für eine Bestimmung darstellen (so schon Erzählte Zeit Erzählzeit ebd., S. 196). Gleichwohl behilft man sich in der Praxis der Erzähltextanalyse zur Bestimmung der Erzählzeit oft mit einer eher groben Einschätzung der erforderlichen Lektüredauer; für die üblichen Verhältnisbestimmungen zwischen Erzählzeit und erzählter Zeit reicht dies meist aus.

Aus Sicht der Erzähltheorie ergibt sich das Tempo einer Erzählung aus deren Gestaltung der Relation zwischen Erzählzeit und erzählter Zeit (vgl. auch Genette 1983, S. 213). Analog zur physikalischen Definition von Geschwindigkeit als Wegstrecke, die im Rahmen einer bestimmten Zeitspanne zurückgelegt wird, interpretiert die Narratologie Erzählgeschwindigkeit als Dauer einer Ereignisfolge, die unter Verwendung einer bestimmten Zeichenmenge dargestellt wird. Ausgehend von diesem Verständnis werden die folgenden drei Grundtypen der Gestaltung des Erzähltempos unterschieden (vgl. bereits Lämmert 1955, S. 83–85), mit deren Hilfe sich Erzähltexte in ihrem Ablauf und ihren einzelnen Abschnitten beschreiben und miteinander vergleichen lassen:

Zeitraffendes Erzählen

Zeitraffendes Erzählen: In diesem Fall nimmt die Erzählung von Ereignissen weniger Zeit in Anspruch, als die Ereignisse selbst es tun. Beispiele für diese Weise der Geschwindigkeitsgestaltung sind etwa Goethes Roman *Wilhelm Meisters Lehrjahre*, der »8 Lehrjahre [...] in 24 Stunden« (Müller 1948, S. 274; vgl. Goethe 1794/95) schildert, oder Thomas Manns Roman *Buddenbrooks*, der die Geschichte der titelgebenden Familie zwischen 1835 und 1877 verfolgt und hierzu, je nach Ausgabe, etwa 900 bis 1100 Seiten benötigt (vgl. Mann 1901).

Zeitdeckendes Erzählen

Zeitdeckendes Erzählen: Bei dieser Variante der Gestaltung des Tempos entspricht die Dauer der Erzählung näherungsweise der Dauer der in ihr erzählten Ereignisse. Zu denken ist hier an Passagen in Erzählungen, die sich der Form ›szenischer Darstellung‹ bedienen (vgl. Kap. 7, S. 129 f.) und z. B. Dialoge wiedergeben oder als innerer Monolog angelegt sind wie etwa Arthur Schnitzlers *Lieutenant Gustl*:

> *Ah, die ist aber bildschön! Ganz allein? Wie sie mich anlacht. Das wär' eine Idee, der geh' ich nach! ... So, jetzt die Treppen hinunter: Oh, ein Major von Fünfundneunzig ... Sehr liebenswürdig hat er gedankt ... Bin doch nicht der einzige Offizier hierin gewesen ... Wo ist denn das hübsche Mädel? Ah, dort ... am Geländer steht sie ... So, jetzt heißt's noch zur Garderobe ... Daß mir die Kleine nicht auskommt ...* (Schnitzler 1901, S. 14)

Zeitdehnendes Erzählen

Zeitdehnendes Erzählen: In diesem Fall dauert die Erzählung von Ereignissen länger als diese selbst. Diese Form der Tempogestaltung wird sehr viel seltener genutzt als die beiden anderen, lässt sich aber in avantgardistischen Erzähltexten immer wieder beobachten, so beispielsweise in den detaillierten Wahrnehmungsprotokollen, die Peter Weiss' *Der Schatten des Körpers des Kutschers* prägen:

> *Durch die halboffene Tür sehe ich den lehmigen, aufgestampften Weg und die morschen Bretter um den Schweinekofen. [...] Außerdem sehe ich noch ein Stück Hauswand, mit zersprungenem, teilweise abgebröckeltem gelblichem Putz, ein paar Pfähle, mit Querstangen für die Wäscheleinen, und dahinter, bis zum Horizont, feuchte schwarze Ackererde.* (Weiss 1964, S. 7)

Im Anschluss an Genette werden den unterschiedenen Varianten oftmals noch zwei weitere Grundformen erzählerischer Tempogestaltung hinzugefügt, nämlich die *Ellipse* und die *Pause* (vgl. Genette 1972, S. 71–78). Wie sich an ihrer Bestimmung sehen lässt, reihen sich die beiden Begriffe jedoch nicht ohne weiteres in die Liste der vorgestellten Fälle ein.

Von einer ›Ellipse‹ wird dann gesprochen, wenn eine Erzählung eine mehr oder weniger lange Zeitspanne in der erzählten Welt auslässt; sie wird darum auch als ›Zeitsprung‹ oder ›Aussparung‹ bezeichnet (vgl. Lämmert 1955, S. 83 und 92). Ellipsen können implizit bleiben oder explizit durch Hinweise wie die folgenden markiert werden, die Theodor Fontanes Roman *Irrungen, Wirrungen* entnommen sind: *»Es war die Woche darnach«*, *»Drittehalb Jahre waren seit jener Begegnung vergangen«* oder *»Drei Wochen später«* (Fontane 1888, S. 34, 116 und 178). Näher betrachtet erweist sich die Ellipse nicht als Grundtyp der Geschwindigkeitsgestaltung, sondern als Spielart bzw. Verfahren zeitraffenden Erzählens. Ellipse

Als ›Pause‹ wird der Fall bezeichnet, dass eine Erzählung die Darstellung der Ereignisse unterbricht, selbst aber fortfährt. Pausen in diesem Sinne entstehen etwa durch essayistische Exkurse, wie sie im Roman eine lange Tradition besitzen. Als berühmte Beispiele seien nur die traktathaft angelegten Abschnitte über Wale und Walfang in Herman Melvilles *Moby-Dick* erwähnt oder die philosophischen Betrachtungen über den Wertezerfall in der Moderne, für die Hermann Broch im letzten Teil seiner Romantrilogie *Die Schlafwandler* die Schilderung der verschiedenen Handlungsstränge mehrfach aussetzt (vgl. Melville 1851; Broch 1930–32). Die Pause zu den grundlegenden Gestaltungstypen des Erzähltempos zu rechnen, erscheint irreführend, weil in Pausen gemeinhin gerade *nicht* erzählt wird. Ihre Inhalte sind typischerweise keine Ereignisse und folglich auch keine narrativen Ereignisverknüpfungen (vgl. Kap. 2.1, S. 25–33). Pausen präsentieren vielmehr Beschreibungen, Reflexionen, Argumentationen oder auch Assoziationen, so wie es der erste Absatz in Lukas Bärfuss' Erzählung *Was ist die Liebe?* vorführt, der Antworten auf die Titelfrage aneinanderreiht: Pause

Eine Fürchterlichkeit natürlich; eine Wildnis, die Unterstand verspricht; ein schrecklicher Wille zur Unordnung, der sich hinter Ritualen verbirgt; eine Grausamkeit, die sich der Zärtlichkeit bedient; eine Gesetzlosigkeit, die Freiheit behauptet. Liebe ist auch eine Funktion des Magens, die sich nicht auf diesen beschränkt. (Bärfuss 2019, S. 7)

Alltagserzählungen, aber auch Texte aus Erzählgattungen wie etwa dem Märchen schildern Begebenheiten zumeist in der Reihenfolge, in der sie sich in der wirklichen oder einer vorgestellten Welt zugetragen haben. Sehr viele und nicht zuletzt literarische Erzählungen weichen dagegen mehr oder weniger häufig und augenfällig vom Muster chronologischer Darstellung ab; es dürften sich nur wenige Romane finden lassen, die vollständig auf erzählerische Vorgriffe oder Rückwendungen verzichten. Einige Typen von Erzählungen sind gerade dadurch charakterisiert, dass sie sich nicht an der Chronologie der Ereignisse orientieren. So kennzeichnet es beispielsweise ›analytische‹ Erzählungen in Abgrenzung von ›synthetischen‹, dass sie mit der Darstellung eines im erzählten Geschehen späten Ereignisses einsetzen, um dann dessen Vorgeschichte zu schildern (vgl. bereits Ludwig 1874/91, S. 34); Detektivgeschichten sind oft in dieser Weise aufgebaut. Und in manchen experimentellen Werken werden Formen des ›Rückwärtserzählens‹ erprobt: Beispiele hierfür sind Filme wie Christopher Nolans *Memento* (2000) und François Ozons 5×2 (2004), Ilse Aichingers Erzählung *Spiegelgeschichte* (1949) oder Tom Gaulds Cartoon über eine ›Zeitumkehrmaschine‹ mit Nebenwirkungen (Abb. 8).

Für die Analyse des Verhältnisses zwischen der Abfolge der Ereignisse in der erzählten Welt und ihrer Abfolge in der Erzählung hat Genette einige nützliche Unterscheidungen eingeführt (vgl. Genette 1972, Kap. 1). Er geht grundsätzlich von drei Gestaltungsweisen dessen aus, was er als ›Ordnung‹ bezeichnet: Eine Erzählung kann erstens der *Chronologie* der Vorkommnisse folgen, sie kann zweitens Umstellungen in der Ereignisreihenfolge vornehmen, also *Anachronien* enthalten, und sie kann drittens durch Unklarheit hinsichtlich der zeitlichen Ereignisbeziehungen gekennzeichnet sein, also auf *Achronie* hinauslaufen.

Ordnung

Anachronie

Prolepse

Im Fall der Anachronie werden zwei Grundformen unterschieden, die *Prolepse* und die *Analepse*. Unter einer Prolepse ist ein Vorgriff zu verstehen; sie liegt dann vor, wenn in einer narrativen Darstellung von der Ereignisreihenfolge der erzählten Welt abgewichen und ein späteres Vorkommnis vorwegnehmend präsentiert wird. Ein Beispiel liefert der folgende Abschnitt aus Alfred Döblins Roman *Berlin Alexanderplatz*:

Abb. 8: Tom Gauld: Zeitumkehrmaschine mit Nebenwirkungen. In: Gauld 2020. – © Tom Gauld

> *An der Haltestelle Lothringer Straße sind eben eingestiegen in die 4 vier Leute, zwei ältliche Frauen, ein unbekümmerter einfacher Mann und ein Junge mit Mütze und Ohrenklappe. [...] Der Junge, Max Rüst, wird später Klempner werden, Vater von 7 weiteren Rüst, wird sich an einer Firma Hallis und Co. [...] beteiligen, mit 52 wird er ein Viertel-Los in der Preußischen Klassenlotterie gewinnen, darauf sich zur Ruhe setzen und während eines Abfindungsprozesses mit der Firma Hallis und Co. mit 55 Jahren sterben.* (Döblin 1929, S. 42)

Eine Analepse ist eine Rückwendung. In diesem Fall wird eine Schilderung, die der Chronologie der Vorkommnisse folgt, zugunsten der Bezugnahme auf Ereignisse unterbrochen, die sich in der Diegese früher zugetragen haben. Als ein Beispiel kann hier der Beginn von Heinrich von Kleists Erzählung *Das Erdbeben in Chili* dienen, in der gleich der zweite Satz, beginnend mit »Don Henrico Asteron«, eine längere Analepse einleitet: Analepse

> *In St. Jago, der Hauptstadt des Königreichs Chili, stand gerade in dem Augenblicke der großen Erderschütterung vom Jahre 1647 [...] ein junger, auf ein Verbrechen angeklagter Spanier, namens Jeronimo Rugera, an einem Pfeiler des Gefängnisses, in welches man ihn eingesperrt hatte, und wollte sich er-*

henken. Don Henrico Asteron, einer der reichsten Edelleute der Stadt, hatte ihn ungefähr ein Jahr zuvor aus seinem Hause, wo er als Lehrer angestellt war, entfernt, weil er sich mit Donna Josephe, seiner einzigen Tochter, in einem zärtlichen Einverständnis befunden hatte. (Kleist 1807, S. 49)

Reichweite

Anhand der Rückwendung, die auf diese Weise beginnt, lassen sich noch zwei weitere Konzepte erläutern, die Genette zur näheren Beschreibung und Unterscheidung von Anachronien eingeführt hat, nämlich das ihrer *Reichweite* und das ihres *Umfangs*: Die Reichweite von proleptischen oder analeptischen Einschüben bemisst, wie groß der zeitliche Abstand zwischen den Ereignissen ist, in deren chronologischer Erzählung der Vorgriff bzw. die Rückwendung erfolgt, und jenen, auf die vorwegnehmend oder nachträglich Bezug genommen wird. Im Fall von Kleists Erzählung wird die Reichweite der betrachteten Analepse durch die Formulierung *»ungefähr ein Jahr zuvor«* recht genau benannt.

Umfang

Unter dem Umfang einer Anachronie ist die Zeitspanne zu verstehen, die durch die in einer Prolepse oder Analepse geschilderten Ereignisse in Anspruch genommen wird. Verfolgt man die einleitende Rückwendung aus *Das Erdbeben in Chili* weiter, kann man feststellen, dass sie in geraffter Form die Geschichte Jeronimos und Josephes vom Eingreifen Don Henrico Asterons bis zur *»großen Erderschütterung«* darstellt und also ebenfalls ungefähr ein Jahr umfasst. Mit den folgenden Sätzen wird die analeptische Einfügung beendet und zur chronologischen Erzählung zurückgekehrt: *»Das Leben schien ihm verhasst, und er beschloss, sich durch einen Strick, den ihm der Zufall gelassen hatte, den Tod zu geben. Eben stand er, wie schon gesagt, an einem Wandpfeiler [...].«* (Ebd., S. 50)

Wie sich im Döblin- und im Kleist-Beispiel andeutet, beruht die Identifikation von narrativen Anachronien auf drei allgemeinen Voraussetzungen:

Erstens ist eine Erzählung zu bestimmen, im Hinblick auf die sich von einer Prolepse oder einer Analepse sprechen lässt. Anders als in den beispielhaft betrachteten Fällen ist bisweilen nicht eindeutig zu klären, was als Bezugs- bzw. »Basiserzählung« (Genette 1972, S. 32) für die Ermittlung von Vorgriffen oder Rückwendungen zu gelten hat; in entsprechenden Fällen sollte eine begründete und ausdrücklich ausgewiesene Festlegung getroffen werden.

Zweitens muss sichergestellt werden, dass sich das, worüber in einer Erzählung voraus- oder rückblickend berichtet wird, in der erzählten Welt auch tatsächlich zugetragen hat oder zutragen wird. Nicht bei jeder Bezugnahme auf etwas, das in der Zukunft oder Vergangenheit einer dargestellten Situation liegen *könnte*, handelt es sich um eine Prolepse oder eine Analepse. Schildert ein

Text beispielsweise, dass eine Figur vom baldigen Eintreten eines Ereignisses überzeugt ist, es erhofft oder befürchtet, so ist dies kein Vorgriff im Sinne der obigen Charakterisierung. Prolepsen und Analepsen können in der Form detaillierter Erzählungen oder auch in der Form vager Hinweise erfolgen; ihre Gegenstände sind aber *per definitionem* nicht bloß mögliche, sondern tatsächlich stattfindende Ereignisse der erzählten Welt. Aus diesem Grund ist es auch irreführend, den Ausdruck ›Prolepse‹ – wie gelegentlich vorgeschlagen wird – über Lämmerts Begriff der »Vorausdeutung« zu erläutern (vgl. Lämmert 1955, S. 139–174). Prolepsen stellen Vorwegnahmen dar, aber keine Vorausdeutungen!

Drittens schließlich müssen die temporalen Beziehungen zwischen den Ereignissen einer Erzählung zumindest insoweit rekonstruierbar sein, dass mit Blick auf die erzählte Welt zwischen einem Früher und Später unterschieden werden kann. Wie genau sich – vor diesem Hintergrund – die zeitlichen Verhältnisse zwischen den in einer Anachronie erzählten Ereignissen und zwischen diesen und den sonstigen Vorkommnissen der Diegese bestimmen lassen, hängt vom Einzelfall ab. Mitunter lässt sich im Hinblick auf eine Passage einer Erzählung *nur* sagen, dass es sich um eine Analepse oder Prolepse handelt, *nicht* aber, welche Reichweite und welchen Umfang sie hat (vgl. Kap. 3.1.1, S. 70).

Frequenz

Neben der Frage nach dem Tempo und der Ordnung von Erzählungen steht seit Genettes *Diskurs der Erzählung* die Frage nach ihrer Frequenz im Zentrum von Analysen zur erzählerischen Zeitgestaltung. Auch der Ausdruck ›Frequenz‹ bezeichnet ein Moment der Relation zwischen Ereignissen und Ereignisdarstellungen in narrativen Texten; allgemein gesagt, steht er für das Verhältnis zwischen der Häufigkeit, mit der sich Vorkommnisse in der erzählten Welt zutragen, und der Häufigkeit, mit der sie im Rahmen der Erzählung geschildert werden (vgl. Genette 1972, Kap. 3). Die Frequenzgestaltung in Erzähltexten kann grundsätzlich in drei Formen erfolgen:

Singulatives Erzählen

Singulatives Erzählen: In diesem Fall werden Vorkommnisse in der Erzählung genauso oft dargestellt, wie sie sich in der erzählten Welt ereignen. Die ersten Sätze von James Joyce' *Ulysses* machen diese Gestaltungsweise anschaulich, in ihnen wird eine Folge von Ereignissen je einmal erzählt:

> *Stattlich und feist erschien Buck Mulligan am Treppenaustritt, ein Seifenbecken in Händen, auf dem gekreuzt ein Spiegel und ein Rasiermesser lagen. Ein gelber Schlafrock mit offenem Gürtel bauschte sich leicht hinter ihm in der milden Morgenluft. Er hielt das Becken in die Höhe und intonierte: »Inroibo ad altare Dei.« Innehaltend spähte er die dunkle Wendeltreppe hinunter und kommandierte grob: »Komm rauf, Kinch! Komm rauf, du feiger Jesuit!« Feierlich stieg er weiter und erstieg das runde Geschützlager.* (Joyce 1922, S. 7)

Repetitives Erzählen

Repetitives Erzählen: Bei dieser Spielart der Frequenzgestaltung werden Ereignisse in der Erzählung häufiger geschildert, als sie sich in der erzählten Welt zugetragen haben. Die zitierten Passagen aus Kleists *Erdbeben in Chili* können hier wiederum als Anschauungsbeispiel dienen. Dass Jeronimo zum Zeitpunkt der Erderschütterung an einem Gefängnispfeiler steht, um sich zu erhängen, geschieht in der erzählten Welt nur einmal, wird in der Erzählung aber zweimal berichtet, zunächst vor der betrachteten Rückwendung und dann noch einmal im Anschluss an sie: *»Eben stand er, wie schon gesagt, an einem Wandpfeiler«* (s. o., S. 121). Komplexere und zweifellos interessantere Ausprägungen repetitiven Erzählens sind solche, in denen ein Ereignis nicht nur wiederholt, sondern zugleich in unterschiedlicher Weise geschildert wird, etwa aus divergierenden Perspektiven oder von verschiedenen fiktiven Erzählinstanzen (vgl. dazu auch Kap. 2.2 und 8.1); auch in diesem Fall hält das moderne Filmerzählen einige kunstvolle Beispiele bereit, etwa Akira Kurosawas *Rashomon* (1950), in dem ein Mord in jeweils einzelnen, unabhängigen Episoden aus der Sicht verschiedener Figuren dargestellt wird, oder Alejandro González Iñárritus *Amores Perros* (2000), in dem die wesentlichen Handlungsstränge über einen mehrfach – jeweils aus anderer Perspektive – gezeigten Unfall miteinander verknüpft werden.

Iteratives Erzählen

Iteratives Erzählen: Diese Variante der Frequenzgestaltung wird zumeist als Umkehrung der Repetition bestimmt, also als der Fall, dass nur einmal erzählt wird, was sich in der erzählten Welt mehrmals zugetragen hat. Auf der Grundlage des oben erläuterten Ereignisbegriffs ist dies freilich eine Charakterisierung, die der Präzisierung bedarf: Wenn davon ausgegangen wird, dass sich ein Ereignis aus drei Bestandteilen zusammensetzt – aus Zeitpunkt, Gegenstand und etwas, das von diesem Gegenstand zu diesem Zeitpunkt ausgesagt wird (vgl. Kap. 2.1, S. 25 f.) –, dann vermag sich ein Vorkommnis strenggenommen nicht zu wiederholen. Im Fall erzählerischer Iteration wird in diesem Sinne nicht ein mehrmals stattfindendes Ereignis nur einmal geschildert, sondern es werden vielmehr mehrere Ereignisse der erzählten Welt als Realisierungen eines *Typs* von Ereignis verstanden, der in der Erzählung als solcher nur einmal dargestellt wird. Ereignistypen sind dabei über einen Gegenstand und etwas bestimmt, das von ihm ausgesagt wird. Realisierungen von Ereignistypen sind darüber hinaus noch durch einen Zeitpunkt gekennzeichnet, der sie voneinander unterscheidet. In literarischen Erzählungen dient das iterative Erzählen häufig dazu, einleitend die Welt zu beschreiben, in der sich die Handlung des Textes zuträgt, deren Darstellung dann mit dem Wechsel in das singulative Erzählen einhergeht. Ein Musterbeispiel stellt in dieser Hinsicht E. T. A. Hoffmanns Erzählung *Der Sandmann* dar:

Nach dem Abendessen, das alter Sitte gemäß schon um sieben Uhr aufgetragen wurde, gingen wir alle, die Mutter mit uns, in des Vaters Arbeitszimmer und setzten uns um einen runden Tisch. Der Vater rauchte Tabak und trank ein großes Glas Bier dazu. Oft erzählte er uns viele wunderbare Geschichten [...]. Oft gab er uns aber Bilderbücher in die Hände, saß stumm und starr in seinem Lehnstuhl und blies starke Dampfwolken von sich, dass wir alle wie im Nebel schwammen. An solchen Abenden war die Mutter sehr traurig und kaum schlug die Uhr neun, so sprach sie: »Nun Kinder! – zu Bette! zu Bette! der Sandmann kommt, ich merk es schon.« Wirklich hörte ich dann jedesmal Etwas schweren langsamen Tritts die Treppe heraufpoltern [...]. (Hoffmann 1816, S. 4)

Unsere Hinweise zum Tempo, zur Ordnung und zur Frequenz von Erzählungen sollten einen Eindruck der vielfältigen Möglichkeiten narrativer Zeitgestaltung vermitteln. In der Nutzung dieser Möglichkeiten liegt eine zentrale Ursache für die Komplexität, durch die sich literarische Erzählungen oftmals von solchen in Alltagszusammenhängen unterscheiden. Die Grundkategorien der Zeitanalyse erinnern so zugleich daran, dass die Handlungen von Romanen, Novellen und anderen epischen Texten aus diesen zumeist mehr oder weniger mühevoll rekonstruiert werden müssen (vgl. Kap. 2.4, S. 66–68, und 3.1, S. 70).

Tempus

Tempusgebrauch in Erzähltexten

Im Zusammenhang mit der Zeitgestaltung hat sich die Erzähltheorie, insbesondere in der zweiten Hälfte des 20. Jahrhunderts, eingehend auch mit dem Tempusgebrauch in Erzähltexten befasst. Ein Ausgangs- und wichtiger Bezugspunkt der Auseinandersetzungen ist Käte Hamburgers 1957 erstmals erschienene Schrift *Logik der Dichtung* gewesen. Hamburger entwickelt hier die These, dass grammatische Zeitformen wie Präteritum, Präsens oder Futur in der »Epik« (d. h. in literarisch-fiktionalen Erzählwerken) nicht die gleiche Funktion haben wie im »Wirklichkeitsbericht« (d. h. in nicht-fiktionalen Alltagserzählungen), also *nicht* dazu dienen, das zeitliche Verhältnis zwischen einem Sprechakt und dem in ihm gegenständlichen – vergangenen, gleichzeitigen oder zukünftigen – Geschehen anzuzeigen. Nach Hamburger ist in der Epik »die temporale Bedeutung des Tempus« (Hamburger 1957, S. 84) außer Kraft gesetzt; sie spricht darum auch von der »Zeitlosigkeit« literarischer Fiktionen (vgl. ebd., S. 80 u. ö.). Zur Plausibilisierung dieser Annahme vergleicht sie die Nutzung des Präteritums in kurzen Passagen aus epischen und anderen Erzählungen und stellt fest, dass sich in literarisch-fiktionalen Erzählwerken

Verben in der Vergangenheitsform und Adverbien mit Zukunftsbezug problemlos miteinander verbinden lassen, wie z. B. in dem – seither vielzitierten – Satz »Morgen war Weihnachten« (ebd., S. 71) aus einem Roman von Alice Berend. Hamburger folgert hieraus, dass das Präteritum in der Epik »seine grammatische Funktion, das Vergangene zu bezeichnen, verliert« (ebd., S. 65) und als ›episches Präteritum‹ von der Vergangenheitsform zu unterscheiden ist, die in alltäglichen Redezusammenhängen begegnet.

Episches Präteritum

Die Rede vom ›epischen Präteritum‹ ist in der Beschäftigung mit literarisch-fiktionalen Erzählwerken mittlerweile weit verbreitet; trotzdem werden wir aus verschiedenen Gründen auf die Verwendung des Ausdrucks verzichten: Zum einen teilen wir die theoretischen Auffassungen zum fiktionalen Erzählen nicht, die den Hintergrund der Begriffsprägung bilden. Anders als Hamburger nehmen wir an, dass Fiktionalität nicht an bestimmte syntaktisch-grammatische Merkmale von Texten gebunden ist, sondern an eine spezifische Form der Sprachverwendung (vgl. dazu Kap. 2.2, S. 43–48). Zum anderen halten wir Hamburgers Ausführungen zur Funktion der Tempora in literarischen und nicht-literarischen Texten auch ganz unabhängig von der ihnen zugrundeliegenden Fiktionstheorie für nicht überzeugend. So scheint offensichtlich, dass die grammatischen Zeitformen in vielen literarisch-fiktionalen Erzählwerken in genau der Weise funktionieren wie in Alltagsschilderungen: In der Rede eines Ich-Erzählers wie Felix Krull in Thomas Manns Romanfragment *Bekenntnisse des Hochstaplers Felix Krull* zeigt das Präteritum die Vorzeitigkeit der dargestellten Ereignisse gegenüber ihrer Darstellung an und das Präsens die Gleichzeitigkeit. Und umgekehrt spricht nichts dagegen, dass Sätze, die nach Hamburger nur in der Fiktion vorkommen können, auch in nicht-fiktionalen Äußerungen und Erzählungen Verwendung finden (»Wann war noch gleich die Klausur nächste Woche?«, mag ein Student den anderen fragen).

7 Mittelbarkeit und Unmittelbarkeit erzählerischer Präsentation

Erzählungen können bei ihren Leserinnen und Lesern den *Eindruck einer mehr oder weniger großen Nähe zum Erzählten* hervorrufen. In diesem Kapitel wird eine erzähltheoretische Kategorie vorgestellt, die diesen Eindruck abzubilden versucht. Wir nennen sie im Anschluss an Genette (narrative) ›Distanz‹ (vgl. Genette 1972, S. 116–131).

Narrative Distanz

Zur Einführung des Phänomens geben wir eine intuitive Erläuterung. Man vergleiche die folgenden zwei Ereignisbeschreibungen:

(A) *Peter war wütend, denn seine Abteilungsleiterin hatte ihm an einem Tag, der wie jeder andere begann, und ohne einen Hinweis, der ihn vorbereitet hätte, verkündet, dass er nicht befördert würde.*

(B) *Peter konnte es nicht fassen. Plötzlich hatte die Abteilungsleiterin direkt vor ihm gestanden und ausgesprochen, was er erst jetzt begreifen konnte: »Keine Beförderung«, murmelte er mit vor Wut bebender Stimme.*

Beide Textabschnitte sind gleich lang (sie umfassen je 30 Wörter), und beide handeln von der Wut Peters angesichts einer unerfreulichen Nachricht seitens seiner Abteilungsleiterin. Textabschnitt (B) verfügt gegenüber (A) über eine geringere Distanz: Vergleicht man beide Abschnitte miteinander, so kann man den Eindruck haben, dass (B) ein unmittelbareres Bild von Peters Wut zeichnet: Wir erfahren, dass seine Stimme bebt, wir meinen vielleicht sogar zu hören, was er sagt (und bekommen einen Eindruck davon, was er denkt, da er unwillkürlich ausspricht, was ihn bewegt), und wir erfahren ein Detail über die räumliche Situation, in der Peter die für ihn schlechte Nachricht erlebt hat. Textabschnitt (A) dagegen hat eher den Charakter einer Zusammenfassung. Die wichtigsten Informationen werden uns zwar auch hier präsentiert; dies geschieht jedoch, ohne dass sinnlich wahrnehmbare Details der Situation genannt würden. Die Darstellung hat demgegenüber einen distanzierteren Charakter und ist weniger anschaulich.

Nachstehend möchten wir die Rede vom Eindruck einer mehr oder minder großen Nähe zum Dargestellten präzisieren (vgl. Klauk/Köppe 2014a und 2014b). Zunächst einmal muss man sich darüber klar sein, dass wir dann, wenn wir einen Text hören oder lesen, das Erzählte natürlich nicht sinnlich wahrnehmen, und es ist auch nicht tatsächlich präsent. (Was wir sinnlich wahrnehmen, ist beispielsweise Geschriebenes auf Papier, oder es sind die Worte der erzählenden Person.) Der Eindruck einer mehr oder minder großen Nähe zum

Modus der Imagination

Erzählten ist vielmehr ein Modus unserer Imagination. Er entsteht dann, wenn man sich, mit einem gebräuchlichen Ausdruck, ›im Geiste ein Bild vom Erzählten macht‹ oder sich ›ausmalt‹, was man gehört oder gelesen hat. In Kapitel 2.2 haben wir eine Theorie der Fiktionalität vorgestellt, die genauer beschreibt, was es hiermit auf sich hat: Fiktionale Erzähltexte fordern uns dazu auf, uns vorzustellen, dass das in ihnen Beschriebene der Fall ist. Die Kategorie der Distanz betrifft nun die Frage der Qualität oder Ausgestaltung dieser Vorstellungsaktivität. Im Sinne einer ersten Annäherung können wir sagen, dass sich *unsere Vorstellungen im Fall einer geringeren Distanz durch mehr sinnlich wahrnehmbare Details auszeichnen, als dies bei Texten mit einer höheren Distanz der Fall ist.*

Diese Bestimmung ist jedoch in einer wichtigen Hinsicht unpräzise und korrekturbedürftig. In der soeben vorgeschlagenen Bestimmung der Kategorie hängt die narrative Distanz eines Erzähltextes *allein* von der Qualität der Vorstellungen ab, die individuelle Leserinnen oder Leser ausbilden. Welche Qualität die Vorstellungsaktivität hat, hängt jedoch nicht nur vom Text ab, sondern auch von den individuellen Dispositionen der Lesenden. Wer ein entsprechendes Talent oder eine entsprechende Neigung hat, kann auch eine relativ abstrakte Darstellung zum Anlass nehmen, sich mit vielen sinnlich wahrnehmbaren Details auszumalen, wovon die Rede ist. Auch Text (A) mag solche Leserinnen und Leser dazu einladen, sich anschaulich vorzustellen, wie es um Peters Wut bestellt ist. Derselbe Text verfügte dann über eine geringe Distanz für einen Leser und über eine hohe Distanz für eine andere Leserin. Bindet man die Kategorie der narrativen Distanz in der vorgeschlagenen Weise also lediglich an die (faktischen) Vorstellungen der Lesenden, so büßt die Kategorie ihre textanalytische Brauchbarkeit weitgehend ein – sie wird, mit einem anderen Wort, relativ zu den Dispositionen einzelner Leserinnen und Leser.

Wir könnten dieses offensichtliche Problem umgehen, indem wir behaupten, dass ein Erzähltext über eine (relativ gesehen) geringe Distanz verfügt, wenn er uns zu Vorstellungen *auffordert*, die sich durch viele sinnliche Details auszeichnen, und über eine höhere Distanz verfügt, wenn dies nicht der Fall ist. Auch diese Bestimmung ist jedoch noch nicht befriedigend, denn vermutlich fordert uns *jeder* fiktionale Erzähltext dazu auf, uns sinnliche Details des Beschriebenen auszumalen. In Kapitel 2.2 wurde erläutert, dass fiktionale Erzähltexte zu einer reichen und vielschichtigen Vorstellungsaktivität einladen, und dazu gehören in aller Regel eben auch sinnliche Vorstellungsqualitäten.

Abhilfe schafft hier die Einsicht, dass uns zwar vermutlich jeder fiktionale Erzähltext dazu einlädt, uns das Beschriebene (soweit möglich) auch in seinen sinnlichen Qualitäten vorzustellen, dass jedoch nicht jeder Erzähltext diese sinnlichen Vorstellungsqualitäten in gleich starkem Maße *anleitet* oder *einschränkt*. Dies ist der Schlüssel zu einer befriedigenden Bestimmung der Kategorie: Die narrative ›Distanz‹ eines Erzähltextes erfasst, wie ausgeprägt diese Anleitung oder Einschränkung der Vorstellungsaktivitäten ist. Enthält der Text keine (oder kaum) Informationen über sinnlich wahrnehmbare Details, so kann ein Leser natürlich immer noch eine anschauliche Vorstellung ausbilden. Die Kategorie der narrativen Distanz erfasst jedoch nur, wie stark die Vorgaben oder Einschränkungen sind, die der Text dabei macht.

Anleitung der Vorstellungsaktivitäten

Die Anleitung oder Einschränkung der sinnlichen Qualitäten von Vorstellungen ist natürlich keine absolute Angelegenheit. Ein Ereignis kann mehr oder minder anschaulich beschrieben werden, und entsprechend kann die narrative Distanz eines Erzähltextes mehr oder minder groß sein. Zur Illustration können wir wiederum die Textabschnitte (A) und (B) heranziehen: (B) verfügt über eine geringere Distanz als (A). Das ist aber noch nicht alles: Wir können nämlich problemlos noch einen Text (C) konstruieren, der wiederum über eine geringere Distanz verfügt als (B):

(C) *Mit geballter Faust, bebender Stimme und grimmigen Blicks stieß Peter hervor: »Keine Beförderung! Und mir das so scheinheilig ins Gesicht zu sagen!«*

Peters Wut ist in (C) noch anschaulicher beschrieben als in (B). Die Distanz einer Erzähltextpassage, so können wir festhalten, lässt sich nur in Hinblick auf eine (tatsächliche oder hinzugedachte) Vergleichsgröße bestimmen und ist relativ zu dieser mehr oder minder groß.

Definition

Auf der Basis dieser Beobachtungen können wir den Begriff der narrativen Distanz wie folgt definieren: *Ein Textabschnitt T verfügt genau dann über eine geringere Distanz als ein Textabschnitt R, wenn T unsere Vorstellungen über den Bereich des sinnlich Wahrnehmbaren der fiktiven Welt stärker festlegt oder einschränkt als R.*

Terminologische Unterscheidungen

In der Erzähltheorie wurden einige terminologische Unterscheidungen etabliert, die nun ebenfalls kurz eingeführt werden sollen. Die (relativ gesehen) geringere Distanz eines Textabschnitts wird auch als ›szenische Darstellung‹, ›dramatischer Modus‹, ›Unmittelbarkeit‹ oder ›Mimesis‹ bezeichnet; die (relativ gesehen) höhere Distanz eines Textabschnitts bezeichnet man auch als ›narrativer Modus‹, ›Mittelbarkeit‹, ›panoramatische Erzählung‹ oder ›Diegesis‹ (vgl. Genette 1972, Kap. 4; Stanzel 1979, S. 190–196). Dass Erzähltexte einen Sachverhalt oder eine Situation nicht nur beschreiben, sondern auch ›szenisch‹ darstellen oder zeigen können, wurde schon früh als einer ihrer besonderen Vorzüge betrachtet; entsprechende Bemerkungen gehen beispielsweise aus den poetologischen Überlegungen von Henry James hervor (vgl. Lubbock 1921, S. 62 u. ö.; Wiesenfarth 1963; Köppe/Singer 2018).

Narrative vs. räumliche Distanz

Die narrative Distanz einer Erzähltextpassage ist etwas völlig anderes als die räumliche Distanz, die einen Betrachter von einem Geschehen trennt. Die Definition narrativer Distanz macht keine Aussage darüber, ob ein Erzähltext mit geringer Distanz die Vorstellung autorisiert, dass man sich *überhaupt* in einem räumlichen Verhältnis zum Erzählten befindet. Man kann sich offenbar auch sinnlich wahrnehmbare Aspekte von etwas vorstellen, ohne sich zugleich vorzustellen, dass man sich in einer bestimmten räumlichen Relation zum Dargestellten befindet (vgl. Wollheim 1984, S. 72–74). Ein Beispiel für eine anschauliche Beschreibung einer Landschaft, ohne dass sich ein Beobachterstandpunkt ausmachen ließe, ist die Eingangspassage aus Stendhals Roman *Rot und Schwarz*:

> *Die kleine Stadt Verrières kann als eine der schönsten der burgundischen Freigrafschaft gelten. Die weißen Häuser mit den spitzen Dächern aus roten Ziegeln sind über den Abhang eines Hügels gestreut, in dessen zarteste Windungen noch sich Gruppen kräftiger Kastanienbäume schmiegen. Der Doubs fließt ein paar hundert Schritte unterhalb der Befestigungen, die einst von den Spaniern erbaut wurden und jetzt zerfallen sind.* (Stendhal 1830, S. 9)

Die Beschreibung von Verrières enthält viele sinnlich wahrnehmbare Details, ohne dass damit verbunden wäre, dass sich ein Beobachter nahe am Beschriebenen (oder überhaupt auf einem klar bestimmbaren räumlichen Standpunkt relativ zum Beschriebenen) befinden würde.

Exkurs: Was sind sinnliche Vorstellungen?

In unserer Definition des Begriffs der Distanz ist die Rede von »Vorstellungen über den Bereich des sinnlich Wahrnehmbaren der fiktiven Welt«, und in unseren Erläuterungen haben wir an verschiedenen Stellen von »Vorstellungen, die sich durch sinnliche Qualitäten auszeichnen«, oder auch von der »Anschaulichkeit« von Vorstellungen gesprochen. Wir verwenden diese Ausdrücke als Sammelbegriffe für eine Reihe miteinander verwandter, jedoch im Detail unterschiedlicher Phänomene.

Eine besonders attraktive Möglichkeit, den Charakter anschaulicher Vorstellungen genauer zu beschreiben, wurde bereits in Kapitel 2.2 entwickelt (S. 45 f.): Der Simulationstheorie zufolge können wir in unserer Vorstellung alle möglichen Verhaltensweisen und Handlungen reproduzieren, die wir auch in der Wirklichkeit auszuüben in der Lage sind. Sinnliche Vorstellungen sind demnach vorgestellte Sinneserfahrungen: Wir stellen uns beispielsweise vor, etwas zu sehen oder zu hören.

Weitere Möglichkeiten, die Struktur sinnlicher Vorstellungen zu beschreiben, bestehen darin, dass man deren Gehalt charakterisiert, etwa, indem man sagt, dass man sich sinnlich wahrnehmbare Aspekte von etwas vorstellt oder dass man sich vorstellt, etwas habe bestimmte sinnliche Qualitäten. Tatsächlich handelt es sich um jeweils unterschiedliche Typen von Vorstellungen, von denen man annehmen kann, dass sie alle ihren Platz in unserem imaginativen Umgang mit fiktionaler Literatur haben.

Hüten muss man sich dagegen vor der Auffassung, dass man in sinnlichen Vorstellungen ein mentales Bild sieht. Man kann diese irreführende Redeweise jedoch leicht vermeiden, indem man adverbiale Formulierungen verwendet und etwa sagt, dass wir uns etwas auf sinnlich qualifizierte Weise vorstellen bzw. dass unsere Vorstellungen sinnlich qualifiziert sind (für vertiefende Überlegungen vgl. Audi 1998, S. 37–39; McGinn 2004).

In den vorstehenden Abschnitten haben wir uns mit der Frage befasst, was es bedeutet, dass eine Erzähltextpassage über eine höhere oder geringere Distanz verfügt. An dieser Stelle wird nun der Frage nachgegangen, welche narrativen Mittel den Eindruck einer mehr oder minder großen Distanz zum Erzählten hervorrufen können. Wir begnügen uns mit einigen Beispielen:

Narrative Mittel

In der traditionellen Erzähltheorie ist oft die Bedeutung der Figurenrede hervorgehoben worden. In wörtlicher Rede erfahren wir den Wortlaut dessen, was jemand sagt. Wir werden also dazu aufgefordert, uns vorzustellen, dass die fragliche Person, deren Rede wörtlich zitiert wird, es genau *so* (mit diesen Worten) gesagt hat. Im Unterschied dazu ist der Redebericht in der Regel eine distanziertere Form der Redewiedergabe. Hier erfahren wir nur mehr oder minder genau, was jemand gesagt hat, nicht jedoch, wie (und mit welchen Worten) dies geschehen ist.

Figurenrede

Zur Klassifikation von Figurenrede

In der Erzähltheorie werden üblicherweise verschiedene Typen der Figurenrede voneinander unterschieden und zunehmenden Graden der Distanz zugeordnet (vgl. Genette 1972, Kap. 4; Cohn 1978; Rimmon-Kenan 1983, Kap. 8; Fludernik 1993):

Wörtliche Rede: »Soll ich mitkommen?«, fragte Anna.
Erlebte Rede: Sollte sie mitkommen? Anna war unschlüssig.
Indirekte Rede: Anna fragte unschlüssig, ob sie mitkommen solle.
Redebericht: Anna stellte eine Frage bezüglich ihres Verbleibs.

Diese Unterscheidungen lassen sich leicht auf die Wiedergabe der Gedanken einer Figur übertragen:

Wörtliche Gedankenwiedergabe: »Soll ich mitkommen?«, fragte sich Anna.
Erlebte Rede: Sollte sie mitkommen? Anna war unschlüssig.
Indirekte Gedankenwiedergabe: Anna fragte sich unschlüssig, ob sie mitkommen solle.
Gedankenbericht: Anna dachte über ihren Verbleib nach.

In der Erzähltheorie werden verschiedene Formen der Redewiedergabe typischerweise mit verschiedenen Graden narrativer Distanz *identifiziert*; so wird etwa angenommen, die wörtliche Rede sei nichts anderes als eine geringe narrative Distanz. Diese Auffassung vermengt jedoch erstens das Phänomen der narrativen Distanz, nämlich einen bestimmten leserseitigen Eindruck, mit den sprachlichen Mitteln, die das Phänomen hervorzurufen geeignet sind. Zweitens könnten Beispiele wie Daniel Kehlmanns *Die Vermessung der Welt* zeigen, dass auch in indirekter Rede gehaltene Passagen den Eindruck einer geringen Distanz hervorrufen können (vgl. z. B. Kehlmann 2005, S. 258).

Beschreibende Passagen

Der Eindruck einer unmittelbareren Präsenz des Erzählten kann auch durch beschreibende Passagen hervorgerufen werden. Das ist jedenfalls dann der Fall, wenn die Beschreibung eines Gegenstands oder Ereignisses sinnliche Details hervorhebt (beispielsweise das Aussehen des Gegenstands). In der klassischen Rhetorik wird das Verfahren der detaillierten Beschreibung als *Ekphrasis* bezeichnet. Es ist typischerweise mit dem zeitdehnenden Erzählen verbunden (vgl. Kap. 6).

Mündlichkeitsindikatoren

In fiktionalen Erzählungen mit fiktivem Erzähler kann durch Mündlichkeitsindikatoren der Rede (u. a. nicht lexikalisierte oder dialektale Ausdrücke, Redundanzen, Pausen, Inversionen, Ellipsen, Parenthesen) der Eindruck hervorgerufen werden, man habe es mit der mündlich vorgetragenen Rede eines Erzählers zu tun. In diesem Fall ruft der Erzähltext bei uns die Vorstellung der Nähe zum *Erzähler* hervor. Wie es dann mit der (vorgestellten) Nähe zum von diesem Erzähler Erzählten aussieht, ist noch einmal eine andere Frage (ein interessantes Beispiel dafür ist der Beginn von Joseph Conrads *Herz der Finsternis*, das wir weiter unten diskutieren).

Wichtig ist nun nicht nur, dass diese Liste von Erzähltechniken nicht vollständig ist; die genannten Merkmale sind vor allem auch keine Garanten geringer narrativer Distanz. Vielmehr erhöhen sie lediglich die *Wahrscheinlichkeit*, dass eine Passage den Eindruck von Unmittelbarkeit des Erzählten hervorruft. Dieser Punkt soll noch etwas vertieft werden, weil er in der Erzähltheorie immer wieder zu Verwirrung geführt hat. Grundsätzlich muss zwischen Merkmalen unterschieden werden, die ein Phänomen *konstituieren*, und Merkmalen, die es lediglich *anzeigen* (vgl. Rescher 1973, S. 338). Was die narrative Distanz einer Erzähltextpassage *konstituiert*, ist die Tatsache, dass sie (relativ zu einer anderen Passage) unsere Vorstellungen über den Bereich des sinnlich Wahrnehmbaren in der fiktiven Welt mehr oder weniger stark einschränkt. *Erkennen* können wir dies unter anderem daran, dass in der Erzähltextpassage wörtliche Rede, Ekphrasis oder auch eine Erzählerrede mit Mündlichkeitsindikatoren vorliegen.

Menge narrativer Informationen

In der traditionellen Erzähltheorie ist diese Unterscheidung meist nicht beachtet worden. Im Anschluss an Genette wird oft davon ausgegangen, dass die narrative Distanz einer Erzähltextpassage durch die Menge narrativer Informationen oder die (graduelle) An- bzw. Abwesenheit eines Erzählers bestimmt sei. Eine geringe Distanz besteht demnach in vielen narrativen Informationen und der Abwesenheit eines Erzählers. – Das ist, legt man unsere Definition zugrunde, aus zwei Gründen falsch: Erstens handelt es sich bei der Menge narrativer Informationen und der Erzählerpräsenz allenfalls um Erzähltechniken, die den Grad der narrativen Distanz anzeigen. Sie konstituieren aber das Phänomen nicht. Zweitens sind diese Merkmale noch nicht einmal sonderlich gut dafür geeignet, das Phänomen anzuzeigen. Der von uns erfundene Erzählabschnitt (C) ist kürzer (und enthält weniger narrative Informationen) als (A) und (B), dennoch verfügt er über die geringste Distanz. Auch die Tatsache, dass ein Erzähler anwesend ist, entscheidet noch in keiner Weise über das Ausmaß narrativer Distanz. Ein Beispiel für eine Erzähltextpassage mit geringer narrativer Distanz *ohne* fiktiven Erzähler ist – neben (A), (B) und (C) – die bereits zitierte Eingangspassage aus Stendhals Roman *Rot und Schwarz* (vgl. grundsätzlich Kap. 2.1). Und ein Beispiel für Erzählen mit geringer Distanz *mit* Erzähler ist die folgende Passage aus Joseph Conrads *Herz der Finsternis*:

Die Mündung der Themse dehnte sich vor uns wie der Anfang einer unendlichen Wasserstraße. In der Räumte waren See und Himmel fugenlos zusammengeschweißt, und in der leuchtenden Weite schienen die sonnengegerbten Segel der mit der Flut flußaufwärts treibenden Kähne stillzustehen – rote Bü-

schel aus Leinwand, scharf zugespitzt im Glanz der lackierten Bugspriete. Ein Nebelschleier ruhte über dem platten Land, dessen weite Flächen sich in der See verloren. Über Gravesend lag ein finsterer Dunst, der sich noch weiter entfernt zu einer trüben Düsternis zu verdichten schien, die reglos über der größten und großartigsten Stadt dieser Erde brütete. Der Generaldirektor war unser Kapitän und Gastgeber. (Conrad 1899, S. 5)

Am Beginn von Joseph Conrads Roman wird ein Ich-Erzähler eingeführt. Die Geschichte fordert uns zu der Vorstellung auf, dass wir seinen Worten lauschen, und zwar in einer präzise und anschaulich beschriebenen Szenerie. Die Passage verfügt – trotz der Anwesenheit eines Erzählers – über eine geringe narrative Distanz; sie fordert uns zur Vorstellung verhältnismäßig vieler sinnlicher Details der Szenerie auf.

Erzählung von Worten vs. Erzählung von Ereignissen

Eine weitere Unterscheidung, auf die in der Genette folgenden Erzähltheorie großen Wert gelegt wird, betrifft die »Erzählung von Worten« auf der einen und die »Erzählung von Ereignissen« auf der anderen Seite. Die Idee ist hier, dass nur im Fall der Erzählung von Worten von »Präsenz« (und geringer Distanz) im eigentlichen Sinne gesprochen werden könne, weil jede Erzählung von Ereignissen zunächst eine »Transformation der Ereignisse in Sprache« voraussetze – und dann, so die Idee, ist eben nur die Sprache präsent und nicht das ursprüngliche, nicht-sprachliche Ereignis (vgl. Martinez/Scheffel 1999, S. 49; Lahn/Meister 2008, S. 119). Diese Unterscheidung beruht auf mehr als nur einem Missverständnis:

Erstens sind, wie oben bemerkt wurde, in fiktionalen Erzähltexten weder die Aussagen einer Figur noch sonstige Ereignisse oder Sachverhalte in einem wörtlichen Sinne präsent. In beiden Fällen stellen wir uns (auf der Basis des Textes) nur vor, dass etwas der Fall ist oder geschieht; die Worte von Figuren einerseits und sonstige Ereignisse oder Sachverhalte andererseits unterscheiden sich in dieser Hinsicht nicht. Außerdem sind zum einen auch die Sprechakte einer Figur Ereignisse; eine relevante Unterscheidung beider Ereignistypen muss dies berücksichtigen. Zum anderen lässt auch die wörtliche Figurenrede viele Aspekte der Rede offen – etwa Modulation, Akzent, Intonation, Lautstärke, Geschwindigkeit oder Pausen der Rede. Es ist also nicht so, dass die schriftliche Wiedergabe von Gesprochenem automatisch ausführlicher und insofern näher an der Wirklichkeit wäre als beispielsweise die Beschreibung eines Gegenstandes.

Zweitens ist die Rede von der »Transformation« von Ereignissen in Sprache sehr unglücklich. Fiktive Ereignisse gibt es nicht unabhängig von ihrer Beschreibung in fiktionalen Erzähltexten. Diese Ereignisse werden also nicht transformiert – und das gilt für die Figurenrede ebenso wie für sonstige Ereignisse und Sachverhalte der fiktiven Welt (vgl. auch Lamarque 2010, Kap. 10).

Exkurs: Distanz in nicht-fiktionalen Erzähltexten

Unsere Definition des Begriffs der narrativen Distanz beschränkt, da in der Definition von der fiktiven Welt eines Erzähltextes die Rede ist, die Kategorie auf fiktionale Erzähltexte. Ist das sinnvoll?

Ein nicht-fiktionaler Erzähltext kann ebenfalls mehr oder minder anschaulich geschrieben sein und den Eindruck einer mehr oder minder großen Unmittelbarkeit des Dargestellten hervorrufen. Auch in diesem Fall können wir von »narrativer Distanz« sprechen. In der Definition muss der Ausdruck ›fiktive Welt‹ dann allerdings ersetzt werden – etwa durch ›dargestellte Welt‹. Wir können dann definieren: *Ein Abschnitt T (eines nicht-fiktionalen Erzähltextes) verfügt genau dann über eine geringere Distanz als ein Textabschnitt R, wenn T unsere Vorstellungen über den Bereich des sinnlich Wahrnehmbaren der dargestellten Welt stärker festlegt oder einschränkt als R.*

Die folgende Erläuterung mag hier noch angebracht sein: Es ist unproblematisch, davon auszugehen, dass auch nicht-fiktionale Texte uns dazu auffordern, uns das Dargestellte vorzustellen (vgl. Martinich/Stroll 2007, S. 50 und 54). Die Unterscheidung von fiktionalen und nicht-fiktionalen Erzähltexten wird dadurch nicht angegriffen. Entscheidend für die Fiktionalität eines Textes ist die *Kombination* mehrerer Regeln des Umgangs mit dem Text. Die Vorstellungsaufforderungs-Regel ist ein notwendiges, nicht jedoch ein hinreichendes Merkmal der Fiktionalitätsinstitution (vgl. Kap. 2.2).

Was sind die Funktionen unterschiedlicher Grade narrativer Distanz in einem Erzähltext? Diese Frage klingt insofern etwas merkwürdig, als man die narrative Distanz selbst als eine funktionale Eigenschaft einer Erzähltextpassage auffassen kann. Die Kategorie erfasst den Eindruck, den Leserinnen und Leser der Passage haben. Lesereindrücke sind Effekte, die der Text ausübt. Treten solche Eindrücke zuverlässig oder regelmäßig auf, so spricht man davon, dass der Text die fragliche Funktion hat oder zumindest haben kann (vgl. Stock 2000). Welche *weiteren* Effekte unterschiedliche Grade narrativer Distanz haben, ist eine empirische Frage, die von der Leserpsychologie untersucht werden kann (vgl. Andringa 1996).

Insgesamt ist es wohl nicht falsch zu vermuten, dass eine geringe narrative Distanz (bzw. der dramatische oder szenische Modus) eine von vielen Lesern besonders geschätzte (funktionale) Eigenschaft von Erzähltexten ist. Sie hat etwas damit zu tun, wie stark wir von der Lektüre absorbiert werden bzw. wie intensiv wir in unserer Vorstellung an der Erzählwelt teilnehmen.

Alternative Verständnisse in der Forschung

Wir haben unserer Darstellung der narrativen Distanz ein bestimmtes Verständnis von narrativer Distanz zugrunde gelegt. Begriffsexplikationen müssen irgendwo starten. Sie müssen, mit anderen Worten, ein *Explanandum* voraussetzen, d. h. ein mehr oder minder klar umrissenes Verständnis des Begriffs, der expliziert werden soll (vgl. Kap. 1.2.3). In der Narratologie gibt es allerdings – wie die folgenden Beispiele zeigen – keine Einigkeit darüber, genau welches Phänomen eingefangen werden, welche Merkmale es konstituieren oder anzeigen und welche Bezeichnung dem Phänomen gegeben werden soll:

Seymour Chatman spricht von der »unmediated presentation« eines Ereignisses, das von dessen »recounting« unterschieden wird (Chatman 1978, S. 32; vgl. ebd., Kap. 4). Wesentliches Unterscheidungskriterium ist hier also die Vermittlung (*mediation*) durch einen Erzähler, die vorliegen kann oder auch nicht. Unter dieser Bestimmung fällt das Distanzphänomen mit der An- oder Abwesenheit eines fiktiven Erzählers zusammen (und ist als gesonderte Kategorie damit überflüssig).

Michael Toolan unterscheidet die Darstellungsformen der »*mimesis*« und »*diegesis*«. »Mimesis schildert in einem gewissen Sinne ›alles, was passiert ist‹, nämlich in dem Sinne, dass dargestellt wird, was ein unmittelbarer Augenzeuge einer Situation berichten würde«. »Diegesis schildert in einem anderen Sinne ›alles, was passiert ist‹, nämlich in dem Sinne, dass dargestellt wird, was ein außenstehender Beobachter einer Situation für berichtenswert halten würde« (Toolan 2001, S. 134). Wesentliches Unterscheidungskriterium ist hier also die Position (im räumlichen und intellektuellen Sinne) eines (ggf. hypothetischen) Berichterstatters.

Franz Stanzel unterscheidet den »*modus obliquus*« vom »*modus rectus*«, wobei zu Ersterem »die Aspekte raffender Bericht, zusammenschauende Abstraktionen und Verbegrifflichung gehören«; zu Letzterem dagegen gehören »die Aspekte szenische Gestaltung des Vorgangs ›in actu‹, Konkretisation der Vorstellung, Unmittelbarkeit des Eindrucks« (Stanzel 1979, S. 192). Bemerkenswert ist hier, dass Merkmale der Textgestaltung und des Lesereindrucks nicht unterschieden werden.

Wir sind der Auffassung, dass sowohl die Frage der »Vermitteltheit« (Chatman), die »Position eines (hypothetischen) Beobachters« (Toolan) als auch die von Stanzel genannten Textmerkmale etwas miteinander und mit dem Phänomen der narrativen Distanz zu tun haben. Hauptpunkt ist jedoch ein bestimmtes Rezeptionsphänomen, d. h. ein Eindruck, den auf bestimmte Weise gestaltete Erzähltextpassagen auf Leser ausüben sollen. Die genannten Merkmale von Texten sind entweder (metaphorische) Umschreibungen des Phänomens oder spielen eine Rolle als textuelle Indikatoren narrativer Distanz.

8 Erzählperspektive

Für die Untersuchung der Frage, wie Ereignisse in einer Erzählung präsentiert werden, ist besonders wichtig, ob sich die Darstellung einer bestimmten Perspektive verdankt. Wir unterscheiden in diesem Kapitel zwei grundsätzlich verschiedene Ausprägungen der Erzählperspektive. In Kap. 8.1 fassen wir Formen zusammen, die hier im Anschluss an Gérard Genette als *Fokalisierung* bezeichnet werden sollen (vgl. Genette 1972, Kap. 4). In der Erzähltheorie werden meist drei Typen der Fokalisierung unterschieden, nämlich die interne Fokalisierung, die externe Fokalisierung sowie die Nullfokalisierung. Wir beginnen unsere Darstellung mit der internen Fokalisierung, d. h. der Präsentation des Erzählten aus der Perspektive einer Figur (vgl. Kap. 8.1.1). Es handelt sich dabei nicht nur um den wichtigsten und prominentesten Fall der Perspektivierung in fiktionalen Erzähltexten; vielmehr ist es auch so, dass weder die externe Fokalisierung noch die Nullfokalisierung als Formen der Darstellung *aus* jemandes Perspektive bestimmt sind. Wie in Kapitel 8.1.2 erläutert werden wird, ist die externe Fokalisierung vielmehr durch die Wahl dargestellter Gegenstände bestimmt; und die Nullfokalisierung ist nichts anderes als die Abwesenheit interner und externer Fokalisierung (vgl. Kap. 8.1.3). In Kapitel 8.2 stellen wir ergänzende Überlegungen zur Perspektive von Autorinnen und Autoren im Erzähltext an.

Fokalisierung

8.1 Fokalisierung

8.1.1 Interne Fokalisierung

Bei der internen Fokalisierung wird das Erzählte aus der Perspektive einer Figur präsentiert. Der folgende Abschnitt entstammt Franz Kafkas Erzählung *Der Heizer* von 1913. Der Protagonist der Erzählung, Karl Roßmann, wird nach Amerika geschickt, weil er mit einer Hausangestellten ein Kind gezeugt hat. In der Passage wird aus Karls Perspektive erzählt, wie sich diese Angelegenheit zugetragen hat:

Interne Fokalisierung

> *Karl hatte aber keine Gefühle für jenes Mädchen. Im Gedränge einer immer mehr zurücktretenden Vergangenheit saß sie in ihrer Küche neben dem Küchenschrank, auf dessen Platte sie ihren Ellbogen stützte. Sie sah ihn an, wenn er hin und wieder in die Küche kam, um ein Glas zum Wassertrinken für seinen Vater zu holen oder einen Auftrag seiner Mutter auszurichten.*

Manchmal schrieb sie in der vertrackten Stellung seitlich vom Küchenschrank einen Brief und holte sich die Eingebungen von Karls Gesicht. Manchmal hielt sie die Augen mit der Hand verdeckt, dann drang keine Anrede zu ihr. Manchmal kniete sie in ihrem engen Zimmerchen neben der Küche und betete zu einem hölzernen Kreuz; Karl beobachtete sie dann nur mit Scheu im Vorübergehen durch die Spalte der ein wenig geöffneten Tür. Manchmal jagte sie in der Küche herum und fuhr, wie eine Hexe lachend, zurück, wenn Karl ihr in den Weg kam. Manchmal schloß sie die Küchentüre, wenn Karl eingetreten war, und behielt die Klinke so lange in der Hand, bis er wegzugehen verlangte. Manchmal holte sie Sachen, die er gar nicht haben wollte, und drückte sie ihm schweigend in die Hände. Einmal aber sagte sie »Karl« und führte ihn, der noch über die unerwartete Ansprache staunte, unter Grimassen seufzend in ihr Zimmerchen, das sie zusperrte. Würgend umarmte sie seinen Hals, und während sie ihn bat, sie zu entkleiden, entkleidete sie in Wirklichkeit ihn und legte ihn in ihr Bett, als wolle sie ihn von jetzt niemandem mehr lassen und ihn streicheln und pflegen bis zum Ende der Welt. »Karl, o du mein Karl!« rief sie, als sähe sie ihn und bestätigte sich seinen Besitz, während er nicht das geringste sah und sich unbehaglich in dem vielen warmen Bettzeug fühlte, das sie eigens für ihn aufgehäuft zu haben schien. Dann legte sie sich auch zu ihm und wollte irgendwelche Geheimnisse von ihm erfahren, aber er konnte ihr keine sagen, und sie ärgerte sich im Scherz oder Ernst, schüttelte ihn, horchte sein Herz ab, bot ihre Brust zum gleichen Abhorchen hin, wozu sie Karl aber nicht bringen konnte, drückte ihren nackten Bauch an seinen Leib, suchte mit der Hand, so widerlich, daß Karl Kopf und Hals aus den Kissen herausschüttelte, zwischen seinen Beinen, stieß dann den Bauch einige Male gegen ihn – ihm war, als sei sie ein Teil seiner Selbst, und vielleicht aus diesem Grunde hatte ihn eine entsetzliche Hilfsbedürftigkeit ergriffen. Weinend kam er endlich nach vielen Wiedersehenswünschen ihrerseits in sein Bett. Das war alles gewesen, und doch verstand es der Onkel, daraus eine große Geschichte zu machen. Und die Köchin hatte also auch an ihn gedacht und den Onkel von seiner Ankunft verständigt. Das war schön von ihr gehandelt, und er würde es ihr wohl noch einmal vergelten. (Kafka 1913, S. 132 f.)

Die Passage weist eine Reihe von Merkmalen auf, die anzeigen, dass hier *aus Karls Perspektive* erzählt wird, obwohl die Passage nicht etwa in der Ich-Form erzählt ist. Wir können ›inhaltliche/semantische‹, ›grammatische‹ und ›kontextuelle‹ Indizien für diese Perspektivierung voneinander unterscheiden:

Indizien

Von inhaltlichen (oder semantischen) Indizien für die interne Fokalisierung einer Textpassage sprechen wir, wenn Aspekte des mentalen (d. h. geistigen) Horizontes einer Figur dafür verantwortlich zu sein scheinen, wie die Ereignisse beschrieben werden. In der zitierten Textpassage gibt es einige Beispiele dafür:

Wertungen

- *Wertungen:* Die Angestellte wird mit einer »*Hexe*« verglichen, das Geschehen wird als »*widerlich*« charakterisiert und zugleich banalisiert (»*Das war alles gewesen*«).

Wissenshorizont

- *Wissenshorizont:* Was Karl fühlt, denkt und möchte, wird in der Passage ausdrücklich benannt. Die Gedanken, Absichten usw. der Angestellten werden dagegen entweder ganz ausgespart oder als bloße Vermutungen präsentiert. (Sprachlich markiert ist dies etwa durch die Verwendung des Konjunktivs »*als wolle*« oder durch das Unsicherheit anzeigende Verb »*schien*«.) Auch die jeweils gewählten Ausdrücke zur Beschreibung der Ereignisse verdanken sich einem spezifisch beschränkten Wissenshorizont. Dass es von der Angestellten heißt, sie bete zu einem »*hölzernen Kreuz*«, ist ebenso ein Beispiel dafür wie die Beschreibung des sexuellen Aktes selbst, der nämlich nicht beim Namen genannt, sondern vielmehr ausgespart oder umschrieben wird. Weil Karl sich mit Religion und Sexualität nicht auskennt, werden präzisere (oder allgemein andere) Formulierungen, die ein entsprechendes Wissen voraussetzen würden, nicht gewählt.

Räumliche Lokalisierung / optische Perspektive

- *Räumliche Lokalisierung / optische Perspektive:* In der zitierten Passage werden ausschließlich Dinge berichtet, die mit Karls räumlicher Lokalisierung und der damit verbundenen optischen Perspektive kompatibel sind; erzählt wird also nur das, was Karl sehen kann. (Dieses Merkmal ist in der zitierten Passage allerdings nicht sonderlich ausgeprägt; zu Merkmalen der optischen Perspektive vgl. Hyman 1995.)

Von diesen inhaltlichen Indizien, die sich den Eigenheiten der Figur in der fiktiven Welt verdanken, sind *grammatische* Indizien zu unterscheiden.

Erlebte Rede

- *Erlebte Rede:* Die Sätze »*Und die Köchin hatte also auch an ihn gedacht und den Onkel von seiner Ankunft verständigt. Das war schön von ihr gehandelt, und er würde es ihr wohl noch einmal vergelten*« am Schluss der Passage sind Beispiele für das grammatische Phänomen der erlebten Rede (*free indirect discourse*). Typisch für erlebte Rede ist, dass die Gedanken oder Äußerungen einer Figur präsentiert werden, wobei jedoch keine einleitenden Verben (sogenannte *verba dicendi* wie ›sagen‹ oder *verba credendi* wie ›denken‹

usw.) und keine Anführungszeichen verwendet werden, das Präteritum als Erzähltempus beibehalten wird (die Vorzeitigkeit wird entsprechend durch *»hatte«* angezeigt) und Pronomina, die auf den Denkenden verweisen, in der dritten Person (*»er«*) stehen. Damit sind die grammatischen Charakteristika eines ›Standardfalls‹ der erlebten Rede benannt; sie kann aber nicht allein in Erzählungen der Er-Form mit Erzähltempus Präteritum vorkommen, sondern auch in Ich-Erzählungen oder solchen im Präsens; in diesen Fällen ist sie freilich nur schwer von anderen Formen der Figurenrede zu unterscheiden (ausführlicher zu diesem Phänomen Cohn 1969; Fludernik 1993, S. 72–109).

Indexikalische Ausdrücke

– *Indexikalische Ausdrücke:* Das Temporaladverb *»jetzt«* in der Wendung *»als wolle sie ihn von jetzt niemandem mehr lassen«* bezieht sich auf den Zeitpunkt von Karls (damaliger) Wahrnehmung des Geschehens und kontrastiert insofern mit dem Präteritum der restlichen Textpassage (vgl. Klauk/Köppe/Onea 2012).

Kontext

Wichtig ist schließlich die kontextuelle Einbettung der intern fokalisierten Textpassage. Die Wechsel zur internen Fokalisierung am Beginn der Passage sowie deren Schluss sind markiert: Die Formulierung *»im Gedränge einer immer weiter zurücktretenden Vergangenheit«* deutet an, dass im Folgenden die Erinnerungen Karls präsentiert werden; das Ende der Passage wird durch einen Absatz markiert, vor dem die erlebte Rede noch einmal besonders deutlich anzeigt, dass Karls Sicht der Dinge in Rede steht.

Diese Liste von Markierungen interner Fokalisierung ist nicht vollständig. Sie stellt aber wichtige Typen zusammen und zeigt zugleich, dass diese auf unterschiedlichen Ebenen des Textes angesiedelt sein können: Neben typographischen, grammatischen oder syntaktischen Merkmalen (u. a. Stilistik, erlebte Rede oder die Absatzgliederung) spielen auch lexikalische (Wortwahl) sowie vor allem semantische Merkmale (also vereinfacht gesagt Dinge, die in der fiktiven Welt des fiktionalen Erzähltextes der Fall sind) eine wichtige Rolle. Insbesondere die semantischen Merkmale können in der Regel nur im Rahmen von Interpretationen identifiziert werden: Ob das in einer bestimmten Textpassage Gesagte dem Wahrnehmungs- oder Wissenshorizont einer Figur entspricht oder nicht, kann man oft nur dann entscheiden, wenn man bereits zuverlässige Vorstellungen darüber hat, was in der fiktiven Welt der Fall ist. Dies wiederum setzt voraus, dass wir den Kontext der jeweils in Rede stehenden Passage kennen.

Grundsätzlich gilt, dass wir nur dann entscheiden können, dass eine bestimmte Passage aus der Perspektive einer Figur erzählt ist, wenn wir eine entsprechende Fokalisierungsinstanz (also eine Figur und ihre Perspektive, auch *focalizer* genannt) identifizieren können. Auch das setzt in der Regel eine Interpretation voraus, die mehrere Textpassagen oder sogar den ganzen Text berücksichtigt.

Fokalisierungsinstanz

Intern fokalisierte Textpassagen können über mehr oder minder deutliche Markierungen verfügen. Für sich genommen legt eine Markierung in aller Regel nicht zwingend fest, dass eine Textpassage intern fokalisiert ist; vielmehr muss man abwägen, ob die beste *Interpretation* der Passage eine interne Fokalisierung feststellt. Fokalisierungsmarkierungen haben in einer solchen Interpretation den Status von Gründen: Je mehr Markierungen und je eindeutiger die Markierungen, desto besser ist die interpretative Zuschreibung von Fokalisierung gerechtfertigt.

Fokalisierungsmarkierungen

Auch *ob* ein Textmerkmal eine Fokalisierungsmarkierung ist, muss oft im Rahmen einer Interpretation entschieden werden. Dass ein fiktionaler Text beispielsweise bestimmte Wertungen enthält, legt für sich genommen noch nicht die Fokalisierung der Passage fest. Erst eine Interpretation kann herausarbeiten, wie diese Textmerkmale zu verstehen sind und ob sie die Fokalisierung einer Textpassage anzeigen.

Die Interpretationsabhängigkeit von Fokalisierungsmarkierungen ist einer der Gründe dafür, dass Textpassagen mehr oder weniger eindeutig intern fokalisiert sein können. (Dasselbe gilt übrigens auch für die externe Fokalisierung, die weiter unten angesprochen werden wird.) Man kann dies auch so ausdrücken, dass Textpassagen mehr oder weniger *deutlich* oder stark fokalisiert sein können: Manchmal gibt es klare Hinweise darauf, dass eine Passage intern fokalisiert ist, und manchmal nur schwache oder nicht eindeutige Hinweise. Ein Beispiel für eine schwache interne Fokalisierung sind die letzten Sätze der folgenden Passage aus James Joyce' Erzählung *Die Toten*. Erzählt wird von Mr. Gabriel, der im Begriff ist, eine Rede zu halten:

Schwache interne Fokalisierung

> *Da ihm eine Reihe zugewandter Gesichter begegnete, hob er seinen Blick zum Lüster. Das Klavier spielte eine Walzermelodie, und er konnte hören, wie die Röcke gegen die Tür des Salons fegten. Vielleicht standen draußen im Schnee am Kai Leute, sahen zu den erleuchteten Fenstern hinauf und lauschten der Walzermusik. Dort war die Luft rein.* (Joyce 1914, S. 272)

Die letzten beiden Sätze *können* als intern fokalisiert verstanden werden; sie geben dann wieder, was Gabriel denkt, bevor er seine Rede hält. Hinweise auf diese Interpretation sind die einleitenden Verweise auf seine (sinnlichen) Wahrnehmungen, die epistemische bzw. die Erkenntnisfähigkeit betreffen-

Starke interne Fokalisierung

de Qualifizierung (»*Vielleicht*«) sowie auch die Tatsache, dass Gabriel im Verlauf der Erzählung öfter in Gedanken abschweift. – Eine *starke interne Fokalisierung* findet sich am Schluss der folgenden Passage aus derselben Erzählung:

> *An der Ecke Winetavern Street trafen sie auf eine Droschke. Er [Gabriel] war froh über ihr ratterndes Geräusch, das ihm Konversation ersparte. Sie [Gabriels Frau] schaute aus dem Fenster und wirkte müde. Die anderen sagten nur ein paar Worte, wiesen auf ein Gebäude oder eine Straße hin. Das Pferd galoppierte lahm dahin unter dem schweren Himmel und zog seine ratternde alte Kiste hinter sich her, und Gabriel war wieder in einer Droschke mit ihr, im Galopp, um das Schiff noch zu erreichen, im Galopp ihren Flitterwochen entgegen.* (Ebd., S. 219)

Die letzten beiden Halbsätze (»*und Gabriel war wieder in einer Droschke mit ihr, im Galopp, um das Schiff noch zu erreichen, im Galopp ihren Flitterwochen entgegen*«) sind eindeutig intern fokalisiert, denn Gabriel ist nur *in Gedanken* auf dem Weg in die Flitterwochen. Würde man sie wörtlich nehmen, wären diese Sätze in der Fiktion falsch, d. h., sie identifizieren keine fiktiven Tatsachen (vgl. Köppe 2017).

Definition

Wir wenden uns damit der theoretischen Beschreibung der internen Fokalisierung zu. In unseren Beispielanalysen haben wir die folgende Definition vorausgesetzt: *Eine Textpassage ist genau dann intern fokalisiert, wenn das Erzählte aus der Perspektive einer Figur präsentiert wird.*

Ausschlusskriterium

Dass aus der Perspektive einer Figur erzählt wird, beinhaltet erstens die rein *negative* Bedingung, dass nichts im Text steht, das die Perspektive der Figur übersteigt. Wir haben es hier also mit einem im Allgemeinen nützlichen Ausschlusskriterium zu tun, das anzeigt, wann ein Text nicht intern fokalisiert sein kann (ein Beispiel dafür ist die unten zitierte Passage aus James' *Washington Square*, vgl. S. 146). Stünde in der aus Kafkas *Der Heizer* zitierten Textpassage etwas, das Karl nicht wissen kann, so wäre klar, dass die Perspektive *nicht konsequent* intern fokalisiert – oder andersherum gesagt: *lediglich dominant* intern fokalisiert – ist.

Positive Bedingung

Zweitens zeichnet sich eine intern fokalisierte Textpassage dadurch aus, dass die Perspektive der Figur prägt oder tönt, was erzählt wird. Dies ist eine positive Bedingung. Der Ausdruck ›Perspektive‹ ist dabei in einem weiten Sinne zu verstehen: Wertungen, die räumliche Perspektive sinnlicher Wahrnehmungen, die Charakterisierung von Ereignissen und anderes können dadurch erklärt werden, dass man auf den räumlichen Standpunkt, die Meinungen,

Ansichten oder wertenden Einstellungen der Figur verweist (vgl. Chatman 1978, S. 151 f.; Chatman 1990, S. 139 f.). Etwas genauer gesagt, ist die Erklärungsreihenfolge so zu verstehen:

- (Fiktive) Ereignisse werden unter bestimmten Beschreibungen identifiziert.
- Diese Beschreibungen drücken Wertungen, einen bestimmten raum-zeitlichen Standpunkt, ein bestimmtes Weltbild usw. aus.
- Diese Wertungen, dieser raum-zeitliche Standpunkt, dieses Weltbild usw. können einer Fokalisierungsinstanz (also einer Figur in der erzählten Welt) zugeordnet werden.

Drittens schließlich ist zu beachten, dass eine Beschreibung von etwas aus der Perspektive einer Figur heraus nicht zu verwechseln ist mit der Beschreibung der Perspektive dieser Figur. In einer intern fokalisierten Textpassage drücken sich die fraglichen Einstellungen der Fokalisierungsinstanz *indirekt* aus, sie werden aber in der Regel nicht explizit beschrieben. Diesen Unterschied können wir durch einen Vergleich der folgenden Textpassagen herausstellen:

Indirektheit

(A) *Peter sah den ziehenden Wolken nach. Ob er wohl eines Tages nach Rom reisen würde? Das ewige Rom mit seinen Bauten und seiner Geschichte würde einen herrlichen Hintergrund für seine Studien abgeben.*

(B) *Peter sah den ziehenden Wolken nach. In ihm wuchs die Hoffnung, eines Tages nach Rom zu reisen, denn er war überzeugt, dass er dort besser würde arbeiten können.*

Beispiel (A) lässt sich leichter als intern fokalisiert auffassen als Beispiel (B), in dem nicht nur der Gehalt von Peters Wunsch (und dessen Begründung) genannt wird, sondern vielmehr auch explizit gesagt wird, dass Peter bestimmte Dinge wünscht und denkt. Die explizite Benennung des Mentalen der Figur ist jedoch *kein* Ausschlusskriterium – auch in der zitierten Passage aus *Der Heizer* werden etwa Karls Staunen und sein Unbehagen explizit benannt (vgl. S. 137 f.). Es ist daher zumindest missverständlich zu behaupten, bei intern fokalisierten Textpassagen sehe man einer Figur ›in den Kopf‹. Richtig ist, noch einmal, dass in intern fokalisierten Textpassagen das Gesagte durch die Perspektive einer Figur geprägt oder getönt wird. In (B) gibt es keinen Grund für die Annahme, dass die beschriebenen Sachverhalte unter Beschreibungen identifiziert werden, die sich (in offensichtlicher Weise) Peters Perspektive verdanken. Schließlich wurde oben bereits darauf hingewiesen, dass bei der Beurteilung der Fokalisierung *isolierter* Textpassagen generell Vorsicht geboten ist. Auch Passage (B) *kann* unter bestimmten Bedingungen als intern fokalisiert aufgefasst werden, etwa, wenn der Kontext geeignete Markierungen aufweist.

Für die Bestimmung der Fokalisierung der zitierten Textpassagen spielt die Kategorie des Erzählers keine Rolle. Bereits Genette besteht in seiner Erzähltheorie darauf, dass die Fragen »Wer sieht?« und »Wer spricht?« bei der Erzähltextanalyse grundsätzlich auseinandergehalten werden müssen (vgl. Genette 1972). Genette ist zuzustimmen, wenn er darauf hinweist, dass ein Erzähler das von ihm Erzählte aus verschiedenen Perspektiven heraus berichten kann. Allerdings geht Genette davon aus, dass jeder fiktionale Erzähltext über einen fiktiven Erzähler verfügt, und dies ist eine Auffassung, der wir widersprochen haben (vgl. Kap. 2.2.1). Die Frage »*Wer* spricht?« (wenn diese Frage, was hier vorausgesetzt wird, auf den fiktiven Erzähler eines fiktionalen Erzähltextes und nicht etwa auf die Autorin oder den Autor des Textes zielt) kann nur dann beantwortet werden, wenn der Text tatsächlich zu der Vorstellung auffordert, dass eine fiktive Instanz spricht. Wenn dies nicht der Fall ist, dann gibt es keinen fiktiven Erzähler.

Interne Fokalisierung ohne fiktiven Erzähler

Wichtig ist nun, dass auch fiktionale Erzähltexte *ohne* fiktiven Erzähler intern fokalisiert sein können. Die zitierte Passage aus Kafkas *Der Heizer* ist ein Beispiel dafür: Was in dieser Passage gesagt wird, verdankt sich der Perspektive Karls, aber es gibt keinen Grund für die Annahme, dass uns ein fiktiver Erzähler aus der Perspektive Karls bestimmte Dinge berichtet. Wohlgemerkt: In Kapitel 2.2.1 wurde darauf hingewiesen, dass die Sätze eines Erzähltextes vom Autor, in diesem Fall also von Kafka, aufgeschrieben wurden. Die Aufforderung, dass wir uns bestimmte Dinge vorstellen sollen, geht ebenfalls auf Kafka zurück (der nämlich aller Wahrscheinlichkeit nach wollte, dass wir seinen Text als fiktionalen auffassen). Die Analyse der Fokalisierung der Passage zwingt uns in keiner Weise dazu, von der Existenz eines fiktiven Erzählers auszugehen (vgl. Köppe/Stühring 2016b).

Interne Fokalisierung mit fiktivem Erzähler

Im Folgenden werden nun noch drei Beispiele für intern fokalisierte Erzähltextpassagen *mit* fiktivem Erzähler angeführt. Im ersten Fall, einer Passage aus Robert Walsers *Jakob von Gunten*, spricht die Erzählerfigur aus ihrer eigenen Perspektive; im zweiten Fall, einer Passage aus Ford Madox Fords *Die allertraurigste Geschichte*, spricht das erzählende Ich aus der Perspektive eines früheren erlebenden Ich; und im dritten Fall, einer Passage aus Henry James' *Washington Square*, spricht der Erzähler vorübergehend aus der Perspektive einer der Figuren, von der seine Erzählung handelt. Robert Walsers *Jakob von Gunten* beginnt folgendermaßen:

Man lernt hier sehr wenig, es fehlt an Lehrkräften, und wir Knaben vom Institut Benjamenta werden es zu nichts bringen, das heißt, wir werden alle etwas sehr Kleines und Untergeordnetes im späteren Leben sein. Der Unterricht, den wir genießen, besteht hauptsächlich darin, uns Geduld und Gehorsam einzuprägen, zwei Eigenschaften, die wenig oder gar keinen Erfolg versprechen. Innere Erfolge, ja. Doch was hat man von solchen? Geben einem innere Errungenschaften zu essen? Ich möchte gern reich sein, in Droschken fahren und Gelder verschwenden. (Walser 1909, S. 7)

Beim Erzähler in Walsers Roman handelt es sich um den Titelhelden Jakob, der aus seinem eigenen Leben berichtet. (Eine Besonderheit ist das Präsens als Erzähltempus, das den Eindruck entstehen lässt, dass Erleben und Erzählen zur selben Zeit stattfinden; vgl. dazu Kap. 6. Zudem ist *Jakob von Gunten* unzuverlässig erzählt; vgl. dazu Kap. 9.) Der hier vorgestellten Definition gemäß ist dieser Erzählabschnitt intern fokalisiert: Jakob ist eine Figur, aus deren Sicht die Ereignisse präsentiert werden, und Jakobs Einstellungen zum Geschehen drücken sich unter anderem in verschiedenen – teils recht drastischen – Wertungen aus. Bei Ich-Erzählungen ist die interne Fokalisierung eine Grundannahme, d. h., wir gehen normalerweise ohne weitere Begründung davon aus, dass der Erzähler aus seiner eigenen Perspektive erzählt.

Dass ein Erzähler, der von seinem eigenen Leben berichtet, dies jedoch aus unterschiedlichen Perspektiven tun kann, zeigt das folgende Räsonnement des Erzählers aus Ford Madox Fords *Die allertraurigste Geschichte*:

Ich weiß nicht, wie ich die Sache am besten niederschreibe – ob es besser ist, zu versuchen, die Geschichte von Anfang an zu erzählen, als wäre sie eine Geschichte; oder ob ich sie aus diesem zeitlichen Abstand erzählen soll, so wie ich sie von den Lippen Leonoras oder Edwards vernahm. (Ford 1915, S. 20)

Im Roman treten erlebendes und erzählendes Ich auseinander, d. h., der Erzähler schreibt aus der Perspektive der Person, die er früher einmal war. In diesem Fall bedeutet das, dass der Erzähler insbesondere auf das (spätere) Wissen verzichtet, über das er zum Zeitpunkt des Erzählens verfügt. Fokalisierungsinstanz ist das erlebende Ich, nicht das erzählende Ich (vgl. Cohn 1978, Kap. 4).

Der Erzähler aus Henry James' *Washington Square* tritt nur sparsam in Erscheinung, etwa zu Beginn der Erzählung oder durch eingestreute Bemerkungen zum Erzählen selbst (*»ich weiß kaum, wie ich es ausdrücken soll«*; James 1881, S. 92). Er tritt nicht als Figur in seiner Erzählung auf und ist das, was man in der klassischen Erzähltheorie ›allwissender‹, ›olympischer‹ oder ›auktorialer

Erzähler‹ genannt hat (vgl. Stanzel 1979). In der folgenden Passage berichtet dieser Erzähler von den Auffassungen Mrs. Pennimans, die es gerne gesehen hätte, wenn ihre Nichte gegen den Willen ihres Vaters, des Doktors, eine Heirat mit Morris Townsend eingegangen wäre:

> *Die Tatsache, daß sie [Mrs. Penniman] diese ihre Zärtlichkeit verborgen hielt, beweist natürlich, daß sie deswegen beschämt war; aber sie brachte es fertig, ihre Beschämung zu verdrängen, indem sie sich in Erinnerung rief, daß sie letzten Endes die offizielle Schirmherrin der Heirat ihrer Nichte war. Ihre Logik hätte beim Doktor schwerlich Zustimmung gefunden. In erster Linie mußte Morris unbedingt das Geld kriegen, und sie würde ihm dazu verhelfen. Zum zweiten war es offenkundig, daß es ihm niemals zukommen würde, und es wäre ewig schade, wenn er ohne das Geld heiraten würde – ein junger Mann, der so unschwer etwas Besseres finden könnte.* (James 1881, S. 218)

In dieser Passage kann man einen Übergang zu einer intern fokalisierten Darstellung feststellen. Dass die letzten zwei Sätze aus Mrs. Pennimans Perspektive erzählt sind, wird deutlich u. a. durch den Eigennamen *»Morris«*, den Mrs. Penniman verwendet, nicht jedoch der Erzähler, wenn er aus seiner eigenen Perspektive erzählt; weitere Markierungen sind grammatische Merkmale der erlebten Rede, nämlich Tempus und Modus (*»würde«*), sowie die eindeutig Mrs. Penniman zuzuordnende (positive) Bewertung der Heirat und der Person Morris Townsends. Wir haben es immer noch mit der Rede des fiktiven Erzählers zu tun, aber dieser spricht vorübergehend aus der Perspektive der Figur. Der Anfang der Passage ist dagegen nicht intern fokalisiert: Die Beschämung ist etwas, das Mrs. Penniman nicht bewusst ist (sie hat es vermutlich verdrängt), und daher kann diese Feststellung nicht aus ihrer Sicht erfolgt sein (vgl. das auf S. 142 genannte Ausschlusskriterium, das Bestandteil der Definition interner Fokalisierung ist).

Variable interne Fokalisierung

Insbesondere in längeren Erzähltextpassagen können die Fokalisierungsinstanzen einander abwechseln; das Geschehen wird dann also (nacheinander) durch die Perspektive verschiedener Figuren geprägt. Im Anschluss an Genette sprechen wir in diesem Fall von einer variablen internen Fokalisierung.

Perspektive des Erzählers

Der Erzähltheoretiker Seymour Chatman ist der Meinung, dass Erzähltextpassagen, die durch die Perspektive einer Figur geprägt sind, *zusätzlich* durch die Perspektive eines Erzählers geprägt sein können (vgl. Chatman 1990, Kap. 9). Die Prägung durch die Perspektive der Figur nennt er *»filter«*, die Prägung durch die Perspektive des Erzählers *»slant«*. In der soeben zitierten Passage aus *Washington Square* kann man in diesem Sinne eine gewisse ironische

Grundhaltung feststellen, die sich in Ausdrücken wie *»offizielle Schirmherrin«* oder *»Logik«* ausdrückt und die auf das Konto des Erzählers geht (*slant*), während Mrs. Penniman Fokalisierungsinstanz (*filter*) ist. Wichtig ist nun, dass diese Unterscheidung keine Alternative zur hier vorgestellten Theorie interner Fokalisierung ist, sondern vielmehr einen Sonderfall derselben benennt: In manchen Erzähltexten können wir tatsächlich verschiedene Formen der Perspektivierung identifizieren, und manchmal kann man diese unterschiedlichen Figuren zuordnen, unter denen sich auch der Erzähler befindet. Eine Passage wie die zitierte aus *Washington Square* kann dementsprechend als variabel intern fokalisiert beschrieben werden. Eine Besonderheit kann darin gesehen werden, dass sich die Einflüsse der Perspektiven von Erzählerfigur und weiterer Figur gewissermaßen *überlagern* (und nicht *nacheinander* den Text prägen).

Funktionen

Bevor auf weitere Typen der Fokalisierung eingegangen werden wird, möchten wir kurz auf mögliche Funktionen der internen Fokalisierung zu sprechen kommen:

Figurencharakteristik

- *Figurencharakteristik:* Die interne Fokalisierung ist ein wichtiges Mittel der (indirekten) Figurencharakterisierung. Um eine intern fokalisierte Textpassage verstehen zu können, müssen wir einerseits bereits über eine Vorstellung von den mentalen Einstellungen der Fokalisierungsinstanz verfügen (andernfalls können wir nicht verstehen, dass die Passage aus der Perspektive der Figur erzählt ist). Andererseits kann uns die Passage vertiefte Einblicke in ebendiese Perspektive geben. Diese Form der Figurencharakterisierung ist insofern *indirekt*, als wir die genauen Konturen der Figurenperspektive (normalerweise) aus dem Gesagten erst *erschließen* müssen (vgl. auch Kap. 5).

Empathie und Sympathie?

- *Empathie und Sympathie?* Eine intern fokalisierte Textpassage lädt uns zu der Vorstellung ein, dass das Erzählte aus der Perspektive einer Figur präsentiert wird. Die von uns favorisierte Theorie der Fiktionalität legt verschiedene Präzisierungen dieser recht groben Charakterisierung nahe. Deutlich machen kann man sich das am Beispiel der optischen Perspektive einer Figur: Beschreibt ein Erzähltext, wie ein Gegenstand vom räumlichen Standpunkt einer Figur aus aussieht, so können wir uns nicht nur vorstellen, *dass der Gegenstand aus der Perspektive der Figur so und so aussieht*, sondern wir können uns auch vorstellen, *den Gegenstand aus der Perspektive der Figur zu sehen* (vgl. Leech/Short 1981, S. 341). In diesem Fall würde eine Form von Empathie vorliegen, d. h., wir würden uns in unserer Vorstellung in die Fokalisierungsinstanz hineinversetzen und die Dinge sozusagen mit ihren Augen sehen. Ob intern fokalisierte Textpassagen tatsächlich dazu führen, dass Leser Empathie entwickeln, ist umstritten. Ebenso unklar ist, ob die interne Fokalisierung zur Folge hat, dass Leser der Fokalisierungsinstanz gegenüber Sympathie, d. h. eine positive Grundeinstellung, empfinden (vgl. Eder 2008, Kap. 12.2; van Peer / Pander Maat 1996).

Ethische Implikationen?

- *Ethische Implikationen?* Der Fähigkeit zur Übernahme der Perspektive anderer Personen wird in der Moralphilosophie und -psychologie eine wichtige Rolle zugeschrieben. Um mich anderen Personen gegenüber angemessen zu verhalten, muss ich wissen, wie sich die Dinge aus der Perspektive dieser Person verhalten. Literarische Kunstwerke, die uns mit der Perspektive anderer Personen vertraut machen, können uns nach Auffassung einiger Theoretiker mit Mechanismen der Perspektivübernahme vertraut machen und auf diese Weise unsere ethischen Kompetenzen schulen (vgl. zur Diskussion Goldie 2007; Currie 2010, S. 86 f.). Es steht zu vermuten, dass der internen Fokalisierung dabei eine besondere Bedeutung zukommt.

Welche Funktion der internen Fokalisierung in einer bestimmten Passage tatsächlich zukommt, kann nur im Rahmen einer Interpretation geklärt werden. Entsprechend der hier vorgestellten modularen Konzeption der Erzähltheorie steht eine erzähltheoretische Analyse grundsätzlich vor der Zuweisung von Bedeutungen und Funktionen und legt die Interpretation daher nicht von vornherein fest (vgl. Kap. 1.2.1).

Gibt es interne Fokalisierung in nicht-fiktionalen Texten?

Die interne Fokalisierung tritt meist in fiktionalen Erzähltexten auf; es liegt insofern nahe, sie zu den Fiktionssignalen zu zählen (vgl. Kap. 2.2). Auch in nicht-fiktionalen Erzähltexten kann jedoch die interne Fokalisierung als Stilmittel eingesetzt werden. Möglich ist dies etwa in einer Autobiographie, in der der Schreibende ein früheres Selbst zu Wort kommen lässt, oder auch in Zeitungsberichten, in denen der Autor des Artikels beispielsweise den Sprachduktus, den beschränkten Wissenshorizont oder die wertenden Einstellungen einer anderen Person vorübergehend annimmt.

8.1.2 Externe Fokalisierung

Ein zweiter markanter Typ der Fokalisierung ist die sogenannte externe Fokalisierung, die wir definieren können wie folgt: *Eine Textpassage ist genau dann extern fokalisiert, wenn sie von Figuren handelt und keine direkten Informationen über deren Mentales enthält.* Das ›Mentale‹ einer Figur ist ein Sammelbegriff für all ihre geistigen Zustände und Einstellungen. Ein relativ klares Beispiel für externe Fokalisierung ist die folgende Passage aus Ernest Hemingways Erzählung *Der alte Mann und das Meer*: Definition

> *Er war ein alter Mann, der allein in einem kleinen Boot im Golfstrom fischte, und er war jetzt vierundachtzig Tage hintereinander hinausgefahren, ohne einen Fisch zu fangen. In den ersten vierzig Tagen hatte er einen Jungen bei sich gehabt. Aber nach vierzig fischlosen Tagen hatten die Eltern des Jungen ihm gesagt, daß der alte Mann jetzt bestimmt für immer salao sei, was die schlimmste Form von Pechhaben ist, und der Junge war auf ihr Geheiß in einem anderen Boot mitgefahren, das in der ersten Woche drei gute Fische gefangen hatte.* (Hemingway 1952, S. 205)

Das Erzählen in einer extern fokalisierten Textpassage hat gewisse Ähnlichkeiten mit der Art und Weise, in der eine Kamera aufzeichnet, insofern nur gesagt wird, was man sehen kann, nicht jedoch, was Figuren denken, fühlen, meinen usw. (vgl. Chatman 1978, S. 154). Bei dieser Bestimmung ist allerdings Vorsicht geboten. Ob eine Person beispielsweise traurig oder wütend ist, kann man normalerweise ebenso sehen, wie man sehen kann, dass sie beabsichtigt, das Licht einzuschalten (dann nämlich, wenn sie im Dunkeln ihren Finger auf den Lichtschalter zubewegt) oder sich vor dem Regen zu schützen (dann nämlich, wenn sie im Regen steht und den Schirm aufspannt). Die Zuordnung der externen Fokalisierung zu einer Erzähltextpassage ist daher bis zu einem bestimmten Grad eine Ermessensfrage: Man muss sich entscheiden, ob Hinweise auf das Mentale einer Figur deutlich genug sind, damit man definitionsgemäß davon sprechen kann, dass die Passage keine direkten Informationen über das Mentale der Figur enthält. Dass die Zuweisung der externen Fokalisierung zu einer Erzähltextpassage in dieser Hinsicht oft problematisch ist, wird deutlich, wenn man bedenkt, dass bereits ein Satz wie »Der Mann hob den Arm« eine Intentionszuschreibung enthält: Das Heben des Arms ist eine Handlung, die wir normalerweise durch das Zuschreiben einer Absicht, also eines geistigen Zustands, erklären (vgl. Budd 1989, insbes. S. 16–19; Hacker 2007, Kap. 5 und 7). Kompatibel ist mit der oben genannten Definition, dass die

Passage *indirekte* Informationen über das Mentale von Figuren enthält. Dies ist etwa dann der Fall, wenn die Figur aufrichtig sagt, wie sie sich fühlt oder was sie denkt, und wir aus dem Gesagten auf den inneren Zustand der Figur schließen können.

Ist ein Text extern fokalisiert, so verfügt er normalerweise nicht über einen fiktiven Erzähler. Der Grund dafür liegt auf der Hand: Verfügt ein Erzähltext über einen fiktiven Erzähler, so erfahren wir normalerweise auch etwas über das Mentale dieser Erzählerfigur. Notwendig ist dieser Zusammenhang allerdings nicht. Es ist durchaus das Beispiel eines Ich-Erzählers denkbar, der über sich selbst in der dritten Person berichtet und zumindest vorgibt, keinen Einblick in die Gedanken dieser Person zu haben, über die er spricht; der Fall ist das etwa in Albert Camus' Roman *Die Pest*.

Ist eine Erzähltextpassage *intern* fokalisiert und die Fokalisierungsinstanz eine normale Person, so bedeutet das in den allermeisten Fällen, dass das Mentale aller *anderen* Figuren nicht benannt wird. Das folgende Beispiel stammt aus dem Anfang von Arthur Schnitzlers Erzählung *Sterben*:

> *Es waren nicht mehr viele Leute im Augarten, und der Zug der Spaziergänger ging dem Tore zu, das bald geschlossen werden mußte. Marie war schon dem Ausgange nahe, als sie Felix erblickte. Trotzdem er sich verspätet hatte, ging er ganz langsam, und erst, wie seine Augen den ihren begegneten, beeilte er sich ein wenig. Sie blieb stehen, erwartete ihn, und, wie er ihr lächelnd die Hand drückte, die sie ihm lässig entgegengestreckt hatte, fragte sie ihn mit sanftem Unmut im Ton: »Hast Du denn bis jetzt arbeiten müssen?« Er reichte ihr den Arm und erwiderte nichts. »Nun?« fragte sie. »Ja, Kind«, sagte er dann, »und ich habe ganz vergessen, auf die Uhr zu sehen.« Sie betrachtete ihn von der Seite. Er schien ihr blässer als sonst.* (Schnitzler 1894, S. 5)

Die Passage ist aus der Perspektive Maries erzählt, und konsequenterweise erfahren wir nichts über die Gedanken und Gefühle von Felix. Dennoch ist, legt man die hier entwickelte Definition zugrunde, die Passage nicht extern fokalisiert, denn wir erfahren in der Passage ja einiges über die mentale Perspektive von Marie – etwa, dass Felix *»ihr blässer als sonst«* zu sein scheint. Interne und

Ausschlusskriterium

externe Fokalisierung werden über bestimmte *Erzähltextpassagen* ausgesagt; in der zitierten Passage ist dank dem Hinweis auf Eindrücke Maries ein Ausschlusskriterium für externe Fokalisierung erfüllt.

Funktionen

Was sind mögliche Funktionen der externen Fokalisierung? Zwei Kandidaten für Funktionszuweisungen sind:

- Extern fokalisierte Textpassagen können einen dokumentarischen Effekt haben. Dieser Effekt beruht darauf, dass die Erzählung gewissermaßen neutral, d. h. insbesondere frei von Wertungen, beschreibt, was eine Person tut. Auch insofern ist es nicht unpassend, die Perspektivierung extern fokalisierter Erzähltextpassagen als *camera eye view* zu bezeichnen. Dokumentarischer Effekt
- Da in extern fokalisierten Erzähltextpassagen die Motive von Figuren nicht explizit benannt werden, kann die Erzähltechnik zur Verschleierung des Plots einer Erzählung eingesetzt werden. Falls wir nicht wissen, mit welchen Zielen oder aus welchen Gründen eine Figur handelt, so fällt es uns schwer, das Verhalten der Figur in erklärende Zusammenhänge einzubetten, die den Plot konstituieren. Der Handlungsverlauf muss von uns in einem solchen Fall unter Umständen erst mühsam rekonstruiert werden. Verschleierung des Plots

8.1.3 Nullfokalisierung

Erzähltexte müssen nicht intern oder extern fokalisiert sein (vgl. Köppe/Stühring 2016a). In vielen Fällen haben wir keinen Grund dafür anzunehmen, dass sich die Darstellung des Erzählten einer klar identifizierbaren Figurenperspektive verdankt (interne Fokalisierung) oder dass das Mentale von Figuren gezielt ausgespart wird (externe Fokalisierung). In diesem Fall kann man sagen (wiederum mit einem Ausdruck Genettes), dass das Erzählte *nicht fokalisiert* oder auch *nullfokalisiert* ist. Die Nullfokalisierung ist also nicht im eigentlichen Sinne ein Typ der Perspektivierung; vielmehr handelt es sich um die Abwesenheit einer markanten Form der Fokalisierung. Entsprechend können wir definieren: *Eine Textpassage ist genau dann nullfokalisiert, wenn sich das Erzählte nicht einer klar identifizierbaren Perspektive verdankt.* (Eine »klar identifizierbare Perspektive« liegt dann vor, wenn der Text intern oder extern fokalisiert ist.) Definition

In der Genette folgenden Erzähltheorie wird die Nullfokalisierung gerne mit der Perspektive eines allwissenden oder auktorialen Erzählers gleichgesetzt. Der Grund dafür kann in der bereits von Genette vertretenen Auffassung gesehen werden, dass die Fokalisierung einer Erzähltextpassage in erster Linie eine Sache der Beschränkung narrativer Informationen sei (vgl. Genette 1972, S. 134 f.). Von dieser Annahme aus ist es nur ein kleiner Schritt zu der Annahme, die Rede eines allwissenden Erzählers sei nicht fokalisiert, da sie ja keinen epistemischen Beschränkungen unterliege.

Gegenüber dieser Ansicht kann man erstens anführen, dass in nullfokalisierten Erzähltextpassagen keine (fiktive) Erzählerfigur sprechen muss. Die

Fragen, (1) ob eine Erzähltextpassage die Vorstellung autorisiert, dass ein Erzähler spricht (vgl. Kap. 2.2.1), und (2) ob das Erzählte aus einer bestimmten Perspektive erzählt ist, müssen unabhängig voneinander beantwortet werden. Zweitens kann ein ›allwissender‹ Erzähler, wie die bereits besprochene Passage aus James' *Washington Square* zeigt, durchaus über eine markante Perspektive verfügen, so dass es naheliegt, solche Passagen als intern fokalisiert – im von uns zitierten Beispiel als variabel intern fokalisiert – aufzufassen. (Auch in Genettes Konzeption ist es allerdings möglich, dass ein allwissender Erzähler vorübergehend aus der Perspektive einer Figur spricht. Genette erkennt lediglich nicht an, dass ein allwissender Erzähler eine fiktive Figur ist, deren eigene Perspektive für eine interne Fokalisierung hinreichend ist.)

8.2 Autor, impliziter Autor

In unserer Darstellung haben wir den Schwerpunkt auf die interne Fokalisierung gelegt, bei der das Erzählte aus der Perspektive einer Figur dargestellt wird. Fiktive Figuren, zu denen wir die fiktiven Erzähler hinzurechnen, sind allerdings nicht die einzigen Instanzen, denen wir im Umgang mit literarischen Erzählwerken eine bestimmte Perspektive zusprechen können. Grundsätzlich verfügt jeder Mensch über eine eigene Perspektive in dem umfassenden Sinne eines eigenen raumzeitlichen Standpunkts, von dem aus man die Welt wahrnimmt, eines bestimmten Wissens, bestimmter wertender Einstellungen, Interessen, Gefühle usw. (Currie 2010, S. 90 f.). In diesem Abschnitt werden nun weitere Instanzen der ›literarischen Kommunikation‹ kurz vorgestellt, denen eine bestimmte Perspektive zugeordnet werden kann: Es geht um die Autorin oder den Autor der Erzählung und einen ›impliziten Autor‹ (vgl. Lindemann 1987). Damit verlassen wir den vom Konzept der internen Fokalisierung erfassten Bereich, der sich nur auf die Perspektivierung bezieht, die sich einer fiktiven Figur verdankt.

Perspektive der AutorIn / des Autors

In einem literarischen Text kann sich die Perspektive der Autorin oder des Autors in unterschiedlichster Weise ausdrücken. In einem sehr basalen Sinne spiegeln Texte beispielsweise das Wissen ihrer Zeit wider. In Romanen des 18. Jahrhunderts fahren keine Automobile durch die Straßen und es erkrankt niemand an HIV. Weiterhin kann sich in einem Roman etwa die Weltanschauung des Autors ausdrücken. Albert Camus' *Der Fremde* wird in diesem Sinne oft als Ausdruck der pessimistischen oder nihilistischen Ansichten des Autors oder seiner Philosophie gelesen (vgl. Sartre 1943). Erzählungen, die aus anderen Kulturen stammen, können für uns besonders interessant sein, weil sie eine uns fremde Sicht auf die Dinge vermitteln. Dabei handelt es sich dann etwa um mehr oder minder subtile Wertauffassungen, die zusammengenommen eine Ideologie ausmachen können. In der Literaturwissenschaft ist dies u. a. ein Thema der Alteritäts- oder auch Interkulturalitätsforschung.

Der Ausdruck *impliziter Autor* wurde von Wayne C. Booth als Zuschreibungsinstanz für die in einem literarischen Text zum Ausdruck kommende, vor allem ethische Perspektive geprägt, wenngleich sich eine präzise Definition in Booths Texten nicht findet (vgl. Kindt/Müller 2006, S. 51 f. u. ö.). In manchen Fällen bringen eine Autorin oder ein Autor im Werk die eigene Perspektive zum Ausdruck, d. h., die Perspektive des impliziten Autors entspricht der Perspektive der Autorin oder des Autors. Manchmal ist es aber sinnvoll, die in einem literarischen Text zum Ausdruck kommende Perspektive von der Perspektive zu unterscheiden, die der Autor des Textes tatsächlich gehabt hat. Autoren sind nicht daran gebunden, ihre tatsächlichen Auffassungen direkt oder indirekt preiszugeben, sie können sich verstellen, und manchmal bringen literarische Texte auch unabsichtlich bestimmte wertende Einstellungen oder eine komplexe Weltsicht zum Ausdruck (vgl. Carroll 2001, S. 185–189). Genauer gesagt, können wir in vielen Fällen aufgrund der Lektüre eines Textes Hypothesen über eine bestimmte Perspektive aufstellen, die in dem Text als Ganzem zum Ausdruck kommt. Diese rekonstruierte Perspektive können wir einem ›hypothetischen‹ Autor zuschreiben, was bedeutet, dass wir annehmen können, dass eine Autorin oder ein Autor, die oder der über die fragliche Perspektive verfügt, vermutlich einen Text der fraglichen Art hervorgebracht haben könnte (vgl. Vermazen 1986; Currie 2010, S. 91). Die weitergehende Frage, ob diese hypothetische Perspektive tatsächlich der Perspektive der Autorin entsprach, können wir dann womöglich offenlassen.

Da der Begriff des impliziten Autors in der Literaturwissenschaft in höchst unterschiedlicher und meist wenig plausibler Weise bestimmt und verwendet wird, empfiehlt es sich, grundsätzlich und auch im hier skizzierten Fall lieber auf den Begriff zu verzichten und stattdessen von einer hypothetischen Perspektive zu sprechen, die mit mehr oder minder großer Wahrscheinlichkeit der Autorin oder dem Autor zugesprochen werden kann (vgl. Kindt/Müller 2011).

Perspektive der Leserinnen und Leser

Nur am Rande soll erwähnt werden, dass auch Leserinnen und Leser als Bestandteile der literarischen/narrativen Kommunikation eine Perspektive auf den Erzähltext, das Erzählte oder den Erzähler einnehmen. Diese Perspektive speist sich zum einen aus dem individuellen mentalen Voraussetzungssystem der Rezipierenden und wird zum anderen von den verschiedenen Elementen und Aspekten der Erzählung ›gesteuert‹ (vgl. etwa Pfister 2001, Kap. 3.5). Ob die Rede von einer ›Steuerung‹ sinnvoll ist, ist allerdings umstritten. Vielleicht sollte man eher davon sprechen, dass Texte Angebote zur perspektivischen Wahrnehmung machen. Wie bei allen hörer- oder leserbezogenen Reaktionen ist auch bei der Perspektivübernahme zwischen Generalisierungen über beobachtete Leserreaktionen einerseits sowie hypothetisch angenommenen, von Autoren intendierten oder auch als idealtypisch angenommenen Leserreaktionen andererseits zu unterscheiden. In jedem Fall müssen die Mechanismen, Prozesse und Elemente dieser Vorgänge oder Aktivitäten im Einzelnen untersucht werden. Neuere Ansätze dazu berufen sich etwa auf die Kognitionswissenschaften (vgl. Zunshine 2006).

Point of view im Film

Filme verfügen gegenüber literarischen Texten über eigene Mittel der Perspektivgestaltung. Von einem Film oder Filmausschnitt zu sagen, er sei perspektiviert, kann daher etwas anderes bedeuten als dieselbe Aussage über eine Erzähltextpassage. So müssen beispielsweise die folgenden zwei Perspektivierungsarten auseinandergehalten werden:

(1) Durch ein bestimmtes Schnittverfahren (*point-of-view editing*) kann in einem Film der Eindruck hervorgerufen werden, dass gezeigt wird, was eine bestimmte Figur sieht. Dabei wird zunächst das Gesicht der Figur aufgenommen und anschließend das, was die Figur sieht (oder umgekehrt). Das *point-of-view editing* fängt in diesem Fall die *optische Perspektive* der Figur ein (vgl. Carroll 1993).

(2) Filme können jedoch auch in einem umfassenderen Sinne die Perspektive einer Figur einnehmen, etwa indem nur Dinge gezeigt werden, die dem epistemischen Horizont einer Figur zugänglich sind. Im Thriller oder Horrorfilm wird auf diese Weise Spannung erzeugt: Gezeigt wird in diesem Fall nichts, das eine bestimmte Figur nicht weiß oder bestimmte Figuren nicht wissen, und die Erwartungen, Hoffnungen und Befürchtungen der Zuschauer werden durch die Informationsvergabe subtil gesteuert.

Dies sind nur zwei Typen der Perspektivgestaltung im Film, der noch über weit komplexere Möglichkeiten verfügt. Jens Eder fasst zusammen:

»Bei der Filmanalyse kann prinzipiell jedem fiktiven oder realen Wesen innerhalb der Filmkommunikation eine mentale Perspektive zugeordnet werden. Zuschauer, Filmemacher, Erzähler und Figuren beziehen sich durch ihr Wahrnehmen, Denken, Bewerten, Wünschen und Fühlen zu einer bestimmten Zeit in bestimmter Weise auf bestimmte Gegenstände. Ihre Perspektiven können mehr oder weniger subjektiv oder objektiv, konkret oder abstrakt sein und sie lassen sich hinsichtlich Gegenstand, Erlebnistyp, Zeitbezug, Form und Erlebnisqualität näher beschreiben und vergleichen. Dabei sind verschiedene Grade und Hinsichten der Ähnlichkeit oder Unterschiedlichkeit möglich.« (Eder 2008, S. 589)

Auch mit der Aussage, dass ein Film uns dazu bringe, »die Perspektive eines Massenmörders zu teilen«, kann ganz Unterschiedliches gesagt werden: »Dessen Perspektive zu teilen, könnte drei Dinge bedeuten: dass er im Zentrum der Geschichte steht; dass wir im Wesentlichen dasselbe erleben wie er, wenn auch auf andere Weise; oder dass wir dazu gebracht werden sollen, seine soziopathischen Vorlieben nachzuvollziehen.« (Ebd., S. 581; zur Vielzahl unterschiedlicher Perspektivbegriffe vgl. ebd., insbes. S. 579–582.)

9 Unzuverlässiges Erzählen

›Unzuverlässiges Erzählen‹ ist ein Sammelbegriff für eine Reihe unterschiedlicher Phänomene, die man sorgfältig auseinanderhalten sollte. Gemeinsam ist ihnen lediglich, dass ein Aspekt der fiktionalen Erzählung so beschaffen ist, dass man ihm nicht trauen oder ihn nicht für bare Münze nehmen darf. Die Spielarten narrativer Unzuverlässigkeit sind jedoch vielfältig – und das sollte auch kaum überraschen, denn natürlich verfügt jede Äußerung über viele unterschiedliche Aspekte, die man auf ihre Zuverlässigkeit oder Unzuverlässigkeit hin untersuchen kann: Das fiktionale Erzählen bildet hier keine Ausnahme.

In diesem Teilkapitel werden drei verschiedene Formen des unzuverlässigen Erzählens voneinander unterschieden: (1) das *täuschend unzuverlässige Erzählen*, (2) das *offen unzuverlässige Erzählen* und (3) das *axiologisch unzuverlässige Erzählen*. Wir beginnen jeweils mit einer intuitiven, an Beispielen entwickelten Einführung in das Phänomen und stellen anschließend eine Definition vor. In den umfangreichen neueren Diskussionen zur erzählerischen Unzuverlässigkeit (für einen ausführlichen Überblick samt Klärungsvorschlag vgl. Jacke 2020) sind die hier verwendeten Termini keineswegs allgemein anerkannt; wichtiger als die Bezeichnungen für die vorgestellten Typen sind jedoch klare Auffassungen von ihren Gemeinsamkeiten und Unterschieden.

9.1 Täuschend unzuverlässiges Erzählen

Fiktionale literarische Erzählungen, so wurde in Kapitel 2.2 herausgestellt, fordern uns auf, uns vorzustellen, dass der Fall ist, wovon in ihnen die Rede ist. Diese sehr einfache Bestimmung gilt es nun genauer zu qualifizieren, wie das folgende Beispiel zeigt.

In Ambrose Bierces Erzählung *Ein Ereignis an der Owl-Creek-Brücke* wird ein Mann, Peyton Farquhar, während des amerikanischen Bürgerkriegs von der gegnerischen Seite gefangen genommen und auf der Brücke durch den Strang hingerichtet. In dem Moment, der ihm den Tod bringen soll, reißt das Seil und Farquhar stürzt in den Fluss:

> *Er wurde sich irgendeiner Bewegung bewußt. Eingehüllt in eine strahlende Wolke, deren glühendes Herz er lediglich war, ohne jede materielle Substanz, schwang er wie ein ungeheuer großes Pendel in unvorstellbaren Bögen hin und her.*

Dann schoß auf einmal das Licht mit einer fürchterlichen Plötzlichkeit und dem Geräusch eines lauten Aufklatschens nach oben; ein schreckliches Tosen war in seinen Ohren, und alles war kalt und finster. Die Macht des Denkens war zurückgekehrt; er wußte, daß das Seil gerissen und er in den Strom gefallen war. Es gab keine neue Art Strangulierung für ihn; die um seinen Hals liegende Schlinge schnürte ihm bereits die Luft ab und verhinderte das Eindringen des Wassers in seine Lungen. (Bierce 1890, S. 23 f.)

Farquhar gelingt daraufhin die Flucht. Als er sein Haus erreicht und seine Frau in der Tür erblickt, passiert das Folgende:

Als er das Tor aufstößt und den breiten weißen Weg entlanggeht, sieht er wehende Frauenkleider; seine Frau, frisch und kühl und süß aussehend, kommt die Treppe der Veranda herab ihm entgegen. [...] Als er sie gerade in seine Arme schließen will, verspürt er einen betäubenden Schmerz im Genick; ein blendend weißes Licht erfüllt blitzartig alles um ihn her, zugleich mit einem Donnerschlag wie dem Schuß einer Kanone – und dann ist alles Dunkelheit und Stille!

Peyton Farquhar war tot; mit gebrochenem Genick schaukelte sein Leichnam unter dem Gebälk der Owl-Creek-Brücke von der einen Seite zur anderen. (Ebd., S. 32)

Erst am Schluss der Erzählung (in deutscher Übersetzung umfasst sie etwa 14 Druckseiten) erfährt man, dass Farquhar sein Überleben und Entkommen offenbar nur imaginiert hat. Es handelt sich um eine Phantasie, die ihm wenige Sekunden vor seinem Tod durch Erhängen durch den Kopf schießt. Beim ersten Lesen der Erzählung haben wir über viele Seiten hinweg gute Gründe, davon auszugehen, dass Farquhar tatsächlich entkommt. Es gibt auf diesen Seiten keine Hinweise darauf, dass seine Flucht keine fiktive Tatsache ist. Erst zum Ende der Erzählung wird deutlich, was in der fiktiven Welt tatsächlich der Fall ist. Die beste Interpretation der *gesamten* Erzählung kommt zu dem Schluss, dass Überleben und Flucht in der fiktiven Welt nicht stattgefunden haben.

Täuschend unzuverlässiges Erzählen

Diesen Befund können wir verallgemeinern. Beim *täuschend unzuverlässigen Erzählen* oder kurz: *täuschenden Erzählen* werden Leserinnen und Leser über das, was in der fiktiven Welt der Fall ist, in die Irre geführt (vgl. als ausführlichste Darstellung des Phänomens, der wir hier folgen am Beispiel von Bierces Erzählung, Stühring 2011). Dies besagt, dass man zumindest vorübergehend gute Gründe dafür hat, davon auszugehen, dass in der fiktiven Welt der Erzählung bestimmte Dinge der Fall sind; bei einer genaueren oder umfassenderen Interpretation stellt sich jedoch heraus, dass sie *nicht* der Fall sind. Der Text hat uns über die Konturen der fiktiven Welt getäuscht. Bei Leserinnen und Lesern, die dies bemerken, stellt sich am Ende der Erstlektüre möglicherweise ein ›Aha-Effekt‹ ein (vgl. Fludernik 2005b, S. 55).

Definition

Auf der Basis dieser intuitiven Annäherung an das Phänomen können wir den Begriff des täuschenden Erzählens wie folgt definieren: *Ein Erzähltext ist genau dann täuschend (unzuverlässig) erzählt, wenn der Text seinen Lesern (vorübergehend) gute Gründe für falsche Annahmen über fiktive Tatsachen gibt.*

Formen des unzuverlässigen Erzählens

Das täuschend unzuverlässige Erzählen kann auf unterschiedliche Weise realisiert werden. In Ambrose Bierces Erzählung werden dem Leser vor allem bestimmte Informationen vorenthalten. Um nicht in die Irre geführt zu werden, müssten wir bereits zu Beginn der Erzählung darüber aufgeklärt werden, dass es sich bei den fraglichen Ereignissen um den Gehalt einer Phantasie handelt. In ähnlicher Weise gehen wir nicht davon aus, dass der als Ermittler auftretende Erzähler von Agatha Christies Detektivroman *Alibi* selbst der Mörder ist. Auch hier wird ein für ein korrektes Verständnis der Erzählung wichtiges Detail zunächst verschwiegen. Haben wir es schließlich erfahren, müssen wir uns von zentralen Aspekten der fiktiven Welt ein neues Bild machen. Leser des bereits erwähnten Romans *Die allertraurigste Geschichte* von Ford Madox Ford haben zu Beginn gute Gründe, davon auszugehen, dass das Verhältnis der Hauptfiguren untereinander harmonisch ist. Dass es sich um eine perfide Ehebruchsgeschichte handelt, wird erst allmählich deutlich, denn erst nach und nach streut der Erzähler Hinweise darauf ein, dass Teile seiner Ausführungen nicht richtig waren.

Fiktional falsche Sätze

Das Vorenthalten von Informationen, die für ein korrektes Verständnis wichtig sind, ist jedoch nur eine Weise, auf die das täuschende Erzählen realisiert werden kann. Ein Erzähltext kann uns auch durch fiktional falsche Sätze in die Irre führen. Beispiele dafür finden sich ebenfalls in den zitierten Erzählungen. In *Ein Ereignis an der Owl-Creek-Brücke* heißt es von Farquhar: *»er wußte, daß das Seil gerissen und er in den Strom gefallen war«* (Bierce 1890, S. 24), und das ist falsch: Farquhar *weiß* nicht, dass das Seil reißt und er in den Strom fällt, er imaginiert es nur. Während der Erzähler in Ford Madox Fords *Die allertraurigste Geschichte* zunächst wiederholt behauptet, stets in der Nähe seiner Frau Florence gewesen zu sein, heißt es später:

> *Aber wenn ich überblicke, was ich geschrieben habe, dann sehe ich, daß ich Sie unwillkürlich irregeführt habe, als ich sagte, ich hätte Florence nie aus den Augen gelassen. Doch hatte ich selbst diesen Eindruck bis eben jetzt.*

Wenn ich es mir aber überlege, war sie die längste Zeit für mich unsichtbar. (Ford 1915, S. 92)

Es ist zu beachten, dass uns ein täuschend unzuverlässig erzählter Text nicht immer in so eindeutiger Weise zu verstehen gibt, welche Version einer Ereignisbeschreibung richtig und welche falsch ist. Mitunter liefert uns eine Erzählung lediglich Gründe dafür, die in ihr angebotenen konkurrierenden Sichtweisen einer Ereignisfolge für mehr oder weniger plausibel zu halten; eine umfassende Interpretation führt in diesem Fall zu dem Schluss, dass der Text keine der alternativen Versionen vollständig, sondern jeweils nur zu einem gewissen Grad autorisiert (vgl. dazu Lindblom 2021). Bleibt unklar, welche der Versionen richtig ist, so spricht man auch vom ›unentscheidbaren (unzuverlässigen) Erzählen‹ (vgl. Martinez/Scheffel 1999, S. 103 f.).

Unentscheidbar (unzuverlässiges) Erzählen

Warum können Leser durch unzuverlässig erzählte Textpassagen überhaupt getäuscht werden? Der Grund hierfür scheint darin zu liegen, dass auch für fiktionale Erzähltexte bestimmte Maximen der rationalen Kommunikation gelten (zum kommunikativen Rahmen des Erzählens vgl. Kap. 2.1, S. 28–30). Wir gehen, vereinfacht gesagt, zunächst einmal davon aus, dass die Informationen über die fiktive Welt, die wir dem Erzähltext entnehmen können, wahr, relevant und auch ausführlich genug sind und uns insofern ein adäquates Bild der fiktiven Welt vermitteln. Ebendeshalb haben wir im Fall des täuschenden Erzählens auch gute Gründe für bestimmte (tatsächlich aber falsche) Annahmen über fiktive Tatsachen. Von dieser Grundannahme weichen wir erst dann ab, wenn wir keine andere Wahl haben, d. h., wenn uns der Erzähltext zu der Annahme zwingt, dass eine der Maximen verletzt wurde (vgl. ausführlich Kindt 2008, S. 63–67).

Um täuschend unzuverlässiges Erzählen handelt es sich wohlgemerkt nur dann, wenn die Fehlinformation (oder die Aussparung von Informationen) geeignet ist, Leserinnen und Leser in die Irre zu führen. Das ist nicht immer der Fall, wenn etwas (fiktional) Falsches im Text steht oder etwas verschwiegen wird. Auch in ironischen Äußerungen wird beispielsweise etwas anderes gesagt, als gemeint ist. Hier wird jedoch über geeignete Signale kenntlich gemacht, dass die Äußerung nicht wörtlich, sondern eben ironisch gemeint ist, und das unterscheidet ironisches Erzählen vom täuschenden Erzählen.

Ironisches Erzählen vs. täuschendes Erzählen

Von absichtlichen Täuschungen (z. B. Lügen), deren Opfer wir in *Alltagszusammenhängen* werden können, unterscheidet sich das täuschende Erzählen in literarisch-fiktionalen Kontexten ebenfalls in einer wichtigen Hinsicht. Anders als im Alltag *kooperieren* beim täuschend unzuverlässigen Erzählen Autoren und Leser; es handelt sich beim täuschenden Erzählen schließlich um eine

Kooperationsprinzip

literarische Darstellungsstrategie, die normalerweise nicht zum Abbruch der Kommunikation zwischen Autoren und Lesern führt. Die Täuschung ist, wie die genannten Beispiele eindrucksvoll belegen, Teil einer mitunter ausgeklügelten kompositorischen Konzeption, und ihr verdankt sich in vielen Fällen ein besonderer ästhetischer Effekt – und Lesegenuss. Man kann insofern sagen, dass auch beim täuschenden Erzählen zwischen Autoren und Lesern ein die einzelnen Maximen der rationalen Kommunikation übergreifendes *Kooperationsprinzip* beachtet wird (vgl. ebd., S. 64 f.).

Bevor ein weiterer Typ des unzuverlässigen Erzählens vorgestellt wird, sollen zwei Problembereiche angesprochen werden, die in der Erzähltheorie viel Aufmerksamkeit auf sich gezogen haben, nämlich mögliche ›Dimensionen‹ der Unzuverlässigkeit und die Erzählerfrage.

Dimensionen der Unzuverlässigkeit?

Die weiter oben entwickelte Definition des täuschend unzuverlässigen Erzählens besagt, dass Leser der Erzählung (vorübergehend) gute Gründe für falsche Annahmen über fiktive Tatsachen haben. Die Rede von ›Tatsachen‹ legt nahe, dass es dabei um (fiktive) empirische Tatsachen geht; in den angeführten Beispielen ging es etwa darum, wann eine Person erhängt wird, wer der Mörder ist oder ob ein Ehebruch stattfindet. Demgegenüber wird in der Erzähltheorie gerne darauf hingewiesen, dass es viele verschiedene ›Dimensionen‹ der Unzuverlässigkeit gebe: Ein Erzähler könne etwa unzuverlässig sein in Bezug auf seine Ideologie, seine Interpretationen des Geschehens oder seine Wertungen – und nicht nur in Bezug auf seine Aussagen über empirische Sachverhalte (vgl. z. B. Phelan/Martin 1999). Was ist davon zu halten? – Die Beobachtung, dass wir vielen verschiedenen Aspekten einer Person (einschließlich ihrer Äußerungen) misstrauen können und dass wir dafür unterschiedlichste Gründe haben können, ist gewiss richtig. Das täuschende Erzählen ist jedoch zunächst einmal etwas anderes als die Bewertung der Zuverlässigkeit oder Unzuverlässigkeit einer Person: Es geht darum, ob uns der Erzähltext Gründe für falsche Annahmen über die fiktive Welt an die Hand gibt und uns damit in die Irre führt. Falsche Annahmen können wir grundsätzlich nicht nur über empirische Sachverhalte ausbilden, sondern auch über Werte, Ideologien, Interpretationen und vieles andere mehr. (Über alle Dinge, über die man zutreffende Meinungen ausbilden kann, kann man sich auch irren bzw. getäuscht werden!) Die Definition des täuschend unzuverlässigen Erzählens ist also neutral in Bezug auf die Frage, über welche *Inhalte* (oder in welcher *Hinsicht*) wir getäuscht werden. Diese Inhalte näher zu bestimmen, ist Sache der Interpretation des jeweiligen Einzeltextes.

Nicht nur der Begriff der fiktiven Tatsache (oder des fiktiven Sachverhalts) sollte so verstanden werden, dass sehr unterschiedliche Tatsachen in Rede stehen können, sondern auch der damit verbundene Begriff der Falschheit unserer Annahmen über fiktive Tatsachen. In einem sehr allgemeinen Sinne haben Leser unzuverlässig erzählter Texte (an irgendeiner Stelle) den Eindruck: »Hier stimmt etwas nicht!« Welcher Art die Unstimmigkeit ist und auf welche Inhalte sie sich erstreckt, ist dann wiederum Sache der einzeltextbezogenen Interpretation.

Täuschung nur durch fiktiven Erzähler?

Können, wie verschiedentlich behauptet wird, nur fiktionale Erzähltexte mit fiktivem Erzähler unzuverlässig erzählt sein? In Kapitel 2.2.1 wurde ausgeführt, dass nicht jeder fiktionale Erzähltext über einen fiktiven Erzähler verfügt. Das gilt auch für täuschend unzuverlässige Erzählungen. Ob uns ein Erzähltext in Bezug auf fiktive Sachverhalte in die Irre führt, hat nichts damit zu tun, ob es in der Erzählung einen fiktiven Erzähler gibt, und auch nichts damit, um welchen Typ von fiktivem Erzähler es sich gegebenenfalls handelt (vgl. Kap. 2.2.1, S. 55 f.; vgl. hierzu die Beiträge in Aumüller 2018; Aumüller/Kindt 2021). Wie das Beispiel von Christies *Alibi* zeigt, *können* wir uns natürlich über den fiktiven Wahrheitsgehalt der Äußerungen eines fiktiven Erzählers täuschen. Genau genommen gestaltet sich dieser Sachverhalt so: Nicht der fiktive Erzähler täuscht uns, sondern der Erzähltext lädt uns zunächst zu der Vorstellung ein, dass die fiktive Figur vertrauenswürdig ist und eine zuverlässige Darstellung des Geschehens präsentiert. Fiktive Figuren können nicht mit realen Lesern kommunizieren und diese daher auch nicht täuschen (vgl. S. 53 f.). Wir können jedoch – und das ist der Fall des täuschenden Erzählens *ohne* fiktiven Erzähler – auch unmittelbar vom Erzähltext zur Vorstellung von Sachverhalten aufgefordert werden, die in der fiktiven Welt nicht der Fall sind. *Ein Ereignis an der Owl-Creek-Brücke* ist ein Beispiel dafür.

9.2 Offen unzuverlässiges Erzählen

Texte können auch unzuverlässig erzählt sein, ohne dass Leserinnen und Leser in der Weise des täuschend unzuverlässigen Erzählens in die Irre geführt werden. Ernst Weiß' Roman *Die Feuerprobe* ist unzuverlässig erzählt und beginnt mit verschiedenen Reflexionen eines Erzählers, der deutlich zu verstehen gibt, dass seinen Ausführungen nicht zu trauen ist:

> *Wie sollen künftige Menschen meinen Namen kennen, wenn selbst ich ihn nicht weiß? Ich weiß nicht, wer ich war, nicht, wer ich bin. Wer ist es, der diesen Bericht schreibt und der dies ›Wirklichkeit, keinen Traum‹ nennt.* (Weiß 1929, S. 7)

Der Erzähltext lässt uns im Unklaren darüber, was genau in der fiktiven Welt der Fall ist. Wir können jedoch nicht sagen, dass wir in die Irre geführt würden – denn der Text legt uns keine Gründe für falsche Annahmen über fiktive Tatsachen nahe. Ähnlich liegen die Dinge im Fall von Erzählungen, deren Erzähler sich deutlich als naiv, unmündig oder geistig verwirrt und insofern als zweifelhafte Berichterstatter zu erkennen geben, wie z. B. Oskar Matzerath als der Erzähler in Günther Grass' Roman *Die Blechtrommel*:

> *Zugegeben: ich bin Insasse einer Heil- und Pflegeanstalt, mein Pfleger beobachtet mich, läßt mich kaum aus dem Auge; denn in der Tür ist ein Guckloch, und meines Pflegers Auge ist von jenem Braun, welches mich, den Blauäugigen, nicht durchschauen kann.*
> *Mein Pfleger kann also gar nicht mein Feind sein. Liebgewonnen habe ich ihn, erzähle dem Gucker hinter der Tür, sobald er mein Zimmer betritt, Begebenheiten aus meinem Leben [...]. Der Gute scheint meine Erzählungen zu schätzen, denn sobald ich ihm etwas vorgelogen habe, zeigt er mir, um sich erkenntlich zu geben, sein neuestes Knotengebilde.* (Grass 1959, S. 6)

Die Erzählinstanz befindet sich hier offensichtlich in einem fragwürdigen geistigen Zustand, so dass wir von vornherein damit rechnen müssen, dass ihrem Bericht nicht – oder jedenfalls nicht in vollem Umfang – zu trauen ist. Gemeinsam ist den angeführten Beispielen, dass wir über das, was in der fiktiven Welt der Fall ist, zumindest zum Teil im Unklaren gelassen werden, über *diese* Tatsache *selbst* jedoch nicht getäuscht werden. Wir können den Begriff des offen unzuverlässigen Erzählens damit wie folgt definieren: *Ein Erzähltext ist genau dann offen unzuverlässig erzählt, wenn der Text in offensichtlicher Weise falsche Angaben über fiktive Tatsachen enthält.*

Definition

Auch beim offen unzuverlässigen Erzählen muss kein (fiktiver) Erzähler im Spiel sein. In Robert Coovers *Die Babysitterin* enthält der Erzähltext offene Widersprüche, ohne dass die Vorstellung autorisiert würde, dass ein Erzähler Widersprüchliches erzählt. Solche Beispiele sind jedoch eher selten. In den meisten Fällen dürfte das offen unzuverlässige Erzählen mit einer fiktiven Erzählerfigur verbunden sein. Die fiktiven Bewohner fiktiver Welten können über dieselben Unzulänglichkeiten verfügen, die wir auch von realen Personen kennen: Sie können beispielsweise lügen, irren oder unzureichend informiert sein, und dies wiederum in Bezug auf einzelne Sachverhalte oder umfassend, mehr oder minder gravierend oder dauerhaft und mehr oder minder gründlich, ausgeprägt, hinterhältig oder nachhaltig. Das offen unzuverlässige Erzählen lässt sich – ebenso wie das täuschende – in einer

Vielzahl von Varianten und Graden realisieren (vgl. zur Gradierung Herrmann 2021).

Der Nutzen von *Taxonomien* unzuverlässigen Erzählens, die alle diese Spielarten erfassen wollen, stößt jedoch recht bald an seine Grenzen: Nützlicher als eine Klassifikation dürfte in vielen Fällen eine differenziertere Beschreibung (und Interpretation) der fiktiven Unzuverlässigkeitsdimensionen der jeweils in Rede stehenden Figur sein. Ein Beispiel bietet Stevens, der Erzähler aus Kazuo Ishiguros *Was vom Tage übrig blieb*. Leser des Romans gehen oft von einer zumindest partiellen Unzuverlässigkeit des Ich-Erzählers Stevens aus. Er scheint sich über die wahren Motive seiner Reise zu Mrs. Benn und über sein Verhältnis zu seinem früheren Dienstherrn Lord Darlington offensichtlich zu täuschen. So interpretiert, legt sein Bericht – unwillentlich und zum Teil auch unwissentlich – Zeugnis ab von seinen wiederholten Versuchen, sein Selbstbild in Einklang zu bringen mit der zunehmend schwieriger zu verleugnenden Einsicht, dass er, an falschen Idealen orientiert, sein Leben zu großen Teilen verschwendet hat. Die Gründe für seine Unzuverlässigkeit in Bezug auf Mrs. Benn unterscheiden sich jedoch von den Gründen für seine Unzuverlässigkeit in Bezug auf Lord Darlington: Ist bei Ersterer eine uneingestandene und letztlich enttäuschte Liebe im Spiel, steht bei Letzterem ein kompliziertes Geflecht aus Loyalität und Pflichtbewusstsein, Ehrgeiz und Selbstachtung im Hintergrund (Ishiguro 1989; vgl. Birke 2007). Eine inhaltlich motivierte Klassifikation von Stevens' Bericht als Unzuverlässigkeit eines bestimmten Typs wird, so könnte man vermuten, der tatsächlichen psychologischen Komplexität der Figur kaum gerecht. Auch im Alltag verfügen wir schließlich über keine differenzierte Terminologie für verschiedene Typen von Unzuverlässigkeit. Wir behaupten vielmehr, eine Person sei unzuverlässig, und unterscheiden sodann verschiedene Grade, Hinsichten, Ursachen und Gründe dafür.

Taxonomien

Ist jeder fiktive Ich-Erzähler unzuverlässig?

Orientiert man sich, wie gerade vorgeschlagen, bei der Beurteilung einer fiktiven Erzählinstanz an alltagspsychologischen Kategorien, so stellt sich die Frage, ob nicht jeder Ich-Erzähler als in der einen oder anderen Weise unzuverlässig eingestuft werden muss (so etwa Stanzel 1979, S. 122 f.). Die psychologische Forschung zum Erinnern beispielsweise weist darauf hin, dass unsere Erinnerungen auch dann Fehler aufweisen, wenn wir uns ganz sicher sind (vgl. hierzu Markowitsch/Welzer 2005, insbes. S. 28–34).

Die aufgeworfene Frage möchten wir trotzdem verneinen. Denn erstens unterscheiden wir auch im Alltag zwischen zuverlässigen und unzuverlässigen Erinnerungen, Berichten und Erzählungen. Diese Unterscheidung ist auch dann sinnvoll und richtig, wenn es keine *absolute* Zuverlässigkeit gibt. Es liegt darum nahe, eher den Standard der absoluten Zuverlässigkeit als die Unterscheidung von zuverlässigen und unzuverlässigen Berichten zu verabschieden. Zweitens würde ein genereller Unzuverlässigkeitsverdacht die Kategorie des unzuverlässigen Erzählens nutzlos machen: Wenn wir jeden Ich-Erzähler für unzuverlässig hielten, dann würde der Begriff ›unzuverlässiges Erzählen‹ seine Distinktionskraft einbüßen. Und damit würden wir vermutlich auch aus dem Blick verlieren, dass nur bestimmte Erzähltexte (und keineswegs alle) über eine Darstellungsstrategie verfügen, in der das unzuverlässige Erzählen eine wichtige Rolle spielt (vgl. Kindt 2008, Kap. 1.4).

Bevor es um den dritten Typ des unzuverlässigen Erzählens gehen soll, möchten wir kurz die Abgrenzung von täuschend unzuverlässigem Erzählen und offen unzuverlässigem Erzählen ansprechen. Die *theoretische* Abgrenzung beider Typen unzuverlässigen Erzählens liegt auf der Hand: In beiden Fällen enthält der Text falsche Angaben über fiktive Tatsachen, aber nur im Falle des täuschenden Erzählens ist der Text zusätzlich so angelegt, dass Leserinnen und Leser über die Falschheit dieser Angaben (vorübergehend) in die Irre geführt werden. Dies wiederum bedeutet, dass die fraglichen Angaben nicht offensichtlich falsch sein dürfen. Von einem *definitionstheoretischen* Standpunkt aus gesehen, ist die Taxonomie also exklusiv, d. h., es kann nicht sein, dass eine Erzähltextpassage zugleich täuschend und offen unzuverlässig erzählt ist.

Die *praktische* Abgrenzung beider Unzuverlässigkeitstypen voneinander ist dagegen oft schwierig. Warum das so ist, geht ebenfalls bereits aus den Definitionen hervor: Erzähltexte können in mehr oder minder offensichtlicher Weise falsche Angaben über fiktive Tatsachen enthalten, und sie können uns mehr oder minder gute Gründe für falsche Annahmen über fiktive Tatsachen geben. Ishiguros *Was vom Tage übrig blieb* bietet auch hierfür ein Beispiel: Manche Leserin und mancher Leser wird Stevens schnell auf die Schliche kommen und verschiedenen Aspekten seines Berichts misstrauen. Über die Frage, wie offen die Unzuverlässigkeit des Erzählers ist, dürften die Meinungen auseinandergehen: Der Text kann hier unterschiedlich interpretiert werden.

Die Tatsache, dass es Grenz- und Zweifelsfälle gibt, entwertet jedoch nicht die theoretische Unterscheidung der Fälle. Täuschendes Erzählen und offen unzuverlässiges Erzählen sind zwei verschiedene Typen, für die es Beispiele in Reinform gibt. Diese Texte unterscheiden sich in einer wichtigen Hinsicht, die von den Definitionen erfasst wird. In Bezug auf Zweifels- und Grenzfälle verfügen die Begriffe in der Erzähltextanalyse über eine erkenntnisfördernde, *heuristische* Funktion: Sie lenken unsere Aufmerksamkeit auf interessante Aspekte des Erzähltextes – die Aspekte, die im Definiens der Begriffsbestimmung genannt werden – und zwingen uns zu einer genauen, an bestimmten Kriterien orientierten Untersuchung (vgl. Kap. 1.2.3). Ob diese Untersuchung mit einer Klassifikation abschließt (›Text X ist vom Typ Y‹) oder nicht (etwa: ›Text X ist nur in bestimmten Hinsichten oder in Bezug auf bestimmte Abschnitte vom Typ Y‹), ist demgegenüber von untergeordneter Bedeutung.

9.3 Axiologisch unzuverlässiges Erzählen

Historisch gesehen handelt es sich beim *axiologisch unzuverlässigen Erzählen* gewissermaßen um den ersten Typ, denn der Ausdruck ›unzuverlässiger Erzähler‹ (*unreliable narrator*) wurde in Wayne C. Booths *The Rhetoric of Fiction* (1961) ursprünglich zur Bezeichnung dieses Typs eingeführt:

> *Aus Mangel an besseren Begriffen habe ich einen Erzähler zuverlässig genannt, wenn er für die Normen des Werkes (d. h. die Normen des impliziten Autors) eintritt oder in Übereinstimmung mit ihnen handelt, und unzuverlässig, wenn er dies nicht tut.* (Booth 1961, S. 158 f.)

Axiologisch unzuverlässiges Erzählen

Booths Begriff des unzuverlässigen Erzählens – im Anschluss an Kindt 2008 wird es hier *axiologisch unzuverlässiges Erzählen* genannt – unterscheidet sich in verschiedenen Hinsichten von den bisher von uns eingeführten Begriffen:

Erstens wird beim axiologisch unzuverlässigen Erzählen nicht eine (unzuverlässige) Beschreibung der fiktiven Welt mit dem verglichen, was in der fiktiven Welt tatsächlich der Fall ist. Der Standard zur Beurteilung der Zuverlässigkeit des Erzählerberichts sind dagegen die ›Normen des Werkes‹ (dazu gleich mehr). Zweitens ist das axiologisch unzuverlässige Erzählen ausdrücklich auf Texte beschränkt, in denen es eine fiktive Erzählinstanz gibt. (Man kann natürlich nur dann die Normen einer Erzählinstanz mit anderen Normen vergleichen, also etwa denen des Werkes, wenn es tatsächlich eine solche Instanz gibt.) Drittens bezieht sich das axiologisch unzuverlässige Erzählen ausschließlich auf normative Sachverhalte in einem weiten Sinne. Einschlägig ist damit das, was die Erzählerfigur in irgendeinem (etwa moralischen oder ästhetischen) Sinne für gut, ratsam oder richtig hält, bzw. sind (potentiell) die gesamten Wertauffassungen des Erzählers. Im Hintergrund steht hier eine rhetorisch orientierte Literaturauffassung, die sich vor allem für die ethischen Effekte literarischer Texte auf Leserinnen und Leser interessiert (vgl. Kindt/ Müller 2006, Kap. 1.2).

Booths Formulierung hat jedoch mit vermeidbaren Schwächen zu kämpfen: Die Bestimmung rekurriert auf das vieldeutige und unklare Konzept des »impliziten Autors« (vgl. ebd., Kap. 2–3). Damit verbunden ist klärungsbedürftig, was überhaupt mit den »Normen des Werkes« gemeint sein soll. Ein Beispiel: In Vladimir Nabokovs Roman *Lolita* tritt mit Humbert Humbert eine Erzählerfigur auf, die über pädophile Neigungen verfügt und diese Neigungen auch in verschiedener Weise zu rechtfertigen versucht. Man kann jedoch nicht sagen, dass diese Auffassungen durch das Werk als Ganzes vertreten oder gar propagiert werden. Der Roman führt uns beispielsweise auch die Konsequenzen von Humbert Humberts Neigungen vor Augen und rückt diese so in ein kritisches Licht. Als »Normen des Werkes« können wir diese den Auffassungen des Erzählers entgegensetzen. Es handelt sich also um die Wertauffassungen, von denen man annehmen kann, dass sie in einem Werk wie *Lolita*, das eine entsprechend kritische Sicht auf Humbert Humbert hat, ihren Ausdruck finden. Einem Vorschlag von Bruce Vermazen folgend, drückt ein Kunstwerk genau dann bestimmte Wertauffassungen aus, wenn sich einem vorgestellten Urheber die entsprechenden Auffassungen zuschreiben lassen (vgl. Vermazen 1986). »Ausdruck« wird hier verstanden im Sinne von ›Hinweis auf‹: Das Kunstwerk lässt sich interpretieren als Hinweis auf bestimmte Wertauffassungen eines Urhebers. Da es sich *nicht* um die tatsächlichen Auffassungen des tatsächlichen Urhebers handeln muss (ob Nabokov die in *Lolita* zum Ausdruck kommenden Auffassungen vertreten hat oder nicht, wäre noch einmal eine andere Frage), kann man von einem »imaginierten« oder »hypothetischen« Urheber sprechen (vgl. ebd., S. 200–204; Kindt/Müller 2011, S. 72 f.).

Definition

Im Anschluss an diese Überlegungen können wir den Begriff schließlich wie folgt definieren: *Der fiktive Erzähler eines fiktionalen Erzähltextes ist genau dann axiologisch unzuverlässig, wenn seine Wertauffassungen den durch den Text im Ganzen ausgedrückten Wertauffassungen nicht entsprechen.*

Der Begriff des ›axiologisch unzuverlässigen Erzählens‹ ruft noch einmal in Erinnerung, dass man, wie eingangs erwähnt wurde, viele verschiedene Aspekte eines Erzähltextes auf ihre Zuverlässigkeit oder Unzuverlässigkeit hin überprüfen kann. Die von uns unterschiedenen Formen des unzuverlässigen Erzählens stellen dabei nur drei prominente Möglichkeiten dar, denen andere an die Seite gestellt werden können. Die Prominenz der betrachteten Varianten verdankt sich einerseits der Tatsache, dass es recht viele Beispiele für entsprechend erzählte Texte gibt, und andererseits der Tatsache, dass der Definition der entsprechenden Unzuverlässigkeitsbegriffe in der Literaturwissenschaft große Aufmerksamkeit gewidmet wurde. Erkennbar ist freilich, dass sich der Fokus der literaturwissenschaftlichen Beschäftigung mit Unzuverlässigkeiten in literarischen Erzählwerken seit einigen Jahren vom axiologisch unzuverlässigen Erzählen mehr und mehr zum täuschend und offen unzuverlässigen Erzählen verschoben hat.

Die folgende Matrix fasst die wichtigsten Unterschiede der eingeführten Typen des unzuverlässigen Erzählens noch einmal zusammen:

	Bezugsgröße der Unzuverlässigkeit (›was falsch ist‹)	*Standard der Richtigkeit*	*pragmatischer Modus (offen/verdeckt)*
täuschend unzuverlässiges Erzählen	Aussagen über fiktive Sachverhalte	korrekte Aussagen über fiktive Sachverhalte	verdeckt
offen unzuverlässiges Erzählen	Aussagen über fiktive Sachverhalte	korrekte Aussagen über fiktive Sachverhalte	offen
axiologisch unzuverlässiges Erzählen	von einem Erzähler vermittelte Wertauffassungen	Normen des Werkes	(variabel)

Funktionen des unzuverlässigen Erzählens

Die Funktionen des unzuverlässigen Erzählens ergeben sich, wie dies bei allen narrativen Darstellungsstrategien der Fall ist, erst im Kontext eines konkreten Erzähltextes (bzw. im Kontext einer situativ eingebetteten narrativen Kommunikation). Hinzuweisen ist darauf, dass die Definition des täuschend unzuverlässigen Erzählens bereits eine Funktionshypothese enthält: Leser werden durch diese Darstellungsstrategie (vorübergehend) in die Irre geführt. Auch diese Form der Unzuverlässigkeit kann jedoch in umfassendere Strategien eingebettet werden. Einer gewissen Beliebtheit erfreuen sich Interpretationen, denen zufolge das unzuverlässige Erzählen ein spezifisch modernes (oder modernistisches) Phänomen ist, mit dem das Erzählen als solches problematisiert wird. Unzuverlässiges Erzählen hat demnach stets ein reflexives Moment, d. h., es wird in irgendeiner Weise immer auch das Erzählen als solches thematisiert und kommentiert. In dieser Funktion ähnelt das unzuverlässige Erzählen der *Metafiktionalität*, die meist als Strategie der Bewusstmachung der Fiktionalität eines Textes aufgefasst wird (vgl. Kindt 2008, S. 214 f.; Köppe 2010a).

Schließen möchten wir dieses Kapitel mit einer Abgrenzungsfrage. Den Eindruck »Hier stimmt etwas nicht!« und eine damit verbundene Unklarheit über die Konturen der fiktiven Welt haben Leser auch bei Texten wie dem folgenden:

> *Es war einmal ein rothaariger Mann, der hatte keine Augen und keine Ohren. Haare hatte er auch keine, so daß man ihn nur bedingt einen Rotschopf nennen konnte.*
>
> *Sprechen konnte er nicht, denn er hatte keinen Mund. Eine Nase hatte er auch nicht.*
>
> *Er hatte nicht einmal Arme und Beine. Und er hatte keinen Bauch, und er hatte keinen Rücken, und er hatte kein Rückgrat, und Eingeweide hatte er auch nicht. Überhaupt nichts hatte er! So daß man gar nicht versteht, von wem die Rede ist.*
>
> *Besser, wir sprechen nicht mehr von ihm.* (Charms 1937, S. 123)

Das *Blaue Heft Nr. 10* von Daniil Charms ist ein Text, der Leser offenkundig im Unklaren darüber lässt, was in der fiktiven Welt eigentlich der Fall ist. Ist der Text deshalb unzuverlässig erzählt? – Man könnte diesen Text den offen unzuverlässigen Erzähltexten zuordnen wollen. Dabei stellen sich jedoch insofern Zweifel ein, als nicht klar ist, ob wir es überhaupt mit einem Erzähltext zu tun haben. Der Text ist nämlich derartig widersprüchlich, dass man Schwierigkeiten hat, die Bedingungen eines Erzählungsbegriffs für erfüllt zu halten (vgl. Kap. 2.1). Er fällt damit, technisch gesprochen, nicht in die Definitionsmenge des Begriffs ›unzuverlässiges Erzählen‹. Allgemein gesprochen, müssen Fälle des literarischen *Nonsens* zunächst daraufhin überprüft werden, ob wir es überhaupt mit einem Erzähltext zu tun haben.

Unzuverlässiges Erzählen im Film

Nicht nur literarische Texte, auch Filme können unzuverlässig erzählt werden. Wie auch beim literarischen unzuverlässigen Erzählen können wir verschiedene Formen oder Typen unterscheiden. So kann ein Film im Ganzen oder in einzelnen Abschnitten über eine Erzählerfigur verfügen (realisiert meist als *voiceover*), die, ähnlich wie in den oben dargestellten Fällen des offen oder täuschend unzuverlässigen Erzählens, als unzuverlässig charakterisiert werden kann. Der Titelheld Forrest Gump im gleichnamigen Film (1994) ist ein Beispiel für einen offen unzuverlässigen Erzähler (vgl. dazu ausführlich Koch 2011, S. 60–62). Die Figur Jonathan Cooper, die in Alfred

Hitchcocks *Stage Fright* (1950) als Urheber einer Binnenerzählung auftritt und seiner Verlobten eine Lügengeschichte auftischt, veranschaulicht den Fall des täuschend unzuverlässigen Erzählens im Film. In Spielfilmen können zudem Episoden aneinandergereiht werden, die sich nicht (oder erst spät) zu einem stimmigen Gesamtbild integrieren lassen. Beispiele sind *Mulholland Drive* (2001), *Vanilla Sky* (2001) oder *A Beautiful Mind* (2001).

Eine zureichende theoretische Beschreibung des unzuverlässigen Erzählens im Film kann von uns hier nicht geleistet werden. Zu den Fragen, die hier gelöst werden müssen, gehört etwa, ob oder inwiefern Filme über eine Erzählinstanz verfügen können oder müssen und ob es bestimmte medienspezifische Formen der filmischen Unzuverlässigkeit gibt (vgl. Currie 1995; Gaut 2004; Koch 2011). Wichtig ist, wie schon beim literarischen unzuverlässigen Erzählen, dass es verschiedene Aspekte des Films gibt, die man gesondert auf ihre Unzuverlässigkeit überprüfen kann.

Anhang

Eine kurze Geschichte der Erzähltheorie

Die Frage, was Erzählungen ausmacht, beschäftigt die Menschen schon seit mehr als 2000 Jahren. Ihren Niederschlag hat diese Beschäftigung etwa in Beiträgen zur Poetik seit Platon und Aristoteles gefunden (vgl. Kap. 1.1) oder in Abhandlungen zur Rhetorik seit Cicero und Quintilian; und auch in literarischen Erzählungen finden sich schon seit Homers Epen immer wieder Passagen, in denen es nicht allein um die Präsentation einer Geschichte, sondern zugleich um die Reflexion der erzählerischen Präsentationsform geht (vgl. Contzen/Tilg 2019, Kap. 1–2).

Eine Erzähltheorie im heutigen Sinne beginnt sich freilich erst im späten 19. Jahrhundert zu entwickeln. Seit dieser Zeit wird das Erzählen in den Text- und Kulturwissenschaften nicht mehr nur beiläufig in den Blick genommen, im Kontext der Behandlung anderer Fragestellungen, denen das eigentliche Interesse gilt; es wird nun zum Gegenstand eigener und zunehmend zusammenhängender theoretischer Reflexionen. Im Hinblick auf den Herausbildungsprozess des Theoriebereichs von der Zeit um 1900 bis zur Gegenwart ist es sinnvoll, drei maßgebliche Entwicklungsphasen zu unterscheiden, nämlich die Formierungs-, die Etablierungs- und die Pluralisierungsphase der Erzähltheorie (für ausführliche Darstellungen vgl. Prince 1995; Fludernik 2005a; Herman 2005).

Formierungsphase der Erzähltheorie

Die ersten Beiträge zur *Formierungsphase* der Erzähltheorie entstammen vor allem zwei Forschungsbereichen: der literaturwissenschaftlichen Romantheorie und der volkskundlichen Märchenforschung. Seit den 1880er Jahren entstanden in diesen Zusammenhängen zunehmend Studien, die den inhaltlichen, formalen und kompositorischen Mustern in umfangreicheren Sammlungen erzählender Texte nachgingen. Innerhalb der Romantheorie begründeten Friedrich Spielhagens *Beiträge zur Theorie und Technik des Romans* (1883) eine Tradition epischer Formanalyse, von der bis in die 1950er Jahre wichtige Impulse für die erzähltheoretische Reflexion ausgingen (vgl. Cornils/Schernus 2003). Innerhalb der Märchenforschung begannen mit den Arbeiten der ›Finnischen Schule‹ um den Volkskundler Antti Aarne großangelegte Versuche der systematischen Auswertung und klassifikatorischen Ordnung von Märchen und anderen Volkserzählungen (vgl. Meister 2009).

Als zweiter maßgeblicher Bezugspunkt für die sukzessive Formierung der Erzähltheorie sind die formalistischen und frühen strukturalistischen Positionen zu nennen, die ab den 1910er Jahren innerhalb der Text- und Kulturwissenschaften zunächst in Russland und später im gesamten europäischen und auch nordamerikanischen Raum Gestalt und Geltung gewannen (vgl. Müller 2010; Aumüller/Müller 2012). Im Zeichen des Formalismus und beginnenden Strukturalismus entstanden wegweisende Beiträge zu elementaren Aspekten der erzählerischen Gestaltung von Texten der Epik oder einzelnen ihrer Genres: Zu denken ist hier etwa an die Einführung der Unterscheidung zwischen Fabel und Sujet durch Viktor Šklovskij und Boris Tomaševskij, an Käte Friedemanns Überlegungen zur *Rolle des Erzählers in der Epik* (1910; in einer Erstfassung bereits 1906) oder an Vladimir Propps Erläuterung des allgemeinen Strukturmusters in den Handlungsverläufen russischer Zaubermärchen im Rahmen seiner *Morphologie des Märchens* (1928).

Etablierungsphase

Die *Etablierungsphase* der Erzähltheorie fällt in die Zeit zwischen den 1950er und den 1970er Jahren. In Weiterführung vor allem formalistisch-strukturalistischer, aber auch morphologischer und rhetorischer Traditionen entwickelte sich die Erzähltheorie in den betreffenden Jahrzehnten zu einem eigenständigen und zunehmend beachteten Bereich literaturwissenschaftlicher Theoriebildung (vgl. dazu Doležel 1990), der auch in Fächern wie etwa der Sprachwissenschaft oder der Geschichtsschreibung wachsendes Interesse fand. Begleitet und befördert wurde diese Entwicklung durch die Veröffentlichung einer Reihe grundlegender Studien zum Erzählen in literarischen Texten, die aus heutiger Sicht als Klassiker des Forschungsgebiets einzustufen sind: Im deutschsprachigen Raum setzte eine erzähltheoretische Diskussion im engeren Sinne mit zwei Publikationen aus dem Jahr 1955 ein, nämlich mit Eberhard Lämmerts *Bauformen des Erzählens*, einer Untersuchung einflussreicher epischer Kompositionstechniken, und mit Franz K. Stanzels *Die typischen Erzählsituationen im Roman*, einer Arbeit zu den Möglichkeiten, die Erzählinstanz in Romanen auszugestalten. Die Auseinandersetzungen im angloamerikanischen Raum wurden durch Wayne C. Booths Monographie *The Rhetoric of Fiction* (1961) entscheidend geprägt, die anhand kanonischer Werke der Erzählliteratur das Verhältnis zwischen Formgebung und Wirkungseffekten von Texten zu erläutern versucht.

Die Beiträge zur Erzählforschung mit dem entschiedensten systematischen Anspruch und der größten internationalen Wirkung entstanden im Zuge der Herausbildung des französischen Strukturalismus: Hervorzuheben sind hier Roland Barthes' Aufsatz »Introduction à l'analyse structurale des récits« (1966; dt. »Einführung in die strukturale Analyse von Erzählungen«) und Gérard Genettes Abhandlung *Discours du récit* (1972; dt. *Diskurs der Erzählung*), die sich beide um die Entwicklung eines Kategoriensystems zur integralen Analyse von Erzählungen bemühen. Hingewiesen sei ferner auf die Arbeiten von Algirdas Julien Greimas und Claude Bremond, die in Anknüpfung an Propp differenzierte Rekonstruktionsmodelle für den Handlungsaufbau von Erzähltexten entwerfen (vgl. Greimas 1966; Bremond 1973).

Dass die Erzähltheorie um 1980 zu einem fest etablierten und bei aller Vielfalt klar profilierten Theoriebereich der Text- und Kulturwissenschaften geworden war, belegen die zahlreichen Einführungsbücher und Grundlagenwerke, die nun erschienen, von Seymour Chatmans *Story and Discourse* (1978) über Stanzels *Theorie des Erzählens* (1979) und Genettes *Nouveau discours du récit* (1983; dt. *Neuer Diskurs der Erzählung*) bis zu Gerald Princes *Narratology* (1982), Shlomith Rimmon-Kenans *Narrative Fiction* (1983) oder Mieke Bals *Narratology* (1985; niederl. Ausg. schon 1980). Die Prägung der seit dieser Zeit gängigen Ausdrücke zur Bezeichnung des Forschungsfeldes ging dessen endgültiger Durchsetzung sogar voraus: Der Ausdruck »Erzähltheorie« findet sich erstmals in einer Kapitelüberschrift der Lämmert'schen *Bauformen* (vgl. Lämmert 1955, S. 62), und der Begriff »Narratologie« wurde von Tzvetan Todorov in der Einleitung seiner Abhandlung *Grammaire du Décaméron* (1969; dt. *Grammatik des »Dekameron«*) eingeführt und als »Wissenschaft der Erzählung« (Todorov 1969, S. 10) bestimmt.

Nach über einem Jahrzehnt, in dem die Erzähltheorie infolge der wachsenden Vorbehalte gegenüber dem Strukturalismus zur Zielscheibe mehr oder weniger grundsätzlicher Kritik wurde (vgl. etwa Rimmon-Kenan 1989; Brooke-Rose 1990), erlebte das Forschungsfeld seit den 1990er Jahren einen neuerlichen Aufschwung, der zugleich zu einer erheblichen Vermehrung der vertretenen Positionen führte. Im Zuge dieser *Pluralisierungsphase* hat sich die Erzähltheorie aus einem vergleichsweise einheitlichen Bereich literaturwissenschaftlicher Theoriebildung zu einem umkämpften Feld interdisziplinärer Diskussionen entwickelt, in deren Mittelpunkt seit Beginn des Jahrtausends zwei Themenfelder standen: Das Augenmerk der Kontroversen galt zum einen dem *methodischen Profil* der Narratologie. Zu intensiven Auseinandersetzungen und elaborierten Vorschlägen gab dabei insbesondere das Projekt Anlass, die Erzähltheorie im Anschluss an Resultate und Konzepte der Kognitionswissenschaften umzugestalten. Entscheidende Impulse für dieses Vorhaben gingen von Monika Fluderniks *Towards a ›Natural‹ Narratology* (1996) und David Hermans *Story Logic* (2002) aus, aber auch von verschiedenen Arbeiten Ansgar Nünnings und Manfred Jahns. Bestimmt wurden die Auseinandersetzungen der Pluralisierungsphase zum anderen durch die Frage nach der *konzeptionellen Ausrichtung* der Narratologie. Innerhalb der Literaturwissenschaften kreiste die entsprechende Debatte vor allem um den Vorschlag, die Erzähltheorie aus einem Analyseinstrumentarium, das der Bestimmung der Strukturen einzelner Werke und der Regelmäßigkeiten in umfangreichen Textkorpora dient, in eine Interpretationstheorie umzubauen, mit deren Hilfe sich Texte in ihren Kontexten verstehen lassen (vgl. für einen Überblick Nün-

Pluralisierungsphase

ning/Nünning 2002b). Vielbeachtete Beispiele für diesen Vorschlag sind das Vorhaben einer »feministischen Narratologie« (vgl. Lanser 1986) oder die Idee einer »kulturgeschichtlichen Narratologie« (vgl. Nünning 2000).

Neben solchen Ansätzen haben sich die konzeptionellen Auseinandersetzungen um die Erzähltheorie vor allem der Frage gewidmet, welche Konsequenzen aus der Beobachtung zu ziehen sind, dass dem Erzählen nicht allein in literarischen Werken, sondern in zahlreichen kulturellen Zusammenhängen große Relevanz zukommt. Diese Beobachtung ist einerseits Anlass zu einer so intensiven Beschäftigung mit dem Phänomen des Erzählens in Disziplinen wie der Philosophie, Psychologie, Historiographie, Jurisprudenz und Medizin gewesen, dass im Anschluss an Martin Kreiswirth bereits von einem *narrative turn* der Text-, Kultur- und Sozialwissenschaften gesprochen wird (vgl. Kreiswirth 1992; 2005); und sie hat andererseits den Anstoß dazu gegeben, sich zwischen den Fächern und Forschungszusammenhängen über die Möglichkeit, Strukturen und Funktionen einer intermedial und transdisziplinär nutzbaren Erzähltheorie zu verständigen (vgl. hierzu Nünning/Nünning 2002a; Mahne 2007; Heinen/Sommer 2009).

Wegbereiterinnen und Wegbereiter der Erzähltheorie

BARTHES, ROLAND (1915–1980), französischer Literatur- und Kulturtheoretiker, zuletzt Professor für Literarische Semiologie am Collège de France, einer der Impulsgeber des Strukturalismus und Poststrukturalismus. Breite Beachtung haben neben seinen Beiträgen zur Narratologie vor allem seine Arbeiten zur Mythentheorie, seine These vom »Tod des Autors« und seine Reflexionen zur »Lust am Text« gefunden.

BOOTH, WAYNE C. (1921–2005), amerikanischer Literaturwissenschaftler, zuletzt George M. Pullman Professor Emeritus of English an der University of Chicago. Booth war der einflussreichste Vertreter der sogenannten Chicago School of Criticism. In seinen Büchern wie dem bis heute wirkungsmächtigen *Rhetoric of Fiction* (1961) tritt er für eine rhetorisch ausgerichtete Auseinandersetzung mit dem ethischen Gehalt von Literatur ein.

BREMOND, CLAUDE (1929–2021), französischer Literaturtheoretiker, zuletzt Professor an der École Pratique des Hautes Études in Paris. Bremonds Beiträge zur Narratologie versuchen im Anschluss an Propp eine »Grammatik des Erzählens« zu entwickeln. Seine *Logique du récit* (1973) ist ein Grundlagenwerk der strukturalistischen Erzähltheorie.

CHATMAN, SEYMOUR (1928–2015), amerikanischer Film- und Literaturwissenschaftler, zuletzt Professor für Rhetorik in Berkeley. Chatmans Monographien *Story and Discourse* (1978) und *Coming to Terms* (1990) sind einflussreiche Arbeiten, die strukturalistische und rhetorische Traditionen der Erzählforschung verknüpfen.

DOLEŽEL, LUBOMÍR (1922–2017), tschechischer Literaturtheoretiker, zuletzt Professor für Comparative Literature an der University of Toronto. Doležels Untersuchungen führen die Tradition des Prager Strukturalismus weiter. Seine Monographie *Heterocosmica* (1997) entwirft eine der ersten *Possible-Worlds*-Theorien für den Bereich der Literatur.

FORSTER, EDWARD MORGAN (1879–1970), englischer Romanautor und Essayist. Bekannt geworden durch sein Werk *A Passage to India* (1924), hat Forster auf die Roman- und frühe Erzähltheorie vor allem mit seinem Buch *Aspects of the Novel* (1927) großen Einfluss ausgeübt.

FRIEDEMANN, KÄTE (1874–unbekannt), deutsche Literaturwissenschaftlerin. Friedemann war Schülerin Oskar Walzels, eines frühen Vertreters der formalistischen Literaturwissenschaft im deutschsprachigen Raum. Sie hat mit ihren erstmals 1906 publizierten Überlegungen zur *Rolle des Erzählers in der Epik* der erzähltheoretischen Auseinandersetzung in Deutschland einen wichtigen Anstoß gegeben und ist darüber hinaus durch zahlreiche Beiträge zur Romantik-Forschung hervorgetreten.

FRIEDMAN, NORMAN (1925–2014), amerikanischer Literaturwissenschaftler, zuletzt Professor für Englische Literatur am Queens College der City University of New York. Neben einer vielbeachteten Studie zur Erzählperspektive, *Point of View in Fiction* (1955), hat Friedman wichtige Beiträge zur Lyriktheorie und zur Dichtung E. E. Cummings' vorgelegt.

GENETTE, GÉRARD (1930–2018), französischer Literaturwissenschaftler, zuletzt Forschungsdirektor an der École des Hautes Études in Paris. Durch seine Arbeiten wie den *Discours du récit* (1972) und den *Nouveau discours du récit* (1983) hat der Schüler Roland Barthes' entscheidenden Einfluss auf die strukturalistische Erzähltheorie genommen. Seine Terminologie dient heute als ›Verkehrssprache‹ der literaturwissenschaftlichen Erzähltextanalyse. Neben Beiträgen zur Narratologie hat Genette eine Vielzahl weiterer wirkungsmächtiger Untersuchungen zur Literaturtheorie vorgelegt, etwa zum Phänomen des Paratextes oder zur Theorie der Fiktionalität.

GREIMAS, ALGIRDAS JULIEN (1917–1992), französischer Linguist und Semiotiker, zuletzt Professor für Allgemeine Semantik an der École des Hautes Études in Paris. Angeregt durch die Arbeiten Propps und Claude Lévi-Strauss', war Greimas mit Studien wie seiner *Sémantique structurale* (1966) einer der führenden Vertreter des sprachwissenschaftlichen Strukturalismus in Frankreich.

HAMBURGER, KÄTE (1896–1992), deutsche Germanistin, zuletzt außerordentliche Professorin an der Universität Stuttgart. Hamburgers Untersuchung *Die Logik der Dichtung* (1957), einer Studie zur Fiktions- und Literaturtheorie, verdankt die Debatte in der deutschsprachigen Erzähltheorie der 1960er und 1970er Jahre wichtige Impulse.

JAMES, HENRY (1843–1916), amerikanischer Romanautor und Literaturkritiker. James gilt aufgrund von Werken wie *The Portrait of a Lady* (1881) und *The*

Ambassadors (1903) zu den Wegbereitern des modernen psychologischen Romans, dessen Verfahren er in poetologischen Texten selbst theoretisch reflektiert.

LÄMMERT, EBERHARD (1924–2015), deutscher Germanist, zuletzt Professor für Allgemeine und Vergleichende Literaturwissenschaft am Peter Szondi-Institut der Freien Universität Berlin. Lämmert gelangte in der Literaturwissenschaft zu allgemeiner Bekanntheit durch seine *Bauformen des Erzählens* (1955), die eine Übersicht über grundlegende Präsentationsformen und Kompositionstechniken der Epik geben.

PROPP, VLADIMIR J. (1895–1970), russischer Ethnologe und Literaturwissenschaftler, zuletzt Professor für Volkskunde an der Staatlichen Universität Leningrad (ab 1991: Sankt Petersburg). Propps *Morphologie des Märchens* (1928), die den Handlungsmustern in russischen Zaubermärchen nachgeht, ist in ihrer Bedeutung für die Entwicklung der strukturalistischen Erzähltheorie kaum zu überschätzen.

ŠKLOVSKIJ, VIKTOR (1893–1984), russischer Literatur-, Kunst- und Filmtheoretiker. Šklovskij ist einer der Begründer und Hauptvertreter des russischen Formalismus. Bis heute einflussreich ist seine »Abweichungstheorie« der Dichtung, die die Literarizität von Texten über das Verfahren der »Verfremdung« zu erläutern versucht.

SPIELHAGEN, FRIEDRICH (1829–1911), deutscher Romanautor und Romantheoretiker. Als Verfasser liberaler Zeitromane heute weitgehend vergessen, wird Spielhagen von der germanistischen Literaturwissenschaft in erster Linie als Romantheoretiker rezipiert, der sich unter dem Eindruck des literarischen Realismus etwa mit dem Unterschied zwischen ›subjektiven‹ und ›objektiven‹ Erzählverfahren beschäftigt hat.

STANZEL, FRANZ K. (*1923), österreichischer Literaturwissenschaftler, emeritierter Professor der Anglistik an der Karl-Franzens-Universität Graz, ist neben Lämmert der Begründer der erzähltheoretischen Debatte im deutschsprachigen Raum. Das vordringliche Interesse von Stanzels Beiträgen zum Forschungsfeld, wie sein *Typische Erzählsituationen im Roman* (1955) oder *Theorie des Erzählens* (1979), gilt den Erzählinstanzen und Perspektivierungsformen in epischen Werken.

TODOROV, TZVETAN (1939–2017), bulgarischer Literaturtheoretiker, zuletzt Directeur de Recherche am Centre National de la Recherche Scientifique in Paris. Todorov hat maßgeblich zur Vermittlung des russischen Formalismus in Frankreich beigetragen. Seine Bekanntheit in der internationalen Literaturwissenschaft verdankt er wegweisenden Beiträgen zur Poetik, strukturalistischen Erzähltheorie und literarischen Phantastik (*Einführung in die fantastische Literatur*, 1970).

TOMAŠEVSKIJ, BORIS (1890–1957), russischer Literaturwissenschaftler, zuletzt Professor für russische Literatur an der Staatlichen Universität Leningrad (vor 1924: Petrograd, ab 1991: Sankt Petersburg). Tomaševskijs Arbeiten sind dem russischen Formalismus zuzuordnen, zu dessen Grundlagenwerken seine *Theorie der Literatur* (1925) zählt.

Literatur

Im Literaturverzeichnis wird zwischen zitierter Primär- und Sekundärliteratur unterschieden. Titel, die dezidiert narratologische Inhalte haben (z. B. Einführungs- und Überblicksdarstellungen sowie Untersuchungen zu Spezialthemen), sind mit einem Asterisk (*) gekennzeichnet.

Primärliteratur

Aichinger 1949 Aichinger, Ilse: Spiegelgeschichte. In: I. A.: Werke. Taschenbuchausgabe in 8 Bänden. Hrsg. v. Richard Reichensberger. Frankfurt a. M. 1991, Bd. 2, S. 63–74.

Allen 1975 Allen, Woody: Der oberflächlichste Mensch, der mir je begegnet ist. In: W. A.: Alles von Allen. Storys, Szenen, Parodien. Übers. von Benjamin Schwarz. Reinbek b. Hamburg 2003. S. 450–465. [Orig.: The Shallowest Man. 1975.]

Auster 2006 Auster, Paul: Reisen im Skriptorium. Roman. Aus dem Engl. von Werner Schmitz. Reinbek b. Hamburg 2007. [Orig.: Travels in the Scriptorium. 2006.]

Auster 2010 Auster, Paul: Sunset Park. Roman. Aus dem Engl. von Werner Schmitz. Reinbek b. Hamburg 2012. [Orig.: Sunset Park. 2010.]

Bärfuss 2019 Bärfuss, Lukas: Was ist die Liebe? In: L. B.: Malinois. Erzählungen. Göttingen 2019. S. 7–9.

Becker 1969 Becker, Jurek: Jakob der Lügner. Roman. Frankfurt a. M. 1982. [Zuerst: Berlin 1969.]

Bierce 1890 Bierce, Ambrose: Ein Ereignis an der Owl-Creek-Brücke. In: Die Spottdrossel. Vierzehn Novellen und zwölf phantastische Fabeln. Ausw. und Vorw. von Mary Hottinger. Übers. von Joachim Uhlmann. Zürich 1963. S. 16–33. [Orig.: An Occurrence at Owl Creek Bridge. 1890.]

Boccaccio 1353 Boccaccio, Giovanni: Das Decameron. Aus dem Ital. übers., mit Komm. und Nachw. von Peter Brockmeier. Stuttgart 2017. [Orig.: Il decameron.]

Brecht 1929 Brecht, Bertolt: Wenn man nur an sich denkt. In: B. B.: Werke. Bd. 18: Prosa 3. Sammlungen und Dialoge. Hrsg. von Werner Hecht [u. a.]. Frankfurt a. M. 1995. S. 31. [Zuerst 1929.]

Broch 1930–32 Broch, Hermann: Die Schlafwandler. Eine Romantrilogie. Frankfurt a. M. ²1980. [Zuerst: 3 Bde. München/Zürich 1930–32.]

Brontë 1847 Brontë, Charlotte: Jane Eyre. Eine Autobiographie. Aus dem Engl. übers., mit Anm. und Nachw. von Ingrid Rein. Stuttgart 2011. (Reclams Universal-Bibliothek. 18920.) [Orthograpie behutsam modernisiert.] [Orig.: Jane Eyre. An Autobiography. 1847.]

Camus 1942 Camus, Albert: Der Fremde. Übers. von Uli Aumüller. Reinbek b. Hamburg 2003. [Orig.: L'Étranger. 1942.]

Camus 1947 Die Pest. Übers. von Guido G. Meister. Reinbek b. Hamburg 1950. [Orig.: La Peste. 1947.]

Charms 1937 Charms, Daniil: Blaues Heft Nr. 10. In: D. C.: Fälle. Russ./Dt. Übers. und hrsg. von Kay Borowsky. Stuttgart 2013 [u. ö.]. (Reclams Universal-Bibliothek. 19073.) [Orig.: Golubaja tetrad No. 10. 1937.]

Christie 1926 Christie, Agatha: Alibi. Roman. Aus dem Engl. von Friedrich Pütsch. Frankfurt a. M. 2005. [Orig.: The Murder of Roger Ackroyd. 1926.]

Conrad 1899 Conrad, Joseph: Herz der Finsternis. Übers. und hrsg. von Daniel Göske. Ditzingen 1991 [u. ö.]. (Reclams Universal-Bibliothek. 8714.) [Orig.: Heart of Darkness. 1899.]

Coover 1969 Coover, Robert: Die Babysitterin. Übers. von Werner Schmitz. In: Schreibheft 33 (1989) S. 117–133. [Orig.: The Babysitter. 1969.]

Dickens 1860/61 Dickens, Charles: Große Erwartungen. Aus dem Engl. von Margit Meyer. Berlin 2010. [Orig.: Great Expectations. 1860/61.]

Döblin 1929 Döblin, Alfred: Berlin Alexanderplatz. Die Geschichte vom Franz Biberkopf. München 1964. [Zuerst: Berlin 1929.]

Dos Passos 1925 Dos Passos, John: Manhattan Transfer. Roman. Aus dem Amerik. übertr. von Paul Baudisch. Reinbek b. Hamburg 1966. [Orig.: Manhattan Transfer. 1925.]

Faulkner 1932 Faulker, William: Licht im August. Roman. Dt. von Helmut Frielinghaus und Susanne Höbel. Reinbek b. Hamburg 2010. [Orig.: Light in August. 1932.]

Fontane 1888 Fontane, Theodor: Irrungen, Wirrungen. Roman. Anm. von Frederick Betz. Durchges. Ausg. Ditzingen 2010 [u. ö.]. (Reclams Universal-Bibliothek. 18741.) [Zuerst: Leipzig 1888.]

Ford 1915 Ford, Ford Madox: Die allertraurigste Geschichte. Roman. Aus dem Engl. von Fritz Lorch und Helene Henze. Zürich 1978. [Orig.: The Good Soldier. 1915.]

Fowles 1969 Fowles, John: Die Geliebte des französischen Leutnants. Roman. Aus dem Engl. von Reinhard Federmann. Berlin 2006. [Orig.: The French Lieutenant's Woman. 1969.]

Frisch 1964 Frisch, Max: Mein Name sei Gantenbein. Roman. Frankfurt a. M. 1975. [Zuerst: Ebd. 1964.]

Goethe 1774 Goethe, Johann Wolfgang: Die Leiden des jungen Werther. Nachw. von Ernst Beutler. Stuttgart 2012 [u. ö.]. (Reclams Universal-Bibliothek. 67.)

Goethe 1794/95 Goethe, Johann Wolfgang: Wilhelm Meisters Lehrjahre. Hrsg. von Ehrhard Bahr. Mit einem Nachw. von Marcel Krings. Stuttgart 2021. (Reclams Universal-Bibliothek. 14182.)

Grass 1959 Grass, Günter: Die Blechtrommel. Roman. Darmstadt [u. a.] 1987. (Werkausgabe in zehn Bänden. Bd. 2. Hrsg. von Volker Neuhaus.) [Zuerst: Ebd. 1959.]

Handke 1981 Handke, Peter: Der Prozeß, für Franz K. In: P. H.: Begrüßung des Aufsichtsrats. Frankfurt a. M. S. 97–112.

Hemingway 1952 Hemingway, Ernest: Der alte Mann und das Meer. Übers. von Annemarie Horschitz-Horst. Reinbek b. Hamburg 1987. [Orig.: The Old Man and the Sea. 1952.]

Hölderlin 1798 Hölderlin, Friedrich: Hyperion oder der Eremit in Griechenland. Nachw. von Michael Knaupp. Ditzingen 2017 [u. ö.]. (Reclams Universal-Bibliothek. 559.)

Hoffmann 1816 Hoffmann, E. T. A.: Der Sandmann. Hrsg. von Rudolf Drux. Durchges. Ausg. Ditzingen 2021 [u. ö.]. (Reclams Universal-Bibliothek. 230.). [Zuerst in: Nachtstücke. Bd. 1. Berlin 1816.]

Ishiguro 1989 Ishiguro, Kazuo: Was vom Tage übrig blieb. Roman. Aus dem Engl. von Hermann Stiehl. Reinbek b. Hamburg 1990. [Orig.: The Remains of the Day. 1989.]

James 1881 James, Henry: Washington Square. Roman. Aus dem Engl. neu übers. von Karl Ludwig Nicol. München 1998. [Orig.: Washington Square. 1881.]

James 1903 James, Henry: Die Gesandten. Dt. von Helmut M. Braem und Elisabeth Kaiser. Frankfurt a. M. [u. a.] 1984. [Orig.: The Ambassadors. 1903.]

Joyce 1914 Joyce, James: Die Toten. In: J. J.: Dubliner. Übers. und Anm. von Harald Beck. Nachw. von Willi Erzgräber. Stuttgart 1994 [u. ö.]. (Reclams Universal-Bibliothek. 9303.) [Orig.: The Dead. 1914.]

Joyce 1922 Joyce, James: Ulysses. Übers. von Hans Wollschläger. Frankfurt a. M. 1981. [Orig.: Ulysses. 1922.]

Kafka 1913 Kafka, Franz: Der Heizer. In: F. K.: Die Erzählungen. Hrsg. von Dieter Lamping in Zs.arb. mit Sandra Poppe. Düsseldorf 2008. S. 107–140. [Zuerst: Leipzig 1913 – Als Kapitel 1 des Romans *Amerika* postum hrsg. von Max Brod: München 1927; später unter dem Titel *Der Verschollene* hrsg. von Jost Schillemeit: Frankfurt a. M. 1983.]

Kehlmann 2005 Kehlmann, Daniel: Die Vermessung der Welt. Roman. Reinbek b. Hamburg 2005.

Kehlmann 2009 Kehlmann, Daniel: Ruhm. Roman in neun Geschichten. Reinbek b. Hamburg 2009.

Keller 1854/55 Keller, Gottfried: Der grüne Heinrich. Nach der 1. Fassung von 1854/55 hrsg. von Jörg Drews. Ditzingen 2003 [u. ö.]. (Reclams Universal-Bibliothek. 18282.) [Zuerst: Braunschweig 1854/55.] [Orthograpie behutsam modernisiert.]

Kleist 1807 Kleist, Heinrich von: Das Erdbeben in Chili. In: H. v. K.: Die Marquise von O… / Das Erdbeben in Chili. Erzählungen. Anm. von Sabine Doering. Nachw. von Christian Wagenknecht. Ditzingen 2004 [u. ö.]. (Reclams Universal-Bibliothek. 8002.) [Zuerst in: Morgenblatt für gebildete Stände. 1807.]

Krausser 1997 Krausser, Helmut: Der große Bagarozy. Roman. Reinbek b. Hamburg 1997.

Krausser 2003 Krausser, Helmut: UC. Roman. Unter Zuhilfenahme eines Märchens von H. C. Andersen. Reinbek b. Hamburg 2003.

Krausser 2007 Kartongeschichte. Roman. Hamburg 2007.

Krausser 2009 Einsamkeit und Sex und Mitleid. Roman. Köln 2009.

Mann 1901 Mann, Thomas: Buddenbrooks. Verfall einer Familie. Roman. Frankfurt a. M. 2002. [Zuerst: Berlin 1901.]

Mann 1903 Mann, Thomas: Tristan. Novelle. Anm. und Nachw. von Alexander Košenina. Ditzingen 2020. (Reclams Universal-Bibliothek. 19649.) [Zuerst: Berlin 1903.]

Mann 1924 Mann, Thomas: Der Zauberberg. Roman. Frankfurt a. M. 2002. [Zuerst: Berlin 1924.]

McEwan 2001 McEwan, Ian : Abbitte. Zürich 2002. [Orig.: Atonement. 2001.]

Melville 1851 Melville, Herman: Moby-Dick oder Der Wal. Roman. Übers. von Matthias Jendis. München 2001. [Orig.: Moby-Dick, or The Whale. 1851.]

Musil 1930/33/43 Musil, Robert: Der Mann ohne Eigenschaften. Hrsg. von Adolf Frisé. 5 Bde. Reinbek b. Hamburg 1978. (Gesammelte Werke in 9 Bänden.) [Zuerst: Bd. 1. 1930. Bd. 2. 1933. Bd. 3. 1943.]

Nabokov 1955 Nabokov, Vladimir: Lolita. Roman Dt. von Helen Hessel. Bearb. von Dieter E. Zimmer. Reinbek b. Hamburg 2000. [Orig.: Lolita. 1955.]

O'Brien 1939 O'Brien, Flann: In Schwimmen-Zwei-Vögel. Roman. Nach der Übertr. durch

Lore Fiedler von Helmut Mennicken und Harry Rowohlt vollständig neu übers. und einger. Zürich 1989. [Orig.: At Swim-Two-Birds. 1939.]

Orwell 1949 Orwell, George: 1984. Roman. Aus dem Engl. übers. und mit einem Nachw. von Holger Hanowell. Ditzingen 2021. (Reclams Universal-Bibliothek. 19611.) [Zuerst 1949.]

Perutz 1953 Perutz, Leo: Nachts unter der steinernen Brücke. Ein Roman aus dem alten Prag. Wien 1986. [Zuerst: Frankfurt a. M. 1953.]

Poe 1846 Poe, Edgar Allan: Das Faß Amontillado. [Übers. von Thekla Zachrau.] In: E. A. P.: Erzählungen. Mit einem Nachw. hrsg. von Manfred Pütz. Ditzingen 2007 [u. ö.]. (Reclams Universal-Bibliothek. 8619.) [Orig.: The Cask of Amontillado. 1846.]

Rilke 1910 Rilke, Rainer Maria: Die Aufzeichnungen des Malte Laurids Brigge. Hrsg. und komm. von Manfred Engel. Bibliogr. erg. Ausg. Ditzingen 2014 [u. ö.]. (Reclams Universal-Bibliothek. 9626.) [Zuerst: Leipzig 1910.]

Schnitzler 1894 Schnitzler, Arthur: Sterben. Novelle. Hrsg. von Hee-Ju Kim. Ditzingen 2006 [u. ö.]. (Reclams Universal-Bibliothek. 18429.) [Zuerst: Berlin 1894.]

Schnitzler 1901 Schnitzler, Arthur: Lieutenant Gustl. Novelle. Hrsg. von Konstanze Fliedl. Mit Anm. und Literaturhinw. von Evelyne Polt-Heinzl. Ditzingen 2011 [u. ö.]. (Reclams Universal-Bibliothek. 18156.) [Zuerst: Berlin 1901.]

Stendhal 1830 Stendhal [d. i. Marie-Henri Beyle]: Rot und Schwarz. Chronik des 19. Jahrhunderts. Aus dem Frz. übertr. von Otto Flake. Mit einem Nachw. von Franz Blei. München 1976. [Orig.: Le Rouge et le Noir. 1830.]

Sterne 1759–67 Sterne, Laurence: Leben und Meinungen von Tristram Shandy, Gentleman. Aus dem Engl. übers. von Otto Weith. Nachw. von Erwin Wolff. Ditzingen 1972 [u. ö.]. (Reclams Universal-Bibliothek. 18711.) [Orthograpie behutsam modernisiert.] [Orig.: The Life and Opinions of Tristram Shandy, Gentleman. 1759–67.]

Stoker 1897 Stoker, Bram: Dracula. Aus dem Engl. übers. von Ulrich Bossier. Nachw. von Elmar Schenkel. Ditzingen 2020. (Reclam Taschenbuch. 20352.) [Orig.: Dracula. 1897.]

Storm 1888 Storm, Theodor: Der Schimmelreiter. Novelle. Histor.-krit. Edition. Hrsg. von Gerd Eversberg. Berlin 2014. [Zuerst: Berlin 1888.]

Tausendundeine Nacht. Nach der ältesten arab. Handschrift in der Ausg. von Muhsin Mahdi erstmals ins Dt. übertr. von Claudia Ott. 10., durchges. und überarb. Aufl. München 2009.

Tieck 1797 Tieck, Ludwig: Der gestiefelte Kater. Kindermärchen in drei Akten. Hrsg. von Helmut Kreuzer. Ditzingen 2013 [u. ö.]. (Reclams Universal-Bibliothek. 8916.)

Tieck 1812 Tieck, Ludwig: Märchen aus dem »Phantasus«. Hrsg. von Walter Münz. Ditzingen 2003 [u. ö.]. (Reclams Universal-Bibliothek. 18240.)

Walser 1909 Walser, Robert: Jakob von Gunten. Ein Tagebuch. Zürich 1985. [Zuerst: Ebd. 1909.]

Weiß 1929 Weiß, Ernst: Die Feuerprobe. Roman. Frankfurt a. M. 1982. (Gesammelte Werke. Hrsg. von Peter Engel und Volker Michels. Bd. 6.) [Neufassung; zuerst: Berlin 1929.]

Weiß 1936 Weiß, Ernst: Der arme Verschwender. Roman. Frankfurt a. M. 1982. (Gesammelte Werke. Hrsg. von Peter Engel und Volker Michels. Bd. 12.) [Zuerst: Amsterdam 1936.]

Weiss 1964 Weiss, Peter: Der Schatten des Körpers des Kutschers. Frankfurt a. M. 1964.

Comics und Filme

Buster Bunny 1953. No. 14. New York 1953.

Gauld 2020 Gauld, Tom: Department of Mind-Blowing Theories. Science Cartoons. Edinburgh 2020. – Dt.: Abteilung für irre Ideen. Aus dem Engl. von Christoph Schuler. Zürich ^{2}2021. [Auswahl.]

McCay 1904–07 McCay, Winsor: Little Sammy Sneeze. Er wusste nie, wann es passierte. Klotten 2010. [Orig.: Little Sammy Sneeze. 1904–07.]

McGuire 2016 McGuire, Richard: Erzählende Bilder. Sequenzielle Zeichnungen aus dem New Yorker. Einl. von Luc Sante. Aus dem Engl. übers. von Stephan Kleiner. Köln 2016. [Orig.: Sequential Drawings. The New Yorker Series. 2016.]

A Beautiful Mind (dt.: A Beautiful Mind – Genie und Wahnsinn). USA 2001. Regie: Ron Howard. Drehbuch: Akika Goldsman. Produktion: Brian Grazer, Ron Howard. Universal Pictures / DreamWorks SKG / Imagine Entertainment.

Amores Perros. Mexiko 2000. Regie/Produktion: Alejandro González Iñárritu. Drehbuch: Guillermo Arriaga. Altavista Films.

Forrest Gump. USA 1994. Regie: Robert Zemeckis. Drehbuch: Eric Roth. Produktion: Wendy Finerman, Steve Starkey, Steve Tisch. Paramount Pictures.

Memento. USA 2000. Regie: Christopher Nolan. Drehbuch: Jonathan Nolan, Christopher Nolan. Produktion: Suzanne Todd, Jennifer Todd. Newmarket Capital Group.

Mulholland Drive (dt.: Mulholland Drive – Straße der Finsternis). USA, Frankreich 2001. Regie: David Lynch. Drehbuch: David Lynch. Produktion: Neal Edelstein, Tony Krantz, Michael Polaire, Alain Sarde, Mary Sweeney. Les Films Alain Sarde / Asymmetrical Productions / Babbo Inc. / Canal+ / The Picture Factory.

Rashomon (dt.: Rashomon – Das Lustwäldchen). Japan 1950. Regie: Akira Kurosawa. Drehbuch: Shinobu Hashimoto, Akira Kurosawa. Produktion: Daei. Daei Motion Picture Company.

Stage Fright (dt.: Die rote Lola). USA, England 1950. Regie: Alfred Hitchcock. Drehbuch: James Bridie, Whitfield Cook, Ranald McDougall, Alma Reville. Produktion: Alfred Hitchcock, Herbert Coleman. Warner Bros.

Vanilla Sky. USA 2001. Regie: Cameron Crowe. Drehbuch: Cameron Crowe, Alejandro Amenábar, Mateo Gil. Produktion: Tom Cruise, Paula Wagner, Cameron, Crowe. Paramount Pictures / Cruise / Wagner Productions / Vinyl Films / Sociedad General de Cine (SOGECINE) S. A. / Summit Entertainment / Artisan Entertainment.

5 × 2 (dt.: 5 × 2 – Fünf mal zwei). Frankreich 2004. Regie: François Ozon. Drehbuch: François Ozon / Emmanuèle Bernheim. Produktion: Olivier Delbosc, Marc Missonnier. Fidélité Productions.

Sekundärliteratur

*Abbott, Horace Porter: The Cambridge Introduction to Narrative. Cambridge 2002.

*– Narrativity. In: Handbook of Narratology. Hrsg. von Peter Hühn [u. a.]. Berlin / New York 2009. S. 309–328.

Alber, Jan / Fludernik, Monika (Hrsg.): Postclassical Narratology: Approaches and Analyses. Columbus 2010.

*Andringa, Els: Effects of »Narrative Distance« on Reader's Emotional Involvement and Response. In: Poetics 23 (1996) S. 431–452.

Aristoteles: Poetik. Griech./Dt. Übers. und hrsg. von Manfred Fuhrmann. Bibliogr. erg. Ausg. Stuttgart 2022 [u. ö.]. (Reclams Universal-Bibliothek. 7828.)

Asmuth, Bernhard: Handlung. In: Reallexikon der deutschen Literaturwissenschaft. Hrsg. von Harald Fricke. Bd. 2. Berlin / New York 2000. S. 6–9.

Audi, Robert: Epistemology. A Contemporary Introduction to the Theory of Knowledge. London 1998.

Aumüller, Matthias (Hrsg.): Narrative Unreliability: Scope and Limits. In: Journal of Literary Theory 12 (2018) H. 1. S. 1–150.

– / Kindt, Tom (Hrsg.): Der deutschsprachige Nachkriegsroman und die Tradition des unzuverlässigen Erzählens. Stuttgart 2021.

– / Müller, Hans-Harald: Russischer Formalismus, deutscher Geist und österreichische Kompositionstheorie. Zur Klärung literaturtheoretischer Einflussbeziehungen. In: Scientia Poetica 16 (2012) S. 97–122.

*Bal, Mieke: Notes on Narrative Embedding. In: Poetics Today 2 (1981) S. 41–59.

*– Narratology. Introduction to the Theory of Narrative. Übers. von Christine van Boheemen. Toronto 1985.

*Barth, John: Tales within Tales within Tales. In: Antaeus 43 (1981) S. 45–63.

*Barthes, Roland: Einführung in die strukturale Analyse von Erzählungen. In: R. B.: Das semiologische Abenteuer. Frankfurt a. M. 1975. S. 102–143. [Orig.: L'aventure sémiologique. 1966.] [Zit. als: Barthes 1966.]

*– L'Effet de Réel. In: R. B.: Œuvres Complètes. Bd. 2: 1966–1973. Paris 1994. S. 479–484. [Zit. als: Barthes 1968.]

*Barwell, Ismay: Understanding Narratives and Narrative Understanding. In: The Journal of Aesthetics and Art Criticism 67 (2009) S. 49–59.

Beardsley, Monroe C.: Der Begriff der Literatur. In: Was ist Literatur? Basistexte Literaturtheorie. Hrsg. von Jürn Gottschalk und Tilmann Köppe. Paderborn 2006. S. 44–61. [Orig.: The Concept of Literature. 1973.]

– Aesthetics. Problems in the Philosophy of Criticism. Indianapolis (IN) 1981.

Beckermann, Ansgar: Gründe und Ursachen. Zum vermeintlich grundsätzlichen Unterschied zwischen mentalen Handlungserklärungen und wissenschaftlich-kausalen Erklärungen. Kronberg i. Ts. 1977.

Birke, Dorothee: Fictions of Memory. Kazuo Ishiguro. In: Der zeitgenössische englische Roman. Genres – Entwicklungen – Modellinterpretationen. Hrsg. von Vera Nünning. Trier 2007. S. 101–116.

– / Butter, Stella: Methoden psychoanalytischer Ansätze. In: Methoden der literatur- und kulturwissenschaftlichen Textanalyse. Hrsg. von Ansgar Nünning und Vera Nünning. Stuttgart/Weimar 2010. S. 51–70.

*Booth, Wayne C.: The Rhetoric of Fiction. Chicago 1961.

*Bortolussi, Marisa / Dixon, Peter: Psychonarratology. Foundations for the Empirical Study of Literary Response. Cambridge 2003.

*Bower, Gordon H.: Experiments on Story Comprehension and Recall. In: Discourse Processes 1 (1978) S. 211–231.

*Bremond, Claude: Logique du récit. Paris 1973.

*Brewer, William F.: Good and Bad Story Endings and Story Completeness. In: Empirical Approaches to Literature and Aesthetics. Hrsg. von Roger J. Kreuz und Mary Sue MacNealy. Norwood (NJ) 1996. S. 261–288.

Brinker, Klaus: Linguistische Textanalyse. Eine Einführung in Grundbegriffe und Methoden. 5., durchges. und erg. Aufl. Berlin 2001.

Brooke-Rose, Christine: Whatever Happened to Narratology? In: Poetics Today 11 (1990) S. 283–293.

*Brooks, Peter: Reading for the Plot. Design and Intention in Narrative. New York 1984.

Bruhns, Adrian: Zur Ontologie fiktiver Entitäten und ihrer Beschreibung in der Fiktionstheorie und Literaturwissenschaft. 2017 [zugl. Diss. 2016]. URL: http://hdl.handle.net/11858/00-1735-0000-0023-3EC0-E

– / Klauk, Tobias / Köppe, Tilmann: Arguments from Aesthetic Merit to Fictional Content. In: The Journal of Aesthetics and Art Criticism 78 (2020) S. 209–218.

Budd, Malcolm: Wittgenstein's Philosophy of Psychology. London / New York 1989.

Bühler, Axel: Autorabsicht und fiktionale Rede. In: Rückkehr des Autors. Zur Erneuerung eines umstrittenen Begriffs. Hrsg. von Fotis Jannidis [u. a.]. Tübingen 1999. S. 61–75.

*Busse, Jan-Philipp: Zur Analyse der Handlung. In: Einführung in die Erzähltextanalyse. Kategorien, Modelle, Probleme. Hrsg. von Peter Wenzel. Trier 2004. S. 22–49.

Carnap, Rudolf: Logical Foundations of Probability. Chicago 1950.

Carroll, Noël: Toward a Theory of Point-of-View Editing. Communication, Emotion, and the Movies. In: Poetics Today 14 (1993) S. 123–141.

– The Paradox of Suspense. In: Suspense. Conceptualizations, Theoretical Analyses, and Empirical Explorations. Hrsg. von Peter Vorderer [u. a.]. Mahwah (NJ) 1996. S. 71–91.

– A Philosophy of Mass Art. Oxford 1998.

– Beyond Aesthetics. Philosophical Essays. Cambridge 2001.

– The Wheel of Virtue. Art, Literature, and Moral Knowledge. In: The Journal of Aesthetics and Art Criticism 60 (2002) S. 3–26.

*– Narrative Closure. In: Philosophical Studies 135 (2007) S. 1–15.

– Minerva's Night Out. Philosophy, Pop Culture, and Moving Pictures. Malden (MA) 2013.

Charpa, Ulrich: Grundprobleme der Wissenschaftstheorie. Paderborn 1996.

*Chatman, Seymour: Story and Discourse. Narrative Structure in Fiction and Film. Ithaca (NY) / London 1978.

*– Coming to Terms. The Rhetoric of Narrative in Fiction and Film. Ithaca (NY) / London 1990.

*– Reading Narrative Fiction. New York 1993.

Christman, John: Narrative Unity as a Condition of Personhood. In: Metaphilosophy 35 (2004) S. 695–713.

*Cohn, Dorrit: Erlebte Rede im Ich-Roman. In: Germanisch-Romanische Monatsschrift 19 (1969) S. 305–313.
*– Transparent Minds. Narrative Modes for Presenting Consciousness in Fiction. Princeton (NJ) 1978.
*– The Encirclement of Narrative. On Franz K. Stanzel's »Theorie des Erzählens«. In: Poetics Today 2 (1981) S. 157–182.
*Contzen, Eva von / Tilg, Stefan (Hrsg.): Handbuch Historische Narratologie. Stuttgart 2019.
*Cornils, Anja / Schernus, Wilhelm: On the Relationship between the Theory of the Novel, Narrative Theory, and Narratology. In: What is Narratology? Questions and Answers Regarding the Status of a Theory. Hrsg. von Tom Kindt und Hans-Harald Müller. Berlin / New York 2003. S. 137–174.
*Coste, Didier / Pier, John: Narrative Levels. In: Handbook of Narratology. Hrsg. von Peter Hühn [u. a.]. Berlin / New York 2009. S. 295–308.
*Crane, Ronald S.: The Concept of Plot and the Plot of »Tom Jones«. In: Critics and Criticism. Essays in Method. Hrsg. von R. C. Chicago 1952. S. 62–93.
Currie, Gregory: The Nature of Fiction. Cambridge 1990.
*– Unreliability Refigured. Narrative in Literature and Film. In: Journal of Aesthetics and Art Criticism 53 (1995) S. 19–29.
*– Narratives and Narrators. A Philosophy of Stories. Oxford 2010.
– / Ravenscroft, Ian: Recreative Minds. Imagination in Philosophy and Psychology. Oxford 2002.
Danneberg, Lutz: Zwischen Innovation und Tradition. Begriffsbildung und -entwicklung als Explikation. In: Zur Terminologie der Literaturwissenschaft. Hrsg. von Christian Wagenknecht. Stuttgart 1989. S. 50–68.
*Dannenberg, Hilary P.: Die Entwicklung von Theorien der Erzählstruktur und des Plot-Begriffs. In: Literaturwissenschaftliche Theorien, Methoden und Modelle. Hrsg. von Ansgar Nünning. Trier 1995. S. 51–68.
*– Plottypes. In: The Routledge Encyclopedia of Narrative Theory. Hrsg. von David Herman [u. a.]. London / New York 2005. S. 435–439.
*Danto, Arthur: Narration and Knowledge. Including the Integral Text of Analytical Philosophy of History. New York 1985.
*Darby, David: Form and Context. An Essay in the History of Narratology. In: Poetics Today 22 (2001) S. 829–852.
Detel, Wolfgang: Hermeneutik der Literatur und Theorie des Geistes. Exemplarische Interpretationen poetischer Texte. Frankfurt a. M. 2016
Doležel, Lubomír: Occidental Poetics. Tradition and Progress. Lincoln (NE) 1990.
– Heterocosmica. Fiction and Possible Worlds. Baltimore (MD) 1998.
*Duyfhuizen, Bernard: Framed Narrative. In: Routledge Encyclopedia of Narrative Theory. Hrsg. von David Herman [u. a.]. London / New York 2005. S. 186–188.
Eberhard, Kurt: Einführung in die Erkenntnis- und Wissenschaftstheorie. Geschichte und Praxis der konkurrierenden Erkenntniswege. 2., durchges. und erw. Aufl. Stuttgart 1999.
Eder, Jens: Drei Thesen zur emotionalen Anteilnahme an Figuren. In: Mitteilungen des Deutschen Germanistenverbandes 54 (2007) S. 362–378.

*– Die Figur im Film. Grundlagen der Figurenanalyse. Marburg 2008.
*– [u. a.]: Characters in Fictional Worlds. An Introduction. In: Characters in Fictional Worlds. Understanding Imaginary Beings in Literature, Film, and Other Media. Hrsg. von J. E. [u. a.]. Berlin / New York 2010. S. 3–64.
*Fisher, Walter R.: Narration as a Human Communication Paradigm. The Case of Public Moral Argument. In: Communication Monographs 51 (1984) S. 1–22.
*Fludernik, Monika: The Fictions of Language and the Languages of Fiction. London / New York 1993.
*– Towards a ›Natural‹ Narratology. London / New York 1996.
*– History of Narratology. A Rejoinder. In: Poetics Today 24 (2003) S. 405–411.
*– Histories of Narrative Theory (II). From Structuralism to the Present. In: A Companion to Narrative Theory. Hrsg. von James Phelan und Peter Rabinowitz. Oxford 2005. S. 36–59. [Zit. als: Fludernik 2005a.]
*– Unreliability vs. Discordance. Kritische Betrachtungen zum literaturwissenschaftlichen Konzept der erzählerischen Unzuverlässigkeit. In: Was stimmt denn jetzt? Unzuverlässiges Erzählen in Literatur und Film. Hrsg. von Fabienne Liptay und Yvonne Wolf. München 2005. S. 39–59. [Zit. als: Fludernik 2005b.]
Føllesdal, Dagfinn [u. a.]: Rationale Argumentation. Ein Grundkurs in Argumentations- und Wissenschaftstheorie. Berlin / New York 1988.
*Forster, Edward M.: Aspects of the Novel. Hammondsworth 1966. [Zuerst 1927.]
Fricke, Harald: Definitionen und Begriffsformen. In: Handbuch Gattungstheorie. Hrsg. von Rüdiger Zymner. Stuttgart/Weimar 2010. S. 7–10.
*Friedemann, Käte: Die Rolle des Erzählers in der Epik. Leipzig 1910.
*Friedman, Norman: Forms of the Plot. In: Journal of General Education 8 (1955) S. 241–253.
Gabriel, Gottfried: Definitionen und Interessen. Über die praktischen Grundlagen der Definitionslehre. Stuttgart-Bad Cannstatt 1972.
Gaut, Berys: Film. In: The Oxford Handbook of Aesthetics. Hrsg. von Jerrold Levinson. Oxford 2003. S. 627–643.
*– The Philosophy of the Movies. Cinematic Narration. In: The Blackwell Guide to Aesthetics. Hrsg. von Peter Kivy. Oxford 2004. S. 230–253.
*Genette, Gérard: Diskurs der Erzählung. In: G. G.: Die Erzählung. Übers. von Andreas Knop. München 1994. S. 9–191. [Orig.: Discours du récit. 1972.]
*– Neuer Diskurs der Erzählung. In: G. G.: Die Erzählung. Übers. von Andreas Knop. München 1994. S. 193–298. [Orig.: Nouveau Discours du récit. 1983.]
Gertken, Jan / Köppe, Tilmann: Fiktionalität. In: Grenzen der Literatur. Zu Begriff und Phänomen des Literarischen. Hrsg. von Simone Winko [u. a.]. Berlin / New York 2009. S. 228–266.
Goldie, Peter: Dramatic Irony and the External Perspective. In: Narrative and Understanding Persons. Hrsg. von Daniel D. Hutto. Cambridge [u. a.] 2007. S. 69–84.
Goodman, Nelson: The Way the World is. In: Review of Metaphysics 14 (1960) S. 48–65.
– Languages of Art. An Approach to a Theory of Symbols. Indianapolis (IN) 1968.
Graham, Gordon: Aesthetic Cognitivism and the Literary Arts. In: Journal of Aesthetic Education 30 (1996) S. 1–17.
Greimas, Algirdas Julien: Sémantique structurale. Recherche de méthode. Paris 1966.

Grice, H. Paul: Logik und Konversation. In: Handlung, Kommunikation, Bedeutung. Hrsg. von Georg Meggle. Frankfurt a. M. 1993. S. 243–265. [Orig.: Logic and Conversation. 1975.]
*Gutenberg, Andrea: Mögliche Welten. Plot und Sinnstiftung im englischen Frauenroman. Heidelberg 2000.
Hacker, Peter M. S.: Human Nature. The Categorial Framework. Oxford 2007.
Hamburger, Käte: Logik der Dichtung. 4. Aufl. Stuttgart 1994. [Zuerst: Ebd. 1957.]
Hausken, Liv: Coda. Textual Theory and Blind Spots in Media Studies. In: Narrative Across Media. The Languages of Storytelling. Hrsg. von Marie-Laure Ryan. Lincoln (NE) 2004. S. 391–404.
Heine, Gert / Schommer, Paul: Thomas Mann Chronik. Frankfurt a. M. 2004.
Heinen, Sandra / Sommer, Roy (Hrsg.): Narratology in the Age of Cross-Disciplinary Narrative Research. Berlin / New York 2009.
Hempel, Carl G.: Philosophy of Natural Science. Upper Saddle River (NJ) 1966.
Henning, Tim: Person sein und Geschichten erzählen. Eine Studie über personale Autonomie und narrative Gründe. Berlin / New York 2009.
*Herman, David: Toward a Formal Description of Narrative Metalepsis. In: Journal of Literary Semantics 26 (1997) S. 132–152.
*– Narratologies. An Introduction. In: Narratologies. New Perspectives on Narrative Analysis. Hrsg. von D. H. Columbus 1999. S. 1–30.
*– Story Logic. Problems and Possibilities of Narrative. Lincoln (NE) 2002.
*– Histories of Narrative Theory (I). A Genealogy of Early Developments. In: A Companion to Narrative Theory. Hrsg. von James Phelan und Peter Rabinowitz. Oxford 2005. S. 19–35.
Hermerén, Göran: Allusions and Intentions. In: Intention and Interpretation. Hrsg. von Gary Iseminger. Philadelphia 1992. S. 203–220.
Herrmann, Leonhard: Wann ist erzählen eigentlich zuverlässig? Mimetisch unzuverlässiges Erzählen als graduelles Phänomen und seine Funktion in Romanen der Gegenwart. In: Zeitschrift für Germanistik 31 (2021) H. 1. S. 19–35.
Heydrich, Wolfgang: EcoLogie – Salz in semiotischer Suppe. In: Ecos Echos. Das Werk Umberto Ecos. Dimensionen, Rezeptionen, Kritiken. Hrsg. von Tom Kindt und Hans-Harald Müller. München 2000. S. 79–94.
Hirsch, Eric Donald: Was ist *nicht* Literatur? In: Was ist Literatur? Basistexte Literaturtheorie. Hrsg. von Jürn Gottschalk und Tilmann Köppe. Paderborn 2006. S. 62–71. [Orig.: What Isn't Literature? 1978.]
*Hühn, Peter: Event and Eventfulness. In: Handbook of Narratology. Hrsg. von P. H. [u. a.]. Berlin / New York 2009. S. 80–97.
*– / Sommer, Roy: Narration in Poetry and Drama. In: Handbook of Narratology. Hrsg. von P. H. [u. a.]. Berlin / New York 2009. S. 228–241.
Hyman, John: Perspective. In: A Companion to Aesthetics. Hrsg. von David Cooper. Oxford 1995. S. 323–327.
Irwin, William T.: The Aesthetics of Allusion. In: The Journal of Value Inquiry 36 (2002) S. 521–532.
Jacke, Janina: Systematik unzuverlässigen Erzählens. Analytische Aufarbeitung und Explikation einer problematischen Kategorie. Berlin / New York 2020.

Jackson, David A.: Ole Peters oder die Schuldfragen im *Schimmelreiter*. In: Schriften der Theodor-Storm-Gesellschaft 66 (2017) S. 28–48.

*Jannidis, Fotis: Narrative and Narratology. In: What is Narratology? Questions and Answers Regarding the Status of a Theory. Hrsg. von Tom Kindt und Hans-Harald Müller. Berlin / New York 2003. S. 35–54.

*– Figur und Person. Beiträge zu einer historischen Narratologie. Berlin / New York 2004.

*Kania, Andrew: Against the Ubiquity of Fictional Narrators. In: The Journal of Aesthetics and Art Criticism 63 (2005) S. 47–54.

*Kindt, Tom: Unzuverlässiges Erzählen und literarische Moderne. Eine Untersuchung der Romane von Ernst Weiß. Tübingen 2008.

*– Narratological Expansionism and Its Discontents. In: Narratology in the Age of Cross-Disciplinary Narrative Research. Hrsg. von Sandra Heinen und Roy Sommer. Berlin / New York 2009. S. 35–47.

– Die Vermessung der Deutschen. Zur Reflexion deutscher Identität in Romanen Georg Kleins, Daniel Kehlmanns und Uwe Tellkamps. In: Zeitschrift für Germanistik 22 (2012) S. 362–373.

– Deskription und Interpretation. Handlungstheoretische und praxeologische Reflexionen zu einer grundlegenden Unterscheidung. In: Interpretationskulturen. Literaturdidaktik und Literaturwissenschaft im Dialog über Theorie und Praxis des Interpretierens. Hrsg. von Marie Lessing-Sattarie [u. a.]. Berlin 2015. S. 93–112.

– / Köppe, Tilmann: Moderne Interpretationstheorien. Eine Einleitung. In: Moderne Interpretationstheorien. Ein Reader. Hrsg. von T. K. und T. K. Göttingen 2008. S. 7–26.

– / – Conceptions of Authorship and Authorial Intention. In: Authorship Revisited. Conceptions of Authorship around 1900 and 2000. Hrsg. von Gillis Dorleijn [u. a.]. Groningen 2010. S. 213–227.

*– / Müller, Hans-Harald: Narrative Theory and/or/as Theory of Interpretation. In: What is Narratology? Questions and Answers Regarding the Status of a Theory. Hrsg. von T. K. und H.-H. M. Berlin / New York 2003. S. 205–219. [Zit. als: Kindt/Müller 2003a.]

*– / – Narratology and Interpretation. A Rejoinder to David Darby. In: Poetics Today 24 (2003) S. 413–421. [Zit. als: Kindt/Müller 2003b.]

*– / – Wieviel Interpretation enthalten Beschreibungen? Überlegungen zu einer umstrittenen Unterscheidung am Beispiel der Narratologie. In: Regeln der Bedeutung. Zur Theorie der Bedeutung literarischer Texte. Hrsg. von Fotis Jannidis [u. a.]. Berlin / New York 2004. S. 286–304. [Zit. als: Kindt/Müller 2003c.]

*– / – The Implied Author. Concept and Controversy. Berlin / New York 2006.

– / – Historische Wissenschaften – Geisteswissenschaften. In: Handbuch Fin de Siècle. 1885–1914. Hrsg. von Sabine Haupt und Stefan Bodo Würffel. Stuttgart 2008. S. 662–679.

*– / – Six Ways Not to Save the Implied Author. In: Style 45 (2011) S. 67–79.

Klauk, Tobias: Thought Experiments and Literature. In: Counterfactual Thinking / Counterfactual Writing. Hrsg. von Dorothee Birke [u. a.]. Berlin / New York 2011. S. 30–44.

– / Klenner, Niels / Köppe, Tilmann: Thematische Kohärenz als interpretationsleitendes Prinzip? Eine Untersuchung zur Charakterisierung fiktionaler Gehalte am Beispiel literaturwissenschaftlicher Intepretationstexte zu E. T. A. Hoffmanns *Der Sandmann*. In: Textpraxis. Digitales Journal für Philologie 18 (2020) H. 2. URN: https://nbn-resolving.de/urn:nbn:de:hbz:6-49099577429.

– / Köppe, Tilmann: Literatur und Möglichkeiten. In: Scientia Poetica 14 (2010) S. 163–204.

*– / – Reassessing Unnatural Narratology. Problems and Prospects. In: Storyworlds 5 (2013) S. 77–100.

*– / – Telling vs. Showing. In: Handbook of Narratology. Hrsg. von Peter Hühn [u. a.]. 2., überarb. Aufl. Berlin / New York 2014. S. 846–853. [Zit. als: Klauk/Köppe 2014a.]

*– / – On the Very Idea of the Telling vs. Showing Distinction. In: Journal of Literary Semantics 43 (2014) S. 25–42. [Zit. als: Klauk/Köppe 2014b.]

– / – Philosophie der Literaturwissenschaft. In: Grundriss Wissenschaftsphilosophie. Die Philosophie der Einzelwissenschaften. Hrsg. von Simon Lohse und Thomas Reydon. Hamburg 2017. S. 105–130. [Zit. als: Klauk/Köppe 2017a.]

– / – Vorhersagen. In: Erzählen. Ein interdisziplinäres Handbuch. Hrsg. von Matías Martínez. Stuttgart 2017. S. 302–306. [Zit. als: Klauk/Köppe 2017b.]

– / – Is Metaleptic Fiction Paradoxical? In: Storyworlds 9 (2017) S. 197–223. [Zit. als: Klauk/Köppe 2017c.]

*– / – Zur Erzählsituation in *Die Strudlhofstiege*. In: Monatshefte 110 (2018) S. 574–599.

*– / – Authors, Fictional Narrators, and Literary Appreciation. In: Travelling Concepts. New Fictionality Studies. Hrsg. von Monika Fludernik und Henrik Skov Nielsen. Frankfurt a. M. 2020. S. 137–160.

*– / – / Onea, Edgar: Internally Focalized Narration – from a Linguistic Point of View. In: Scientific Study of Literature 2 (2012) S. 218–242.

*– / – / – More on Narrative Closure. In: Journal of Literary Semantics 45 (2016) S. 21–48.

Kleiber, Georges: Prototypensemantik. Eine Einführung. 2., überarb. Aufl. Tübingen 1998.

*Koch, Jonas: Unreliable and Discordant Film Narration. In: Journal of Literary Theory 5 (2011) S. 57–80.

*– Erklären und Verstehen fiktionaler Filme. Semantische und ontologische Aspekte. Münster 2015.

Köppe, Tilmann: Prinzipien der Interpretation – Prinzipien der Rationalität. Oder: Wie erkundet man fiktionale Welten? In: Scientia Poetica 9 (2005) S. 310–329.

– »Was ist Literatur?« Bemerkungen zur Bedeutung der Fragestellung. In: Was ist Literatur? Basistexte Literaturtheorie. Hrsg. von Jürn Gottschalk und T. K. Paderborn 2006. S. 155–174.

– Literatur und Erkenntnis. Studien zur kognitiven Signifikanz fiktionaler literarischer Werke. Paderborn 2008.

– Der Konjunktiv in Andreas Maiers *Wäldchestag* und die Theorie der Metafiktionalität. In: Metafiktion. Analysen zur deutschsprachigen Gegenwartsliteratur. Hrsg. von Alexander Bareis und Frank Thomas Grub. Berlin 2010. S. 114–133. [Zit. als: Köppe 2010a.]

– Über Literatur, ihre Geschichte und Funktionen und über die Definierbarkeit des Literaturbegriffs. In: Der Begriff der Literatur. Transdisziplinäre Perspektiven. Hrsg. von Alexander Löck und Jan Urbich. Berlin / New York 2010. S. 137–150. [Zit. als: Köppe 2010b.]

*– Erzählte Selbstrepräsentation im modernen Roman. Berlin/Boston 2016.

*– The Expression of Subjectivity in Fiction. The Case of Internal Focalization. In: Subjectivi-

ty Across Media: Interdisciplinary and Transmedial Perspectives. Hrsg. von Maike Sarah Reinerth und Jan-Noël Thon. New York / London 2017. S. 29–44.
*– / Kindt, Tom: Das Selbst – eine Erzählung? In: Ambivalenz und Kohärenz. Untersuchungen zur narrativen Sinnbildung. Hrsg. von Julia Abel [u. a.]. Trier 2009. S. 227–251.
*– / Singer, Rüdiger: Was heißt (hier) »anschaulich erzählen«? In: *Show, don't tell.* Konzepte und Strategien anschaulichen Erzählens. Hrsg. von T. K. und Rüdiger Singer. Bielefeld 2018. S. 7–34.
*– / Stühring, Jan: Against Pan-Narrator Theories. In: Journal of Literary Semantics 40 (2011) S. 59–80.
*– / – Against Pragmatic Arguments for Pan-Narrator Theories: The Case of Hawthorne's *Rappaccini's Daughter.* In: Author and Narrator. Transdisciplinary Contributions to a Narratological Debate. Hrsg. von Dorothee Birke und T. K. Berlin/Boston 2015. S. 13–43.
*– / – Is Zero Focalization Reducible to Variable Internal and External Focalization? In: Textpraxis. Digitales Journal für Philologie 12 (2016) H. 1. URN: urn:nbn:de:hbz:6-06229497931. [Zit. als: Köppe/Stühring 2016a.]
*– / – Two Approaches to Defining Internal, External, and Zero-Focalization. In: Semiotica 210 (2016) S. 191–207. [Zit. als: Köppe/Stühring 2016b.]
– / Winko, Simone: Neuere Literaturtheorien. Eine Einführung. 2., aktual. und erw. Aufl. Stuttgart/Weimar 2013.
*Kreiswirth, Martin: Trusting the Tale. The Narrativist Turn in the Human Sciences. In: New Literary History 23 (1992) S. 629–657.
*– Tell Me a Story. The Narrativist Turn in the Human Sciences. In: Constructive Criticism. The Human Sciences in the Age of Theory. Hrsg. von M. K. Toronto 1995. S. 61–87.
*– Narrative Turn. In: Routledge Encyclopedia of Narrative Theory. Hrsg. von David Herman [u. a.]. London / New York 2006. S. 377–382.
*Kuhn, Markus: Filmnarratologie. Ein erzähltheoretisches Analysemodell. Berlin / New York 2011.
Kunda, Ziva: Social Cognition. Making Sense of People. Cambridge (MA) 1999.
Labov, William: Language in the Inner City. Studies in the Black English Vernacular. Philadelphia 1972.
*Lämmert, Eberhard: Bauformen des Erzählens. 8., unveränd. Aufl. Stuttgart 1993. [Zuerst: Ebd. 1955.]
*Lahn, Silke / Meister, Jan Christoph: Einführung in die Erzähltextanalyse. Mit Beiträgen von Matthias Aumüller [u. a.]. Stuttgart/Weimar 2008.
Lamarque, Peter: Fictional Points of View. Ithaca/London 1996.
*– On not Expecting too Much from Narrative. In: Mind and Language 19 (2004) S. 393–408.
– The Philosophy of Literature. Malden (MA) [u. a.] 2009.
– Work and Object. Explorations in the Metaphysics of Art. Oxford [u. a.] 2010.
– / Olsen, Stein Haugom: Truth, Fiction, and Literature. A Philosophical Perspective. Oxford 1994.
*Lanser, Susan S.: The Narrative Act. Princeton (NJ) 1981.
*– Toward a Feminist Narratology. In: Style 20 (1986) S. 341–363.
Laurence, Stephen / Margolis, Eric: Concepts. Core Readings. Cambridge (MA) 1999.

Lausberg, Heinrich: Handbuch der literarischen Rhetorik. Eine Grundlegung der Literaturwissenschaft. Stuttgart ^{3}1990.

Leech, Geoffrey N. / Short, Michael H.: Style in Fiction. A Linguistic Introduction to English Fictional Prose. London / New York 1981.

Levinson, Jerrold: Intention and Interpretation in Literature. In: J. L.: The Pleasures of Aesthetics. Philosophical Essays. Ithaca/London 1996. S. 175–213.

– Emotion in Response to Art. A Survey of the Terrain. In: Emotion and the Arts. Hrsg. von Mette Hjort und Sue Laver. New York / Oxford 1997. S. 20–34.

Lewis, David: Truth in Fiction. In: American Philosophical Quarterly 15 (1978) S. 37–46.

*Lindblom, Victor: Wer bin ich – und was kann ich dagegen tun? Fiktionale Wahrheit und mimetisch unzuverlässiges Erzählen in Max Frischs *Stiller*. In: Der deutschsprachige Nachkriegsroman und die Tradition des unzuverlässigen Erzählens. Hrsg. von Matthias Aumüller und Tom Kindt. Stuttgart 2021. S. 95–110.

*Lindemann, Bernhard: Einige Fragen an eine Theorie der sprachlichen Perspektivierung. In: Perspektivität in Sprache und Text. Hrsg. von Peter Canisius. Bochum 1987. S. 1–51.

*Livingston, Paisley: Narrative. In: The Routledge Companion to Aesthetics. Hrsg. von Berys Gaut und Dominic McIver Lopes. London / New York 2001. S. 275–284.

Lotman, Jurij M.: Die Struktur literarischer Texte. 4., unveränd. Aufl. München 1993. [Zuerst: Ebd. 1972.]

Lubbock, Percy: The Craft of Fiction. London 1954. [Zuerst: Ebd. 1921.]

Ludwig, Otto: Romanstudien. Historisch-kritische Edition. Hrsg. von Matthias Grüne. Wien/Köln/Weimar 2021. [Zuerst 1874/91.]

MacIntyre, Alasdair: After Virtue. A Study in Moral Theory. Notre Dame (IN) ^{3}2007.

Mackie, John L.: The Cement of the Universe. A Study of Causation. Oxford ^{5}1980.

*Mahne, Nicole: Transmediale Erzähltheorie. Eine Einführung. Göttingen 2007.

Mankell, Henning: The Art of Listening. In: The New York Times. 10. Dezember 2011.

*Margolin, Uri 1995: Characters in Literary Narrative. Representation and Signification. In: Semiotica 106 (1995) S. 373–392.

*– Necessarily a Narrator or Narrator if Necessary. A Short Note on a Long Subject. In: Journal of Literary Semantics 40 (2011) S. 43–57.

Markowitsch, Hans J. / Welzer, Harald: Das autobiographische Gedächtnis. Hirnorganische Grundlagen und biosoziale Entwicklung. Stuttgart 2005.

*Marsden, Peter H.: Zur Analyse der Zeit. In: Einführung in die Erzähltextanalyse. Kategorien, Modelle, Probleme. Hrsg. von Peter Wenzel. Trier 2004. S. 89–110.

*Martinez, Matias / Scheffel, Michael: Einführung in die Erzähltheorie. München 1999.

Martinich, Aloysius P. / Stroll, Avrum: Much Ado About Nonexistence. Fiction and Reference. Lanham (MD) 2007.

*Matzner, Sebastian / Trimble, Gail (Hrsg.): Metalepsis. Ancient Texts, New Perspectives. Oxford 2020.

McGinn, Colin: Mindsight. Image, Dream, Meaning. Cambridge (MA) [u. a.] 2004.

Meggle, Georg (Hrsg.): Handlung, Kommunikation, Bedeutung. Frankfurt a. M. 1993.

*Meister, Jan-Christoph: Narratology. In: Handbook of Narratology. Hrsg. von Peter Hühn [u. a.]. Berlin / New York 2009. S. 329–350.

*– [u. a.] (Hrsg.): Narratology beyond Literary Criticism. Mediality – Disciplinarity. Berlin / New York 2005.

*Müller, Günther: Erzählzeit und erzählte Zeit. In: Festschrift Paul Kluckhohn und Hermann Schneider. Gewidmet zu ihrem 60. Geburtstag. Hrsg. von ihren Tübinger Schülern. Tübingen 1948. S. 195–212.

Müller, Hans-Harald: Leo Perutz. Biographie. Wien 2007.

– Formalistische und strukturalistische Theorieansätze um 1910. In: Strukturalismus in Deutschland. Literatur- und Sprachwissenschaft. Hrsg. von H.-H. M. [u. a.]. Göttingen 2010. S. 217–228.

– / Tatzel, Armin: »Das Klarste ist das Gesetz. Es sagt sich nicht in Worten«. Ernst Weiß' Roman *Die Feuerprobe*. Eine Interpretation im Kontext von Weiß' Kritik an Kafkas *Proceß*. In: Euphorion 92 (1998) S. 1–23.

*Nehamas, Alexander: Mythology. The Theory of Plot. In: Essays on Aesthetics. Perspectives on the Work of Monroe C. Beardsley. Hrsg. von John Fisher. Philadelphia 1983. S. 180–197.

*Nelles, William: Frameworks. Narrative Levels and Embedded Narrative. New York 1997.

*– Embedding. In: Routledge Encyclopedia of Narrative Theory. Hrsg. von David Herman [u. a.]. London / New York 2005. S. 134–135.

New, Christopher: Philosophy of Literature. An Introduction. London 1999.

*Nünning, Ansgar: Towards a Cultural and Historical Narratology. A Survey of Diachronic Approaches, Concepts, and Research Projects. In: Proceedings. Anglistentag 1999 Mainz. Hrsg. von Bernhard Reitz und Sigrid Rieuwerts. Trier 2000. S. 345–373.

*– Erzähltheorien. In: Metzler-Lexikon Literatur- und Kulturtheorie. Ansätze, Personen, Grundbegriffe. Hrsg. von A. N. 2., überarb. und erw. Aufl. Stuttgart/Weimar 2002. S. 155–157.

*– Narratology of Narratologies? Taking Stock of Recent Developments, Critique and Modest Proposals for Future Usages of the Term. In: What is Narratology? Questions and Answers Regarding the Status of a Theory. Hrsg. von Tom Kindt und Hans-Harald Müller. Berlin / New York 2003. S. 239–275.

*– / Nünning, Vera (Hrsg.): Erzähltheorie transgenerisch, intermedial, interdisziplinär. Trier 2002. [Zit. als: Nünning/Nünning 2002a.]

* – / – Neue Ansätze in der Erzähltheorie. Trier 2002. [Zit. als: Nünning/Nünning 2002b.]

Olsen, Stein Haugom: The Structure of Literary Understanding. Cambridge 1978.

– The »Meaning« of a Literary Work. In: New Literary History 14 (1982) S. 13–32.

*Passmore, John: Narratives and Events. In: History and Theory 26 (1987) S. 68–74.

*Patron, Sylvie (Hrsg.): Optional-Narrator Theory. Principles, Perspectives, Proposals. Lincoln (NE) 2021.

Pawłowski, Tadeusz: Begriffsbildung und Definition. Berlin / New York 1980.

*Petterson, Bo: Narratology and Hermeneutics. Forging the Missing Link. In: Narratology in the Age of Cross-Disciplinary Narrative Research. Hrsg. von Sandra Heinen und Roy Sommer. Berlin / New York 2009. S. 11–34.

*Phelan, James / Martin, Mary Patricia: The Lessons of »Weymouth«. Homodiegesis, Unreliability, Ethics and *The Remains of the Day*. In: Narratologies. New Perspectives on Narrative Analysis. Hrsg. von David Herman. Columbus (OH) 1999. S. 88–109.

*Phelan, James (Hrsg.): A Companion to Narrative Theory. Oxford 2005.

Pfister, Manfred: Das Drama. Theorie und Analyse. 11. Aufl., erw. und bibliogr. aktual. Nachdr. der durchges. und erg. Ausg. 1988. München 2001.

*Pier, John: Metalepsis. In: Handbook of Narratology. Hrsg. von Peter Hühn [u. a.]. Berlin / New York 2009. S. 190–203.

Platon: Der Staat. Übers. und hrsg. von Gernot Krapinger. Ditzingen 2017 [u. ö.]. (Reclams Universal-Bibliothek. 19512.)

*Polanyi, Livia: So What's the Point? In: Semiotica 25 (1979) S. 207–241.

*Prince, Gerald: Narratology. The Form and Functioning of Narrative. Berlin [u. a.] 1982.

*– A Dictionary of Narratology. Lincoln (NE) 1987.

*– On Narratology (Past, Present, Future). In: French Literature Series 17 (1990) S. 1–14.

*– Narratology. In: The Cambridge History of Literary Criticism. Bd. 8: From Formalism to Poststructuralism. Hrsg. von Raman Selden. Cambridge 1995. S. 110–130.

*– Narrativehood, Narrativeness, Narrativity, Narratibility. In: Theorizing Narrativity. Hrsg. von John Pier und José Ángel García Landa. Berlin / New York 2008. S. 19–27.

*Propp, Vladimir: Morphologie des Märchens. Hrsg. von Karl Eimermacher. Aus dem Russ. übers. von Christel Wendt. München 1972. [Orig.: Morfologija skazki. 1928.]

Reicher, Maria Elisabeth: The Ontology of Fictional Characters. In: Characters in Fictional Worlds. Hrsg. von Jens Eder [u. a.]. Berlin / New York 2010. S. 111–133.

Rescher, Nicholas: Die Kriterien der Wahrheit. In: Wahrheitstheorien. Eine Auswahl aus den Diskussionen über Wahrheit im 20. Jahrhundert. Hrsg. von Gunnar Skirbekk. Frankfurt a. M. 1996. S. 337–390. [Orig.: The Coherence Theory of Truth. 1973.]

*Richardson, Brian: Recent Concepts of Narrative and the Narratives of Narrative Theory. In: Style 34 (2000) S. 168–175.

*Rimmon-Kenan, Shlomith: Narrative Fiction. Contemporary Poetics. London / New York 1983.

*– How the Model Neglects the Medium. Linguistics, Language, and the Crisis of Narratology. In: Journal of Narrative Technique 19 (1989) S. 157–166.

Ronen, Ruth: Possible Worlds in Literary Theory. Cambridge 1994.

Ryan, Marie-Laure: Fiction, Non-Factuals, and the Principle of Minimal Departure. In: Poetics 9 (1980) S. 403–422.

*– Possible Worlds, Artificial Intelligence, and Narrative Theory. Bloomington 1991.

*– Toward a Definition of Narrative. In: The Cambridge Companion to Narrative. Hrsg. von David Herman. Cambridge 2007. S. 22–35.

*– (Hrsg.): Narrative Across Media. The Languages of Storytelling. Lincoln (NE) 2004.

Sartre, Jean Paul: *Der Fremde* von Camus. In: J. P. S.: Der Mensch und die Dinge. Aufsätze zur Literatur 1938–1946. Übers. und hrsg. von Lothar Baier [u. a.]. Reinbek b. Hamburg 1978. S. 75–90. [Orig. frz. 1943.]

*Scheffel, Michael: Erzählen als anthropologische Universalie. Funktionen des Erzählens im Alltag und in der Literatur. In: Anthropologie der Literatur. Poetogene Strukturen und ästhetisch-soziale Handlungsfelder. Hrsg. von Rüdiger Zymner und Manfred Engel. Paderborn 2004. S. 121–138.

*– Theorien des Narrativen. In: Handbuch Gattungstheorie. Hrsg. von Rüdiger Zymner. Stuttgart/Weimar 2010. S. 328–331.
*Schmid, Wolf: Narrativity and Eventfulness. In: What is Narratology? Questions and Answers Regarding the Status of a Theory. Hrsg. von Tom Kindt und Hans-Harald Müller. Berlin / New York 2003. S. 17–33.
*– Elemente der Narratologie. Berlin / New York 2005.
Schönert, Jörg: Zum Status und zur disziplinären Reichweite von Narratologie. In: Geschichtsdarstellung. Medien – Methoden – Strategien. Hrsg. von Vittoria Borsó und Christoph Kann. Köln [u. a.] 2004. S. 131–143.
Searle, John R.: The Logical Status of Fictional Discourse. In: New Literary History 6 (1975) S. 319–332.
Shusterman, Richard: Text. In: A Companion to Aesthetics. Hrsg. von David Cooper. Oxford 1992. S. 418–421.
*Sommer, Roy: »Contextualism« Revisited. A Survey (and Defence) of Postcolonial and Intercultural Narratologies. In: Journal of Literary Theory 1 (2007) S. 61–79.
Sousa, Ronald de: The Rationality of Emotion. Cambridge (MA) 1987.
*Spielhagen, Friedrich: Beiträge zur Theorie und Technik des Romans. Leipzig 1883.
Spörl, Uwe: Inhalt als Bestimmungskriterium. In: Handbuch Gattungstheorie. Hrsg. von Rüdiger Zymner. Stuttgart/Weimar 2010. S. 35–37.
Spree, Axel: Kritik der Interpretation. Analytische Untersuchungen zu interpretationskritischen Literaturtheorien. Paderborn 1995.
– Interpretation. In: Reallexikon der deutschen Literaturwissenschaft. Hrsg. von Harald Fricke [u. a.]. Bd. 2. Berlin / New York 2000. S. 168–172.
*Stanzel, Franz K.: Die typischen Erzählsituationen im Roman. Dargestellt an *Tom Jones, Moby Dick, The Ambassadors, Ulysses* [u. a.]. Wien 1955.
*– Theorie des Erzählens. Göttingen ^{8}2008. [Zuerst: Ebd. 1979.]
*– Unterwegs. Eine Erzähltheorie für Leser. Ausgewählte Schriften. Göttingen 2002.
Stecker, Robert: Alien Objections to Historical Definitions of Art. In: British Journal of Aesthetics 36 (1996) S. 305–308.
Steinfath, Holmer: Orientierung am Guten. Praktisches Überlegen und die Konstitution von Personen. Frankfurt a. M. 2001.
Stock, Kathleen: Some Objections to Stecker's Functionalism. In: British Journal of Aesthetics 40 (2000) S. 479–491.
*Stocker, Peter: Rahmenerzählung. In: Reallexikon der deutschen Literaturwissenschaft. Hrsg. von Jan-Dirk Müller [u. a.]. Bd. 3. Berlin / New York 2003. S. 214–216.
Strube, Werner: Der Begriff »Wissenschaft« und die Klassifikation der Wissenschaften. In: Philosophie. Anregungen für die Unterrichtspraxis 7 (1982) S. 47–70.
– Die Grenzen der Literatur oder Definitionen des Literaturbegriffs. In: Grenzen der Literatur. Zu Begriff und Phänomen des Literarischen. Hrsg. von Simone Winko [u. a.]. Berlin / New York 2009. S. 45–77.
*Stühring, Jan: Unreliability, Deception, and Fictional Facts. In: Journal of Literary Theory 5 (2011) S. 95–107.

*Surkamp, Carola: Narratologie und Possible-Worlds Theory. Narrative Texte als alternative Welten. In: Neue Ansätze in der Erzähltheorie. Hrsg. von Ansgar Nünning und Vera Nünning. Trier 2002. S. 153–183.

Titzmann, Michael: Skizze einer integrativen Literaturgeschichte und ihres Ortes in einer Systematik der Literaturwissenschaft. In: Modelle des literarischen Strukturwandels. Hrsg. von M. T. Tübingen 1991. S. 395–438.

– Strukturale Textanalyse. Theorie und Praxis der Interpretation. 3., unveränd. Aufl. München 1993.

*– The Systematic Place of Narratology in Literary Theory and Textual Theory. In: What is Narratology? Questions and Answers Regarding the Status of a Theory. Hrsg. von Tom Kindt und Hans-Harald Müller. Berlin / New York 2003. S. 175–204.

*Todorov, Tzvetan: Les catégories du récit littéraire. In: Communications 8 (1966) S. 125–151.

*– Grammaire du Décaméron. Den Haag 1969.

*– Poetik der Prosa. Übers. von Helene Müller. Frankfurt a. M. 1971. [Orig.: Poétique de la prose. 1971.]

* Tomaševskij, Boris: Thematics. In: Russian Formalist Criticism. Hrsg. von Lee T. Lemon und Marion J. Reis. Lincoln (NE) 1965. S. 61–95. [Orig. russ. 1925.]

*Toolan, Michael: Narrative. A Critical Linguistic Introduction. London / New York ²2001.

Tugendhat, Ernst / Wolf, Ursula: Logisch-semantische Propädeutik. Stuttgart 1983.

van Peer, Willie: Stylistics and Psychology. Investigations of Foregrounding. London [u. a.] 1986.

*– / Maat, Henk Pander: Perspectivation and Sympathy. Effects of Narrative Point of View. In: Empirical Approaches to Literature and Aesthetics. Hrsg. von Roger Kreuz und Mary MacNealy. Norwood (NJ) 1996. S. 143–154.

Velleman, J. David: The Possibility of Practical Reason. Oxford 2000.

*– Narrative Explanation. In: The Philosophical Review 112 (2003) H. 1. S. 1–25.

Vermazen, Bruce: Expression as Expression. In: Pacific Philosophical Quarterly 67 (1986) S. 196–234.

*Vogt, Jochen: Aspekte erzählender Prosa. Eine Einführung in Erzähltechnik und Romantheorie. 8., durchges. und aktual. Aufl. Opladen 1998.

Walton, Kendall L.: Mimesis as Make-Believe. On the Foundations of the Representational Arts. Cambridge (MA) 1990.

Watt, Ian: The First Paragraph of *The Ambassadors*. An Explication. In: Essays in Criticism 10 (1960) S. 250–274.

*Weber, Dietrich: Erzählliteratur. Schriftwerk, Kunstwerk, Erzählwerk. Göttingen 1998.

Werner, Jan C.: Fiktion, Wahrheit, Referenz. In: Fiktionalität. Ein interdisziplinäres Handbuch. Hrsg. von Tobias Klauk und Tilmann Köppe. Berlin/Boston 2014. S. 125–158.

White, Alan R.: The Language of Imagination. Oxford 1990.

*Wiesenfarth, Joseph: Henry James and the Dramatic Analogy. A Study of the Major Novels of the Middle Period. New York 1963.

*Wilson, George M.: On Film Narrative and Narrative Meaning. In: Film Theory and Philosophy. Hrsg. von Richard Allen und Murray Smith. Oxford 1997. S. 221–236.

*– Narrative. In: The Oxford Handbook of Aesthetics. Hrsg. von Jerrold Levinson. Oxford 2003. S. 392–406.

*– Transparency and Twist in Narrative Fiction Film. In: The Journal of Aesthetics and Art Criticism 64 (2006) S. 81–95.

Winko, Simone [u. a.]: Geschichte und Emphase. Zur Theorie und Praxis des erweiterten Literaturbegriffs. In: Was ist Literatur? Basistexte Literaturtheorie. Hrsg. von Jürn Gottschalk und Tilmann Köppe. Paderborn 2006. S. 123–154.

Winther, Rasmus Grønfeldt: The Structure of Scientific Theories. In: Stanford Encyclopedia of Philosophy. Hrsg. von Edward N. Zalta. Spring 2021. URL: https://plato.stanford.edu/archives/spr2021/entries/structure-scientific-theories/

Wittgenstein, Ludwig: Philosophische Untersuchungen. Kritisch-genetische Edition. Hrsg. von Joachim Schulte. Frankfurt a. M. 2001. [Orig.: Philosphische Untersuchungen / Philosophical Investigations. Dt./Engl. 1953.]

Wolf, Werner: Mise en abyme. In: Metzler Lexikon Literatur- und Kulturtheorie. Hrsg. von Ansgar Nünning. 2., überarb. und erw. Aufl. Stuttgart/Weimar 2001. S. 442–443.

*– Das Problem der Narrativität in Literatur, bildender Kunst und Musik. Ein Beitrag zu einer intermedialen Erzähltheorie. In: Erzähltheorie transgenerisch, intermedial, interdisziplinär. Hrsg. von Ansgar Nünning und Vera Nünning. Trier 2002. S. 23–104.

*– Metalepsis as a Transgeneric and Transmedial Phenomenon. A Case Study of the Possibilities of »Exporting« Narratological Concepts. In: Narratology beyond Literary Criticism. Mediality – Disciplinarity. Hrsg. von Jan-Christoph Meister [u. a.]. Berlin / New York 2005. S. 83–107.

Wollheim, Richard: The Thread of Life. Cambridge (MA) 1984.

Zipfel, Frank: Fiktion, Fiktivität, Fiktionalität. Analysen zur Fiktion in der Literatur und zum Fiktionsbegriff in der Literaturwissenschaft. Berlin 2001.

Zunshine, Lisa: Why We Read Fiction. Theory of Mind and the Novel. Columbus (OH) 2006.

Namenregister

Sachregister

Zu den Autoren

TILMANN KÖPPE ist Professor für Analytische Literaturwissenschaft am Seminar für Deutsche Philologie der Universität Göttingen. Seine Forschungsschwerpunkte sind Fiktions- und Erzähltheorie sowie analytische Ästhetik.

TOM KINDT ist Professor für Germanistische und Allgemeine Literaturwissenschaft an der Universität Fribourg, Schweiz. Seine Forschungsschwerpunkte sind Erzähltheorie, Komikforschung, Literatur der Moderne und Geschichte der Germanistik.

Niederdeutsch
Thüringisch-Obersächsisch
Schlesisch
Ostfränkisch
Nordbairisch
Jörg Riecke
Geschichte der deutschen Sprache
Eine Einführung
Reclam

NEU-AUSGABE
Sabina Becker
Christine Hummel
Gabriele Sander
Literaturwissenschaft
Eine Einführung
Reclam

Hermeneutik
Strukturalismus/Literatursemiotik
Raumtheorie
Biopoetik
Akteur-Netzwerktheorie (ANT)
Intertextualität
Psychoanalyse und Traumatheorie
New Historicism
Oliver Jahraus (Hrsg.)
Zugänge zur Literaturtheorie
17 Modellanalysen zu E. T. A. Hoffmanns *Der Sandmann*
Reclam

NEU-AUSGABE
Benedikt Jeßing
Arbeitstechniken des literaturwissenschaftlichen Studiums
Eine Einführung
Reclam

Online Aufgaben & Lösungen
Swantje Ehlers
Literaturdidaktik
Eine Einführung
Reclam

Ingo Reich
Augustin Speyer
Deutsche Sprachwissenschaft
Eine Einführung
Reclam